基金项目：北京市社会科学基金项目（18LJB002）资助

城乡共同富裕视角下农地制度改革的路径模式研究

程世勇　王家乐　马海威　著

中国财经出版传媒集团

经济科学出版社

Economic Science Press

图书在版编目（CIP）数据

城乡共同富裕视角下农地制度改革的路径模式研究 /
程世勇，王家乐，马海威著. -- 北京：经济科学出版社，
2022.8

ISBN 978 - 7 - 5218 - 3906 - 7

Ⅰ.①城… Ⅱ.①程… ②王… ③马… Ⅲ.①农地制
度 - 经济体制改革 - 研究 - 中国 Ⅳ.①F321.1

中国版本图书馆 CIP 数据核字（2022）第 138736 号

责任编辑：程晓云
责任校对：齐 杰
责任印制：王世伟

城乡共同富裕视角下农地制度改革的路径模式研究

程世勇 王家乐 马海威 著

经济科学出版社出版、发行 新华书店经销

社址：北京市海淀区阜成路甲 28 号 邮编：100142

总编部电话：010 - 88191217 发行部电话：010 - 88191522

网址：www. esp. com. cn

电子邮箱：esp@ esp. com. cn

天猫网店：经济科学出版社旗舰店

网址：http://jjkxcbs. tmall. com

北京季蜂印刷有限公司印装

710 × 1000 16 开 15.25 印张 280000 字

2022 年 10 月第 1 版 2022 年 10 月第 1 次印刷

ISBN 978 - 7 - 5218 - 3906 - 7 定价：48.00 元

（图书出现印装问题，本社负责调换。电话：010 - 88191510）

（版权所有 侵权必究 打击盗版 举报热线：010 - 88191661

QQ：2242791300 营销中心电话：010 - 88191537

电子邮箱：dbts@ esp. com. cn）

前　言

治国之道，富民为始。奔富与共富是中华民族千年的历史与文化求索。从闪动思想火花的诸子均分、耕者有其田的零次分配，到农商经济流通中的初次分配，到井田制实物税赋、方田均税、平均地权的财政性再分配，再到传统乡贤士绅回馈社会的义舍、义学及现代慈善转移的第三次分配，优化收入分配格局、实现共同富裕始终是中华民族强盛的内在基因。当经济形态从漫长的封建社会小农经济向现代全球化市场经济转变的过程中，共同富裕更是大国复兴中历史与现实联系的桥梁。

党的十八大以来，我国进入中国特色社会主义新时代。在高质量发展引领的新阶段，推动共同富裕已经成为一个重大的时代课题与国家战略。共同富裕战略符合中国客观实际。从改革开放"三步走"战略到全面实现小康，我们已经完成了第一个百年奋斗目标。第二个百年奋斗目标就是要到21世纪中叶实现国强民富。实现了全面共同富裕，才能生动地体现出以人民为中心的发展思想。然而，雄关漫道，中国的共同富裕战略一定是全球独一无二的。一是中国的共同富裕是14亿人的共同富裕，是世界发达国家人口的几倍甚至十几倍，几乎占到所有发达国家人口的总和。二是差异性极大、显著不平衡条件下的共同富裕。城乡差异、地区差异、行业差异、人群差异极大，处于长期乡土中国向动态城乡中国不断融合的进程中。三是西方强国反全球化思潮下不断对我们进行围堵背景下的共同富裕。贸易战、金融战、技术封锁、对外投资遏制等手段层出不穷。文明冲突、制度冲突日益销蚀全球化体系。四是收入均值起步较低条件下的共同富裕。目前主要的发达国家人均GDP普遍在3万~6万美元，而我国目前人均国民收入刚刚超过1.1万美元。如果按照相对客观的购买力平价衡量，起步的层次可能会高一些，但总体发展水平依然较低。2035年要实现中等收入群体倍增，从4亿人增长至8亿人的共同富裕取得实际进展，这是坚持以人民为中心的一份沉甸甸的承诺。

提到共同富裕，我们习惯上将共同与富裕对立起来，富裕一定不共同，共同一定不富裕。但笔者认为，在我国目前的发展阶段，共同与富裕首先具有同一性。首先，城乡发展不平衡、区域发展不平衡、人的全面发展的不平衡，这些重大的"共同"问题的解决，必然能高质量推进城乡富裕。其次，通过深度贯彻底线公平原则，实现幼有所育、学有所教、劳有所得、病有所医、住有所居、老有所养、弱有所扶，满足不断增长的底线公平需求，也体现了"富民"与"共富"二者的同一性。通过高质量发展推进共同富裕，在保障社会正义的基础上，持续推进上述基本公共服务均等化，不仅要"七有"，而且下一步还要"七好"，最终要人民群众"七满意"，这些也体现了富裕与共同的同一性。同时，共同富裕不仅是民众的货币性收益的富裕，而且是精神、文化、制度、机制多维层面的全面的富裕，因而，起点的公平、过程的公平在共同富裕中也绝对不可或缺。

传统的共同富裕研究，主要是遵循着就业—收入的共同富裕路径展开的。而本书的核心思想，则是探讨零次分配与初次分配环节资产—收入的共同富裕研究路径。土地特别是农村非农建设用地，是农民的重要资产。资产租值，是市场经济条件下农民财富增长的重要源泉。一方面，资产—收入型共同富裕与就业—收入型共同富裕路径并行不悖；另一方面，资产—收入型共同富裕不仅能在客观上有效提升就业—收入型共同富裕的绩效与质量，而且通过资产—收入型共同富裕路径，能加速实现户籍、教育、医疗、养老等基本公共服务的城乡加速融合。近10年来，西欧因养老问题陷入债务危机，美国因医疗问题陷入治理危机，北欧因长期的高福利已陷入福利陷阱。大国竞争就是制度的竞争，探索具有中国特色、中国风格、中国气派的城乡共同富裕路径，不仅是检验"良治"和"善治"的一把标尺，更是我们中国特色的制度优势。

在探索资产—收入型共同富裕的中国特色社会主义道路进程中，以高质量发展来推动共同富裕始终是前提和物质基础，因为农村非农建设用地租值收益最大化，根本上要依赖于农村产业振兴及产业高质量发展的要素需求拉动。因而，不仅要在双循环格局下构建全国统一的大市场，而且还要开放包容，重视农村产业振兴与世界市场的联动。二是要重视创新，特别是制度创新和技术创新，在创新中获取超额利润，在创新中不断培育动态比较优势。三是探索新的商业模式与深化市场改革。农村长期以来商业资本短缺，农村产业振兴离不开商业模式创新，用流通环节的商业模式创新推进农村产业资本振兴，将重商主义、重工主义与重农主义三者结合，建立有效市场与有为政府协同高效治理的模式。

通过制度创新和体制机制创新，深入探索零次分配与初次分配环节城乡资产—收入的共同富裕路径，加速弥合城乡不平衡不充分的现实发展格局，是推动城乡共同富裕的必经之路。本书是北京市社会科学基金项目"我国经济发达地区农村宅基地'三权分置'产权改革研究"（18LJB002）的最终成果。我的两名研究生作为课题组成员，王家乐主要完成本书的第二章，马海威主要完成本书的第五章，他们两人从数据和案例的实践层面回应了2015～2019 年五年来"三块地"改革试点对农民资产性收入增长的正向影响效应。

东方欲晓，莫道君行早。踏遍青山人未老，风景这边独好。

目　录

第一章

马克思主义的土地所有权
与我国农地制度改革

所有制与产权理论是马克思经济学的核心内容之一。在劳动力、土地、资本等生产要素中，土地的所有制与所有权更是马克思恩格斯研究的重大课题。在《资本论》第一卷出版之前，马克思就有《资本》《土地所有制》《雇佣劳动》《国家》《对外贸易》《世界市场》的"六册"研究计划。而随着《资本论》第一卷的出版及恩格斯修订整理的《资本论》第二、第三卷的问世，土地所有制问题仍然是研究资本主义生产关系的核心问题。而《论土地国有化》（1872 年）与《法德农民问题》（1894 年）是马克思恩格斯专门关注土地所有权问题的文献。

我国从新民主主义革命伊始，也始终将土地制度改革置于制度建设的核心位置。毛泽东的《湖南农民运动考察报告》[①] 是我们党内较早关注中国农村土地问题与中国革命前途的理论文献。当时，对于废除地主阶级土地所有制后农村土地制度变革的方向，党内存在路线分歧。鄂豫皖、湘鄂赣、赣西南等苏区先后推行了类似苏联集体农场性质的土地"国有共耕"，之后又施行了"国家所有、农民耕种"的农村土地分配模式。1928 年，在莫斯科召开党的第六次全国人民代表大会，提出在土地制度改革方面，要将地主阶级的土地所有权收归农民代表大会（苏维埃），在土地国有的基础上，把土地的使用权分配给农民。由于农民只能拥有土地的使用权，而且禁止土地买卖，所以农民的耕种热情并不高。

废除地主阶级的土地所有制、实行耕者有其田的农民土地所有制的农村均分土地改革，使中国共产党在新民主主义时期获得了广大农民的拥护与支

---

① 毛泽东考察了湖南湘潭、湘乡、衡山、醴陵、长沙等五个县的农民运动，写成了《湖南农民运动考察报告》，提出了解决中国民主革命的中心问题（农民问题）的理论和政策。

持。1928年12月，毛泽东制定的《井冈山土地法》，"一切"土地收归农会，按人头平均分配土地。1929年4月的《兴国土地法》及7月召开的闽西会议，延续了"耕者有其田"的农村土改政策，只没收"地主"及"公共"土地，将这些豪强地产分给无地和少地的农民，实行了更为务实的农村土地分配模式。之后的《苏维埃土地法》依然延续着废除地主阶级的土地所有制、实现农民土地所有制的制度转型，按农村劳动力和人口平均分配土地。抗日战争胜利后，1947年9月，《中国土地法大纲》作为我们党颁布的第一个关于土地制度改革的纲领性文件，在更大的范围、按农村全部人口、更彻底地平均分配土地。《中国土地法大纲》规定："乡村农民大会及其选出的委员会，乡村无地少地的农民所组织的贫农团大会及其选出的委员会，区、县、省等级农民代表大会及其选出的委员会为改革土地制度的合法执行机关。"各解放区掀起了轰轰烈烈的土改运动，彻底摧毁了几千年的地主阶级的封建剥削的土地制度，广大群众参军支前的积极性空前高涨。

1949年9月通过的《中国人民政治协商会议共同纲领》（第二十七条）规定，凡已实行土地改革的地区，必须保护农民已得土地的所有权。凡尚未实行土地改革的地区，必须发动农民群众，实现耕者有其田。同时，进一步明确，要有步骤地将封建半封建的土地所有制改变为农民的土地所有制，土地改革是发展生产力和国家进行工业化的必要条件。不仅要保证农民土地私有权的取得，还要确保农民土地私有权的持有。而以"均分土地"为基础建立的农民土地所有制，是在中国革命时期被实践检验的成功的土地制度模式。通过打土豪、分田地，建立农民的土地私有制的方式，实现社会的公平和正义。1950年的《中华人民共和国土地改革法》总则第一条规定："废除地主阶级封建剥削的土地所有制，实行农民的土地所有制，借以解放农村生产力，发展农业生产，为新中国的工业化开辟道路"。

一、马克思恩格斯的土地公有制理论

马克思在《论土地国有化》中，提出"地产，即一切财富的原始源泉，现在成了一个大问题"。[①] 马克思认为，"随着社会的经济发展，人口的增长和集中，迫使资本主义农场主在农业中采用集体的和有组织的劳动以及利用

---

① 马克思恩格斯文集（第三卷）［M］. 北京：人民出版社，2009：230.

机器和其他发明的种种情况，正在使土地国有化越来越成为一种'社会必然性'"。① 第一，土地国有化有助于农业规模经济。大规模的耕作，从经济的观点来看，既然证明比小块的和分散的土地耕作远为优越，"一切现代方法，如灌溉、排水、蒸汽犁、化学处理等等，应当在农业中广泛采用。但是，我们所具有的科学知识，我们所拥有的耕作技术手段，如机器等，如果不实行大规模的耕作，就不能有效地加以利用"。②马克思特别提到法国的小土地所有制，土地分成许多小块，耕种土地主要依靠本人及其家属的劳动，资金很少。这种土地所有制形式以及小地块耕作的方式，不仅不能采用现代农业的各种改良措施，而且小农被束缚在土地上，必须投入全部精力才能获得相当少的回报。"他不得不把大部分产品以赋税的形式交给国家，以诉讼费的形式交给讼棍，以利息的形式交给高利贷者；他对于自己小天地之外的社会运动一无所知；尽管如此，他仍然痴情地迷恋着他那一小块土地和他对这块土地的纯粹有名无实的占有权。于是法国农民就陷入同产业工人阶级相对立的极其不幸的境地"。③ 第二，农产品价格的不断上涨，使土地资源显得更为稀缺。农产品的价格不断上涨这就不容争辩地证明，土地国有化已成为一种社会必然性。土地一旦由国家控制，地力就能合理的利用，农产品的供给就不会减少。"土地国有化将彻底改变劳动和资本的关系，并最终消灭工业和农业中的资本主义的生产。只有到那时，阶级差别和各种特权才会随着它们赖以存在的经济基础一同消失。"④

恩格斯的《法德农民问题》（1894年），从指导西欧资本主义向现实的社会主义过渡的视角，来研究土地公有制的实现路径。《法德农民问题》对当时德国社会民主党及法国社会党的土地纲领中背离马克思主义理论的地方加以批判，阐述了在农民和土地所有制上的无产阶级立场。一是立足西欧小农生产的现实。"在德国西部，和在法国和比利时一样，占统治地位的是小块土地农民的小生产，这些农民大部分是小块土地的所有者"。⑤ 小农当时成为西欧最重要的社会力量。社会主义的使命不是把小农对自己田地的现在这种虚构的所有权变成真正的所有权，不是把西欧的小佃农变成小土地所有者。

①　马克思恩格斯选集（第三卷）[M]．北京：人民出版社，1995：127．

②　马克思恩格斯选集（第三卷）[M]．北京：人民出版社，1995：128．

③　马克思．论土地国有化，马克思恩格斯全集（第十八卷）[M]．北京：人民出版社，1964：66．

④　方世南．马克思恩格斯的生态文明思想——基于《马克思恩格斯文集》的研究[M]．北京：人民出版社，2017：31．

⑤　马克思恩格斯选集（第4卷）[M]．北京：人民出版社，1995：486．

二是对待小农的态度与合作化路径下的土地公有制转型。恩格斯指出，虽然我们能预见到小农必然灭亡，但在我们夺得了国家政权时，"我们决不会考虑用暴力去剥夺小农（不论有无报偿，都是一样）……我们对于小农的任务，首先是把他们的私人生产和私人占有变为合作社的生产和占有，不是采用暴力……而是通过示范和为此提供社会帮助。"① 恩格斯以丹麦为例，指出引导小农走合作社道路的重要意义。"一个村庄或教区的农民——在丹麦有许多大的个体农户——应当把自己的土地结合为一个大田庄，共同出力耕种，并按入股土地、预付资金和所出劳力的比例分配收入。在丹麦，小土地所有制只起次要作用。可是，如果我们将这一思想运用于小块土地经营方面，我们就会发现：把各小块土地结合起来并且在全部结合起来的土地上进行大规模经营的话，一部分过去使用的劳动力就会变为多余的；劳动的这种节省也就是大规模经营的主要优点之一。要给这些劳动力找到工作，可以用两种方法：或是从邻近的大田庄中另拨出一些田地给农民合作社支配，或是给这些农民以资金和机会去从事工业性的副业，尽可能并且主要是供自己使用。在这两种情况下，他们的经济地位都会有所改善，并且这同时会保证总的社会领导机构有必要的影响，以便逐渐把农民合作社转变为更高级的形式，使整个合作社及其社员个人的权利和义务跟整个社会其他部门的权利和义务处于平等的地位。至于怎样具体地在每一个特殊场合下实现这一点，那将取决于这一场合的情况，以及我们夺得政权时的情况。可能我们那时将有能力给这些合作社提供更多的便利：由国家银行接收它们的一切抵押债务并将利率大大减低；从社会资金中抽拨贷款来建立大规模生产（贷款不一定或者不主要是货币，还可以是必需的产品：机器、人造肥料等）及其他各种便利。这里主要的是使农民理解到，我们要挽救和保全他们的房产和田产，只有把它们变成合作社的占有和合作社的生产才能做到。正是以个人占有为条件的个体经济，才使农民走向灭亡。如果他们要坚持自己的个体经济，那么他们就必然要丧失房屋和家园，大规模的资本主义经济将排挤掉他们陈旧的生产方式。情况就是如此。现在我们要让农民有可能不是为了资本家的利益，而是为了他们自己的共同利益自己进行大规模经营。"

---

① 马克思恩格斯全集（第二十九卷）[M]. 北京：人民出版社，2020：606.

二、地租理论与集体建设用地市场价格机制

（一）西方地租理论

1. 局部均衡价格

西方经济学地租理论仅强调局部均衡，价格取决于市场供求双方力量的均衡。土地市场决定着城乡地价。短期看，由于建设用地的自然供给完全受自然资源限制，土地的供给数量可以视作固定的，土地供给完全无弹性。短期内，如果农村集体经营性建设用地不进入城市土地交易市场，供给曲线 S 垂直于横坐标轴，此时，土地价格是一种需求价格，价格由需求决定。如图 1-1 所示。当土地需求为曲线 D 时，土地价格为 P_1，若土地需求增加，即土地需求曲线向右上方移动变为 D′，此时价格为 P_2。可以看出，土地供给完全无弹性时，土地价格完全由需求决定。

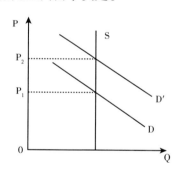

图 1-1 土地供给完全无弹性时的土地价格

集体经营性建设用地入市，拓宽了城市土地供给的途径，土地供给进一步增加，如图 1-2 所示。假设供给曲线变为 S′，此时可能出现的情况有两种。情况一，假设此时需求曲线不发生变化，仍为 D′，价格为 P_3 且 P_3 小于 P_2，说明集体经营性建设用地入市导致供给进一步增加，市场均衡价格进一步下降；情况二，假设由于土地供给的增加，需求被进一步释放，需求曲线变为 D″，那么，此时市场均衡价格达到了 P_4 且 P_4 大于 P_2，说明集体经营性建设用地入市后，刺激了土地的需求，引起了土地价格的上涨。

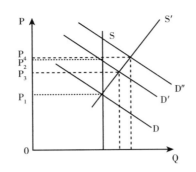

图 1-2　供给较有弹性时的土地价格

2. 建设用地地租

按照建设用地地租论，城市经济在各种变量的作用和影响下，处于不断变动和调整之中，比较分析边际产品与生产要素二者的价格，深入地认识和理解地租内涵，具体可以参看图 1-3。地租量的决定如图 1-3 所示，等于 dbc0 的面积减去 abc0 的面积，其中，bc 段为边际报酬。马歇尔称 abc0 的面积为"一般总报酬"，dbc0 的面积为实际产出的总报酬，两者之差就是土地的剩余生产物，在一定条件下转化为地租。

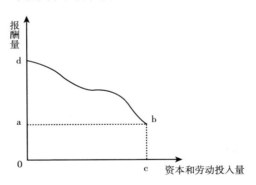

图 1-3　边际生产力地租的形成

3. 平衡区位及阿兰索地租模型

关注区位理论，引入区位平衡这一概念，使得城市区位在地租领域演变成了核心性的话题，进而构建起城市地租模型，依此为基础深入地分析和理解相邻区位之间的地价关系。

阿兰索在严格的假设之上，分析了单个家庭在平衡区位上的选择。阿兰索首先将家庭收入的用途划分成三个方面，分别为土地投资、交通费及其他开支（含储蓄），按照新古典经济学，土地投资是地价 $P(t)$ 与土地数量 q 二者的函数；交通费则是家庭和市中心之间距离 t 的函数，表示为 $K(t)$；其他开支为商品数量 Z 与单价 Pz 的函数。基于此，表示家庭收入 Y 做式（1-1）：

$$Y = P(t)q + K(t) + PzZ \qquad (1-1)$$

在此基础上，阿兰索得出：对于一个家庭来讲，决定其在区位上平衡的主要因素为上述三个方面保持确定的比例，在三者于一条满意度曲线之上调整的过程中，地价对于满意度 U 不会产生影响，换而言之，即满意度为三者之函数，可以写作：$U = u(z, q, t)$。但是极难对此曲线进行度量，为此阿兰索予以了简化，以地价与距离为自变量设计对应的买价曲线，所谓买价曲线即于各距离条件下，家庭在相同满意度的条件上均有支付能力的价格曲线。参看图 1-4 的描述，在满意度不同的情形下，买价曲线 BP 就会以一组的形态出现，买价曲线越低，对应的满意度越高。叠加处理买价和地价这两条曲线，获得如下结论：对于家庭投资来讲，其会在平衡区位上进行对应的选择，此平衡区位为最高满意度，并且符合地价曲线，也就是图 1-4 中的 E 点，具体来讲为买价曲线相切于地价曲线的位置。

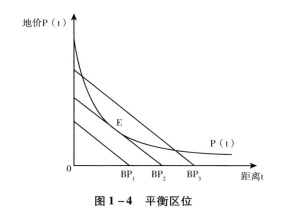

图 1-4 平衡区位

据图 1-4 不难得出：平衡区位于地价曲线之上进行调整变化。使用者如果对应的买价曲线处于最高斜率条件下，所得的土地处于市中心；斜率次之时，取得的土地则和市中心最为靠近，以此进行类推，获得图 1-5 所描述的阿兰索地租模型。

从图 1-5 不难得出：在阿兰索看来，区位地价之间互为相关，能借助土地对应的买家曲线对此关系予以描述。竞租函数越陡峭，离城市中心距离越近，也就愿意出越多的租金。

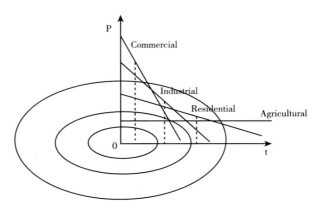

图 1-5　阿兰索地租模型

（二）马克思地租理论

马克思地租理论对一般均衡和土地资源之间的配置及收益分配进行了充分的强调，其中地租被界定为由于土地租赁，承租方需交付租赁方平均利润之外的超额利润，超额利润转化为地租。地租总额中具体包括绝对地租、级差地租、垄断地租三部分（见图 1-6）。

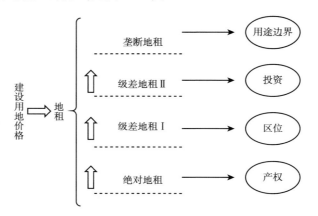

图 1-6　建设用地价格构成

1. 集体经营性建设用地与绝对地租

根据马克思主义地租理论，绝对地租形成和存在的根本原因是土地所有权的垄断。无论土地肥不肥沃、地处哪个区位，使用方要无条件地支付所有方的地租就是绝对地租，它伴随着土地的所有权的垄断而产生。

土地绝对地租在我国集体经营性建设用地入市中的积极作用表现为：绝对地租解释了农民集体对经营性建设用地所有权的垄断，从而促进有偿化使用集体土地，为土地资产以生产要素的形式进驻到市场中进行流动提供了理论基础，对于构建公平合理的竞争、分配机制有极大的理论价值，对于合理使用、有效配置土地资源发挥了良好的助推力，也有助于城乡二元土地机制的打破，能让土地资源的市场供需更快、更好地走向平衡。

通常情况下，伴随社会发展、经济提升，绝对地租随之提高。马克思有言：决定地租的不是其获得者，而是社会劳动。分析绝对地租对应的增长源，共有两方面：其一，在经济发展的推动下，劳动生产率有了对应的提高，从平均利润到超额利润都出现了增加，土地要素对应的利润同步上升，地租当然也就增加；其二，经济发展使得市场对于有限土地资源的需求呈现上升态势，引发地价上涨，造成绝对地租的上升。

2. 集体经营性建设用地与级差地租

马克思《资本论》里是这样论述级差地租的：从实质的层面上看，级差地租为投资等量资本到土地中产生的差异性生产率[①]。一方面，农民集体享有因土地肥力和位置不同而产生的级差地租Ⅰ。另一方面，农民集体享有因投资的生产率不同而产生的级差地租Ⅱ。与级差地租Ⅰ不同，级差地租Ⅱ不是由于不同土地本身的特征优势，而是因为不同的劳动生产率出现的。劳动生产率之所以不同，其根源所在为投资，不同投资带来不同的劳动生产率。级差地租在集体经营性建设用地入市中也具有积极的指导作用。

在集体经营性建设用地入市过程中，首先，集体经营性建设用地土地价格会受到级差地租Ⅰ中的位置条件的影响。在城市中，越靠近市中心的土地，区位条件越好，越靠近经济繁荣的地区，区位条件越好。这主要是因为距离优势节省了流通过程中的运费和增加了资金的流通速度。集体经营性建设用地不用来进行农业生产，因此不会受到土地肥力的影响。其次，集体经营性建设用地土地价格在很大程度上会受到级差地租Ⅱ的影响。因为，集体经营性建设用地使用权受让者愿意支付的出让价格取决于土地未来能够给受让者带来的预期收益的大小。如果有投入相同的劳动所产生的劳动生产率更高的土地，那么受让者就会愿意支付更高的土地价格，因为较高的劳动生产率能

---

① 马克思. 资本论（第三卷）［M］. 北京：人民出版社，2004：699.

够弥补多支付的土地价格。劳动生产率的不同是由于不同的投资导致的，在集体经营性建设用地入市中，入市前的投资主要来源于五部分：一是政府原本在土地上的基础设施建设投入；二是政府在入市前对土地进行整顿、整改的投入；三是农民集体以前使用集体土地而进行的投入；四是用地企业在使用土地的过程必然会有投入；五是随着经济发展，该土地周围所形成的良好发展环境背后的隐形投入。第五部分投入所产生的地租和级差地租Ⅰ中的位置条件所产生的地租有部分重合。因此，基于求取更高收益的目的，从所有者到使用者均会加大投入。

级差地租和绝对地租的产生发展机理相同，伴随城市向前发展持续走高，具体表现可以总结为如下三点：其一，城市发展加大了市场的用地需求，土地自身的稀缺性和有限性一定会造成地价上升，地价以地租为基础，这样就一定会造成级差地租随之上升。其二，城市土地对应的投资呈持续增加态势，在资本所有权融于土地之后，经过租约期转化成土地所有权，此时土地资本对应的利息即转化成了级差地租，推动级差地租随之增长。其三，城市中心向多元化、专业化迈进的进程中，新黄金区位开始不断出现，新级差地租随之产生，伴随城市的持续扩大，远郊与市中心对应的级差地租之间的差距会不断增大。

3. 集体经营性建设用地与垄断地租

某些土地因为自身的稀缺性，产生的产品也具有特殊性，比如质优量少，而这类产品的市场售价和同类产品相比，会高于后者很多，此售价就是垄断价格，伴随垄断价格而生的是垄断利润，垄断利润对应的地租就是垄断地租。农村集体经营性建设用地入市中的垄断地租，通常地处好地段，经营会产生超额利润。超额利润中的一部分会被转化成高额地租，就是垄断地租。在地租中，垄断地租为特殊形式，其不受量的决定，弹性很大，所以不确定性极大。农村集体经营性建设用地入市过程中，在其他条件不变的情况下，政府对建设用地的用途管制越松，建设用地的用途边界越大，垄断地租这部分的增加值就越大。

4. 地租的累积贴现与土地市场价格

在马克思看来，土地价格必然受制于地租资本化，在土地出租走向资本化的条件下，出租土地对应的所有收入就是土地价格。地租是土地所有权实现的经济价值和增值的形式，土地价格为地租资本化的实现。对于土地价格来讲，其完整意义可以描述为：一是土地资源价格的原始价格。也就是马克思所说的"真正的地租是为了土地本身而支付的，不论这种土地是处于自然状态，还是被开垦。"[①] 二是土地资产价格，投资利息和资产的折旧费，即租金。可见，土地价格是它们二者之和的资本化。公式表达如下：

$$P = \sum_{t=1}^{n} \frac{R_t}{(1 + r)^t} \qquad (1-2)$$

式（1-2）中，P 为价格，r 为折现率，R_t 为 t 时刻租金。

综上所述，为了更加直观地观察建设用地价格组成，详见图 1-6 中建设用地价格构成。

三、我国农村集体土地所有制的 确立与市场化实现形式

产权制度决定和影响着要素组合效率与经济绩效。而农村土地产权制度对国民经济的影响则更深彻。

（一）农村农民土地合作化与集体所有制的确立

中华人民共和国成立初期，长期延续下来的商品经济形态仍然是农村内部经济资源配置的主要方式。随着农民土地所有制的确立，"新"社会中频繁出现"老"问题。农民土地私有制与农村、农民、农业及国家工业化积累的关系，成为制约经济发展的不确定性因素。一是农民土地所有制下日益隐现的贫富差距。以东北地区为例，1948 年就已经基本完成土改，农民获得了土地。农民不仅成为土地的所有者，而且国家还允许土地交易。根据东北局的内部资料，到 1950 年下半年，分地后的"上升户"（富裕户）添了马车，买进或租入了土地，雇用了长工。而分地后的"下降户"（返贫户），或者由于劳动力缺乏，或者由于疾病灾害或好吃懒做，已经逐步沦为出卖或出租土地或依靠借粮借款为营生。

20 世纪 50 年代农村土地改革后，有些农户已经意识到，在分配机制和产权合约完整的情况下，生产经验丰富的农户联合，能取长补短，形成规模

---

① 马克思. 资本论（第三卷）[M]. 北京：人民出版社，2004：699.

经济。对于国家而言，联合劳动比单干要更接近社会主义。因而，政策上就有了诸如对互助组农贷要贷好的、新式农具应首先贷给互助组、各种优良品种和国家级的农业扶助、互助组有优先权。政策引导与政策倾斜这些诱导性扶持，推动了新的农业生产模式的形成。互助组可以是农户间的强强联合，也可以是其他组合模式，入社自愿、退社自由。互助组和初级社作为农民自发组织的一种农业网络化组织模式，以农户的私有土地和私人劳动为基础，按份入股，共同治理，治理模式与发达国家的农业合作社并无二致。农民由于商品经济条件下的土地买卖关系与劳动投入的差异，出现了明显的收入分化与贫富差距的拉大。

二是商品经济条件下农民粮食需求的扩大与国家粮食收购缺口。中华人民共和国成立之初，百废待兴，工业化与城市建设需要大量的粮食。同时，农村人口大量流向城市，粮食需求大为增加。基于当时的国际环境，充足的粮食储备更是维系着国家安全。另外，土地改革后虽然生产发展了，却出现了粮食的供给缺口。农户粮食自主消费量增加的幅度超过了粮食产量增长的速度，这是国家粮食收购困难的主要原因。同时，为了和以往剥削阶级政权的沉重税赋相区别，作为国家农业税的公粮，其税赋比率是很低的，因而粮食的短缺问题短期内难以解决。

三是农民土地所有制下的粮食价格波动与国家财税负担。中华人民共和国成立初期，国家的粮食需求主要采用征购（农业税）和收购两种方式。由于农业税率低，只能少征多购。据统计，1951～1952年粮食征收和市场收购的比例为61：39。而1952～1953年，这一比例已经变为56：44。到1953年、1954年，60%的国家粮食需求要靠市场收购。粮食收购比率过高给国家财政造成了沉重的负担。另外，当时的粮食的流通体制完全的商品化，粮食流通领域国营粮食公司、供销合作社和私营粮商并存。一旦粮食出现供需失衡，私营粮商则会大量囤积，制造紧张、哄抬粮价，造成粮食市场价格的剧烈波动。

在此过程中，国家意识到，必须进行从合作社向土地制度集体化的制度变迁。互助组与初级社这种基于市场分工和企业分工的要素组合模式及其分配体制在资本主义国家已经有着悠久的历史。这种自愿的、按劳动者私有产权组织起来的、以土地和劳动入股分红的企业组织模式，不仅产权上清晰，而且是生产资料社会化的生产方式的演进。马克思对股份制的生产组织模式给予过充分的肯定，指出"股份资本取得了对他人资本和社会劳动的支配权，使它作为社会资本而与私人资本相对立"，① 并且它的企业也表现为社会企业，而与私人企业相对立。财产不再是各个相互分离的生产者的私有财产，而是联合起来的生产者的财产，即直接的社会财产。虽然股份制从微观产权构成上是以私有产权为基础，但却是对私有制的一种扬弃，是向社会主义过渡的中间环节。另外，虽然互助组与初级社解放了农村的生产力，但国家在农业社会总产品中的分配份额不足，这一问题始终没有得到根本解决。国家权力强力干预要素的分配份额并为推进工业化提供强制性积累，将农民土地私人所有权逐步转变为农村集体土地所有权。土地集体化后实行政社合一的生产管理模式，实行三级所有、队为基础。生产队是微观的生产单位，其上有生产大队和人民公社。人民公社既是集体经济的生产单位，同时又是国家的政权机关。集体土地所有权的性质是一种民事权利和国家权力的直接耦合的混合体。这种特殊性使它一方面与纯民事产权形式的共有制相区别，另一方面也与现代国家对土地产权的外部管制形式相区别。集体土地产权不仅具有一般意义上的经济功能，更具有政治功能。国家限制产权的转让和交易、直接参与生产和初次收益的分配。农民的土地从私有产权转变为集体产权后，农村土地集体所有实行的是"三级所有，队为基础"的体制，即农村土地的所有权生产队集体所有、生产大队集体所有和人民公社集体所有三种形式。

（二）农村土地集体所有与市场经济条件下的家庭承包经营

20 世纪 50 年代到 70 年代，所有权和经营权高度统一的集体土地所有制，造成了长期的国家粮食危机和农村的贫困化。70 年代末，随着城市化工业化对粮食需求的猛增，粮食短缺问题已经成为制约中国工业化与农村经济发展的主要障碍。从短期来看，在技术条件不变的前提下，解决问题的关键在于通过农村集体土地产权体制改革以提高农业生产率，释放改革活力。

家庭联产承包责任制，从制度设计上将从前的集体统一经营转变为农户的个体经营，形成土地和劳动新的合约模式和要素组合模式。农村土地制度的变迁对农民产生了积极的正向经济激励。中国农业总产值 1979～1984 年增长了 55.40%，粮食产量由 1978 年的 3.04 亿吨增加到 1984 年的 4.07 亿吨，

---

① 洪名勇. 马克思土地产权制度理论研究——兼论中国农地产权制度改革与创新 [M]. 北京：人民出版社，2011：373.

年平均递增 4.9% ,[①] 成为新中国成立以来粮食增长较快的时期。根据林毅夫对 1978～1984 年农业增长要素贡献的分析，在影响农业生产的各种解释变量中，土地制度变革的贡献率占 46.9%，相当于同期土地投入化肥、资本和劳动力的总效应（45.8%）。[②] 通过土地和劳动这种新的要素组织形式，农业经营绩效得到显著提高。其在经济效率上之所以能取得成功，根本的原因在于把激励机制引入了产权制度结构中。农村的土地承包制改革在利益分配结构上协调了国家、集体和个人三者的利益关系，使三个主体都能在新的要素组合模式中获得激励和获益。

在家庭承包制改革中，通过将承包权即主要是土地的使用权和剩余索取权放归农户这种激励机制设计，最大限度地降低了大集体时期劳动力投入的道德风险，实现了农业增产增收。随着城市化进程的加速，即劳动力跨城乡配置阶段，正如刘易斯二元经济模型中所预测的，城市对农村剩余劳动力吸纳的数量与规模在迅速增长。在农村土地集体所有权市场化改革的新阶段，农村剩余劳动力不仅可以向城市工业、服务业部门流动，而且这种流动是基于机会成本选择与农业分工和比较优势体现出来的。而检验农地产权制度改革的思路是否正确，就是要看农地制度改革是否与国家的新型城镇化战略、农业适度规模经营战略、粮食安全战略及农民财产性收入增长战略相互兼容、相互契合。2014 年，中国城镇化率达到 54.77%，2020 年城镇化率超过 60%，产权制度改革大大助力了我国的新型城镇化战略。另外，党的十八大以来，增加农民财产性收入成为经济体制改革的一个重要目标，特别是在土地制度改革中，始终关注是否有助于增加农民的财产性收入。中国经济的发展在过去相当长的一个时期，是以牺牲农民利益为代价的，例如计划经济时期工农业品的剪刀差、现行的征地补偿体制等，导致中国目前城乡收入差距过大，特别是家庭财富总量的差距过大。以承包制物权化为特征的农地制度改革，对于增加农民特别是进城农民的财产性收入，无疑是重要的制度保障。农村土地产权制度，作为国家权利结构的基础，无论是革命时期还是在经济建设时期，其对社会的稳定、繁荣及理性预期的形成都有着深远的制度建构作用。在中国经济体制转型的制度变迁中，农村土地产权制度始终是国之基本，不仅关系微观的资源配置与利益分配，更关系中国未来宏观经济发展模式的转型。

---

① 何玉文. 太阳每天都是新的——何玉文新闻作品 [M]. 北京：人民出版社，2018：125.
② 林毅夫. 再论制度、技术与中国农业发展 [M]. 北京：北京大学出版社，2000：84.

四、农村集体土地所有制与集体建设用地入市

在农地"三权分置"的基础上，2014 年底，中共中央、国务院出台了《关于农村土地征收、集体经营性建设用地入市、宅基地制度改革试点工作的意见》。2015 年初，全国人大常委会即授权国务院在全国 33 个县市区进行征地制度、农村集体经营性建设用地入市以及农村宅基地，即"三块地"的改革试点。如何坚持市场导向，进一步深化农村土地制度改革、释放制度红利，已经成为如何全面深化改革的重大问题之一。随着"三块地"试点的完成，集体经营性建设用地用益物权正逐步受到重视。现行的《中华人民共和国土地管理法》（简称《土地管理法》）已经删去了"任何单位和个人建设，需要使用土地的，必须依法申请使用国有土地"的刚性征地原则。《土地管理法》新规定，按照土地利用总体规划并经依法登记的集体经营性建设用地，土地所有权人可以通过出让、出租等方式将其使用权交其他单位或个人用于非农业建设。这从法律制度的层面为逐步完善集体经营性建设用地用益物权打开了一个重大突破口。

我国 40 多年的改革开放经验证明，开放的市场体系建设是经济繁荣的必由之路。中共十八届三中全会提出，深化经济体制改革要使市场在资源配置中起"决定性"作用。党的十九大报告进一步把"使市场在资源配置中起决定性作用"列为新发展理念的重要内涵之一，指出"要素市场化配置"是加快完善社会主义市场经济体制改革的重点。改革开放 40 多年来，虽然商品市场充分发展，可城乡土地资源的市场化配置与城乡一体化程度大大滞后。长期以来政府卖方垄断的国有建设用地市场，虽然用政府力量为社会提供了大量廉价土地和廉价资本，快速推动了城镇化与经济的高速发展，但在效率、社会公平方面引发了大量问题，已经不能适应新时代高质量发展阶段的制度需求。

当前，集体建设用地入市中的集体经营性建设用地入市，改革具有内生性，社会共识程度较大。随着城乡一体化发展水平不断提高，推动农村集体与城市国有建设用地同等入市、同权同价的时机基本成熟。1987 年深圳市拍卖会一声锤响，开启了第一次国有土地建设用地使用权的交易。经过 1990 年《城镇国有土地使用权出让和转让条例》和 1994 年《城市房地产管理法》的规范，正式建成了国有建设用地使用权市场。而同时，集体建设用地市场一

直处于隐形的未规范状态。党的十九大报告指出，我国经济已由高速增长阶段转向高质量发展阶段，正处在转变发展方式、优化经济结构、转换增长动力的攻关期。当前，我国社会的主要矛盾已经转化为人民日益增长的美好生活需要和不平衡不充分的发展之间的矛盾。而城乡发展的显著不平衡正是当前我国社会主要矛盾的表现形式。早在本世纪初，党中央着手对城乡关系作出重大调整。2002 年党的十六大提出统筹城乡发展，2007 年党的十七大提出城乡一体化，2017 年党的十九大明确提出建立健全城乡融合发展的体制机制和政策体系。从统筹城乡发展到城乡融合发展，改革不断向纵深推进。事实证明，必须坚持城乡土地资源配置市场化取向的体制机制改革。通过土地利用总体规划和城乡规划，积极引导集体经营性建设用地与国有建设用地同等入市。

建立城乡统一的建设用地市场，不仅要破除农村集体经营性建设用地入市的制度障碍，而且需要大力深化农民宅基地使用权入市的市场导向型改革。集体经营性建设用地总量少、地块小、布局散、规模小，而我国宅基地占农村建设用地总量的 2/3 以上。2017 年，宅基地"三权分置"改革首次提出。2021 年《中共中央 国务院关于全面推进乡村振兴 加快农业农村现代化的意见》提出，稳慎推进农村宅基地制度改革试点，探索宅基地所有权、资格权、使用权分置的有效实现形式。如果我们适度突破农村宅基地流转的限制，即允许其中 1/3 闲置的部分进入城市建设用地市场，就可使城市建设用地总量增加 48.7%。相反，如果依旧严格限制农民宅基地使用权入市，单单依靠规模极其有限的农村集体经营性建设用地入市，那么改革的效果将大打折扣。坚持农村集体经营性建设用地与农村宅基地双轮驱动的城乡土地资源市场化配置模式，不仅有助于土地、人口、资本在城乡之间的动态配置，能够从根本上改变城市住宅用地供给不足，从而导致房价居高不下的局面，而且开辟了一条增加农民财产收入的渠道，有助于加快农民工的市民化，缩小城乡居民之间的收入差距，使农村建设用地资源能更好地服务于乡村振兴及我国的城市化进程。

第二章

集体经营性建设用地入市
与农民福利补偿

一、集体经营性建设用地市场化
配置与农民福利

（一）集体经营性建设用地概念界定

所谓农村集体经营性建设用地，即农村用地中具备生产经营属性的建设用地部分。按照乡（镇）土地对应的总体规划，农村集体经营性建设用地的使用方确定用以办企业、做其他用途的农村集体建设用地，比如乡镇企业所使用的相关土地，以租金或者分红等形式为农民带来利益。集体经营性建设用地进一步根据用途可以划分为商业服务用地、工业用地、养老用地、旅游用地等。

2020 年修订的《土地管理法》也对集体经营性建设用地入市进行了内涵界定。《土地管理法》第六十三条规定，对于按照城乡和土地总体利用规划所确定下来的、用以经营工商业、经过了合法登记的集体经营性建设用地，作为所有权人，有权借助出让抑或是出租的相关方式交与相关方，通过合同、合约的约定，确定双方权益，借此获得的集体经营性建设用地之使用权不但能够进行转让，而且可以抵押，还可以互换、赠与抑或是以出资形式进行流转，除非立法有其他明确规定抑或是当事人借助书面合同进行了另行约定。从经济学市场交易的层面来看，集体经营性建设用地入市就是指集体经营性建设用地作为一种资源可以进行市场化配置，在遵循自愿、平等、公平、诚实信用等市场交易原则的基础上，建立完全自由竞争体系，集体经营性建设用地使用权在一个买卖双方都满意的价格上进行自由交换。

因此，根据集体经营性建设用地的具体入市方式，其入市价格能够被划分成出让价格、租赁价格以及通过作价入股方式入市产生的价格。而按照不同的出让方式，土地使用权又分为拍卖地价、招标地价、挂牌地价和协议地价。

（二）福利补偿理论

1. 福利均衡与卡尔多希克斯补偿

按照福利经济学第一定理：在市场处于完全竞争的态势下，一般均衡为帕累托最优。具体内涵是指，在完全竞争条件下，所有个体作出选择的依据都为效益最大化，在这样的情形下，市场必然就走向资源配置的最优化。其实现条件最重要的是没有外部性，以及不存在规模经济。第一定理为帕累托最优的实现条件，其实质就是亚当·斯密所说的"看不见的手"。其作用为：效率的提升，如何对资源进行对应的配置。此定理强调的重点为资源配置对应的经济效率，也就是理性交易双方最终有无共同利益，能不能最终达到资源配置的最优化，不过此定理和经济利益对应的分配问题无关，其市场均衡可能产生非公平化的分配。

根据经济学针对"均衡"所作的界定：福利均衡指的是现有机制下，社会主体借助系列化的经济活动，对自身福利进行最大化追求的时候，互为作用的均衡对应的是所有个体和群体在福利层面上都能达到最大化，进而社会在整体福利层面上的最大化。如若不能实现，那么按照理性经济人假设，相关主体就会通过一定的经济行为进行福利转移与再分配。不过这里福利均衡非一定为瓦尔拉斯一般均衡，后者实现的条件更为严格，从生产到交换再到消费的所有领域均要达到最优，对某一市场、某一领域进行分析的时候，一般以局部均衡为基础。

福利经济学中最重要的一个标准是帕累托标准。希克斯在该标准基础上提出了帕累托改进，进一步延伸了帕累托思想。希克斯认为社会资源配置状态达到帕累托最优，需在该资源配置状态上不存在帕累托改进，就是说如果不使任何人的状态变坏就无法使其中至少一个人的状态变好。显然，人们在实践中追求帕累托最优的有效途径为帕累托改进，同样由于这一原因，帕累托改进这一福利标准被广为接受。卡尔多在1939年于文章《经济学的福利命题与个人之间的效用比较》中创造性地提出"虚拟补偿"这一原则，以其对社会福利进行检验，该标准是说一项政策的好坏取决于该政策是否使受损者获得完全补偿，是否能够提升其他相关主体的福利，若答案均为肯定的，则此政策即为好的。后来希克思补充了卡尔多的福利标准，他认为，对社会福利进行判断，应从长期视角进行观察，政府推出的、施行的经济政策只要长期看有助于生产效率的整体化提升，即便短期内会损害部分群体的利益，依然应该得到鼓励，所以希克斯创建的这一补偿原则被叫作"长期自然补偿"。再转回看农村集体经营性建设用地入市，其初衷为让更多的市场主体能够使用土地，进而创造更多的社会福利，同时使得农村建设用地得到充分利用，给农民集体带来收入。在实践中确实实现了企业有地可用，创造了更多的社会财富，但是农民出让土地使用权却没有得到合理补偿，尽管农村集体经营性建设用地入市将有助于农村未来长期的建设发展，但是更应该注重实现价格补偿的重要作用。

根据以上福利均衡与卡尔多希克斯补偿理论的阐释，本书把农民福利补偿中的外部福利补偿定义为：国家的发展战略、经济发展、政策实施等带来城乡之间的福利转移。我国长期以来存在着把农村的资源转移到城市来推动城市发展的现象，给农民带来了外部福利损失。例如，农业生产中的价格剪刀差、集体经营性建设用地必须要变为国有建设用地才能够出让等。因此农民的外部福利补偿就是要实现均衡的城乡利益分享，这次集体经营性建设用地入市改革就是一次非常好的契机，集体经营性建设用地价格是否能够在土地市场上实现市场化竞争价格就意味着这次城乡之间的福利转移是否能够实现均衡的利益分享，是外部福利补偿的重要体现。外部福利补偿的实现，实际上是对第一定理进行的验证，即于完全竞争的市场上，借助价格的调整，市场的经济活动得到对应的协调，稀缺资源得到了有效的配置。

2. 福利内部补偿与福利经济学第二定理

福利经济学第二定理，即在完全竞争的市场条件下，政府要做的工作调整为按照个人禀赋进行分配的状态，除此之外的其他均交给市场进行调整。福利经济学第一定理没有关注到分配问题，第二定理对此问题予以了有效的纠正。按照第二定理，从每一个社会个体到全部的生产者，均在自我利益这一中心的引领下接受相关的价格，借助竞争机制在均衡上达到帕累托最优，这个目的的实现以在个人与企业间进行适宜的转移支付、施行适宜的综合税收政策作为前提。通过分开分配和效率，求取到收入分配的公平化实现，强调借助对财富进行一次总额转移达到公平分配。按照第二定理，如果收入分配中市场出现了失灵，则政府可借助对一次性财富进行适宜的转移分配，而后经由市场运作获得解决，所以于收入方面，政府可进行税收调控、予以合理补贴，通过社会保障机制的全面运用，让财富在整个社会进行公平的转移，达到社会福利在总量上的增加，对于最大福利的实现来讲，其所应具备的充分条件为公平分配。因此，集体经营性建设用地入市中，土地入市价格应该实现效率，而分配必须兼顾社会公平的原则，维护农民利益，落实好农民的福利补偿问题。

根据以上福利经济学第二定理的阐释，本书把农民福利补偿中的内部福利补偿定义为：农民集体从外部补偿中获得到的福利总和在集体内部的分配，从而给农民集体和农户个体实际带来的福利补偿。主要体现在五个方面：一是指集体收益留存；二是集体公共服务和产品的供给；三是集体为农民提供社会保障功能，如养老、社会救济等；四是农民参与货币化分红；五是在内部福利补偿实现过程中形成的制度化补偿和基层治理的优化。内部福利补偿的实现实际上对应了福利经济学第二定理，即所有期望的资源配置均能借助给定分配结构，经由市场调整得以实现。我国农村土地改革就是希望能够借着此次集体经营性建设用地入市的契机，政府通过制定合理的入市制度，保证尽可能实现充分的市场竞争来进行农村土地资源有效配置，同时将分配对应的初始状态明确下来，将集体经营性建设用地对应的产权结构、内外收益对应的分配结构予以明晰化，借此求得内外部福利补偿均衡。

同时，福利补偿也可以看作福利转移，获利方把一部分收益转移给利益受损方，但是社会总体福利还是增加了。福利转移可以分为两种：一是以企业为主导的福利的间接转移，例如，对穷人所需的生活必需品，在"市场上"以低价的形式卖给穷人，使穷人间接受益。二是以政府为主导的福利的直接转移，例如，政府对穷人提供社会保险、社会救助和其他公共服务。包括养老保险、医疗保险、失业保险、住房保障、免费教育、技能培训等。政府通过向富人或企业征税的形式，汇集资金来实现福利转移。农村集体经营性建设用地入市过程中，既包含直接转移也包含间接转移。农村集体经营性建设用地入市价格是农民集体经由集体土地在市场上的流转得到的间接福利转移，为入市进程中农村集体所得的外部福利补偿，目前这部分福利转移并没有实现福利补偿的均衡。当农民集体收到外部福利补偿在农民集体内部成员之间进行分配和使用的时候，是一种福利的直接转移，这里的农民集体充当了像政府一样的管理服务角色。

二、集体经营性建设用地入市的理论研究热点

（一）集体经营性建设用地产权机制

基于对相关研究文献全面、广泛、深入分析的基础上，当前国内在研究集体经营性建设用地产权机制这个问题上，研究的主要内容可以归纳为如下几点：

首先，集体经营性建设用地入市受产权权能的阻隔。从实质的层面上，集体土地入市，其为在土地市场上针对土地使用权进行的交易。按照当前中国的土地所有权机制，所能出让的只能为使用权。韩松（2012）老师相信按照现行的《中华人民共和国物权法》（以下简称《物权法》），集体经营性建设用地使用权并非为"建设用地使用权"，因为现行立法在权能规定上存在模糊的空间，所以集体土地走向市场化于一定程度层面受到了制约。温世扬（2015）相信："集体建设用地使用权"是客观存在的"事实物权"，按照《物权法》第一百五十一条，这一物权对应的设定权由《土地管理法》予以约束和引导，也就是说国家立法依然没有将集体建设用地使用权设定做用益物权，毫无疑问，这就对处分农村集体土地、对就农村集体土地行使对应的收益权，产生了一定的限制和制约[①]。林超（2018）基于不完全产权生命周期模型分析了1978年至2018年我国集体经营性建设用地的产权不完全程度，认为征地公权力侵害和流转用途受阻是阻碍其产权效率释放的主要因素[②]。米运生等（2020）认为"'三农'政策落实"的重点是明确农地集体所有权人即承包户以完整财产权，明确农村集体经济组织作为产权行使主体且经授权而拥有监督、管理农地之事权[③]。

其次，产权主体不明晰阻碍了集体经营性建设用地入市。李明贤等（2018）认为在集体经营性建设用地当前的产权模式下，入市主体开始朝着

---

①　温世扬．集体经营性建设用地"同等入市"的法制革新［J］．中国法学，2015（4）：66–83．

②　林超．统一市场视角下城乡建设用地制度变迁分析——基于不完全产权生命周期模型［J］．中国农村观察，2018（02）：30–46．

③　米运生，罗必良，徐俊丽．坚持、落实、完善：中国农地集体所有权的变革逻辑——演变、现状与展望［J］．经济学家，2020（01）：98–109．

多元化的方向发展，从村集体到农户个人，再到村委会，还有基层政府等都有可能并且都在实践中以入市主体的身份出现。因为产权结构模糊，所以功能定位就有所不同，而在这个过程中，在整个博弈的进程中，毫无疑问农民是处于劣势的，很容易被限制于"集体行动"的束缚之下①。张婷（2018）等运用 Tobit 模型研究得出明晰土地产权是市场交易有序、规范展开的前提，也是基本保障。要想进行正常的市场交易，首先应做好确权登记，明确产权类型，有限化交易空间、减少不必要的交易成本②。

可以看出，现有研究多从法理角度对集体经营性建设用地的产权进行分析，并对相关法律依据进行溯源。学者们普遍认为目前集体经营的建设用地产权是存在缺陷的，比如权能不完全、主体不明确和用途管制较严格等，这些原因进而限制了集体经营性建设用地的流转，但是对如何突破固有产权的限制，如何打破阻隔入市的产权藩篱研究得还略显不足。

（二）集体经营性建设用地土地"市场缺失"与"市场分割"的相关研究

土地作为一种特殊商品，在交易过程中发生的经济关系的总和我们称之为土地市场。③ 作为社会主义国家，土地在我国为大家公有，而城乡之间的土地制度存在明显的二元结构。沈开举等认为（2019）长期以来，农村经营性建设用地不能直接入市，不仅影响着土地供给和市场，也制约了城乡一体化和城乡融合发展④。关于集体经营性建设用地土地市场的研究集中在市场缺失和市场分割两个方面：

针对集体经营性建设用地"市场缺失"这个问题的研究在具体的内容上主要可以从如下两个方面理解：其一，现有立法存在明显的缺陷。国家颁布实施新的《土地管理法》，将不允许集体经营性建设用地入市的机制取消，尽管如此，方涧（2020）依然认为：长期以来因为立法不统一，没有完善的配套机制，所以实践中，无论在流转上，还是在法律地位上，集

---

① 李明贤，周蓉. 集体经营性建设用地与国有土地同等入市的推进机制研究——以湖南省浏阳市为例 [J]. 湖湘论坛，2018，31（02）：123－129.

② 张婷，张安录，邓松林. 农村集体建设用地市场效率测度及其影响因素研究——基于广东省南海区 372 份数据的供给侧实证分析 [J]. 中国人口·资源与环境，2018，28（12）：115－123.

③ 毕宝德主编. 土地经济学：第 7 版 [M]. 北京：中国人民大学出版社，2016.

④ 沈开举，邢昕. 加快建立城乡统一的建设用地市场 [J]. 人民论坛，2019（27）：116－117.

体建设用地和国有土地之间的差距都很大，面对纠纷时也缺乏最基本的法律指引①。现行立法未从法律的层面上准确界定"集体建设用地使用权"，也没有进行法律规则的清晰化构设。陆剑（2019）研究指出，地方造法造成管制不统一，引发集体建设用地在使用中、在交易中严重失序②。其二，针对集体经营性建设用地，没有构建起健全的、完善的土地市场机制。方涧（2020）认为：中国土地市场当前的整体态势可以描述为：耕地保护处于严峻形势，土地经营为国家所垄断，引发潜在利益，这些因素都阻碍和制约了构建土地交易市场③。集体经营性建设用地入市是由农民个体还是农民集体决定，各试点地区的规定也不尽相同。陆剑等（2019）觉得：对于集体经营性建设用地入市，国家在宏观政策层面上没有明确的主体界定，这就造成集体经营性建设用地入市这个问题在主体层面上都存在极大的模糊性和不确定性④。

　　针对集体经营性建设用地土地"市场分割"进行研究的主要内容可以归纳为如下三个方面：其一，对以集体经营性建设用地和国有建设用地为交易内容的土地市场不能很好融合在一起的客观原因为主要分析内容展开研究和探索。宋志红（2017）认为，长期以来，社会中就存在非法交易集体经营性建设用地的问题，从实际使用到市场流转，社会的实际情况都走在了立法的前面，比如在全国各地广泛存在的小产权房，再有农贸市场，还有农村部分地区设立的批发市场等，这些现象具有普遍性，而且已经长期存在几年、几十年，这类用地不但主体有很大的差异，而且用途各有不同⑤。黄贤金（2019）认为目前实践中存在着较为突出的选择性"同地"、限制性"同权"、约束性"同价"、过度性"同责"等问题⑥。从土地市场发展的影响因素来看，姚睿等（2018）对全国 30 个改革试点区县的土地市场化程度进行了测度，并进一步回归化分析了对建设用地市场发育会产生影响的相关因素，得出：市场需求与政府政策是两大影响因素，经济水平、试点时长没有明显的

---

①③　方涧．修法背景下集体经营性建设用地入市改革的困境与出路 ［J］．河北法学，2020（03）：149 - 163．

②④　陆剑，陈振涛．集体经营性建设用地入市改革试点的困境与出路 ［J］．南京农业大学学报（社会科学版），2019，19（02）：112 - 122，159．

⑤　宋志红．中国农村土地制度改革研究——思路、难点与制度建设 ［M］．北京：中国人民大学出版社，2017．

⑥　黄贤金．论构建城乡统一的建设用地市场体系——兼论"同地、同权、同价、同责"的理论圈层特征 ［J］．中国土地科学，2019，33（08）：1 - 7．

影响力①。其二，针对集体经营性建设用地入市，选择范围过窄作为主要的研究内容。按照现行的国家政策，仅允许存量集体经营建设用地入市，但是张建军（2019）认为存量集体经营性建设用地量少，对壮大农村集体经济、增加农民财产性收入作用并不显著②。其三，对集体经营性建设用地当前存在的市场分割这个问题进行破解展开的研究，李永乐等（2017）站在构建城乡高度统一的用地市场这个层面上认为：统一市场构建既要做到维持原有状态下的正效应，即继续保持市场分割条件下促进乡村经济发展和弥补各级地方政府财政收入，又要减少负效应，即厘清市场主体、市场客体和收益分享，避免产生新的问题，辩证地思考"分割效应"和"融合关键"这一完善城乡建设用地市场的实现路径③。从土地市场未来发展方向角度，林超等（2019）认为土地管理者的认知不能仅仅停留在土地市场的产权流转这一基本层面上，未来城乡建设用地市场应当是一个更高级的市场，即以土地信用为基础构建的土地金融市场④。

集体经营性建设用地土地"市场缺失"与"市场分割"是一个问题的两个方面，土地市场存在法律和市场制度方面的不足是"根"，集体经营性建设用地土地市场长期处于一种缺位和分裂的状态是"表"。现有研究对造成"市场缺失"和"市场分割"的原因做了全面、深刻的探讨，这对于我们了解和认识当前我国集体经营性建设用地土地市场存在的问题有较大帮助。但这些研究也存在一个共同不足，即问题导向型的研究方法。研究工作注重于"点"，而没有形成点面结合的研究，比如观察集体经营性建设用地入市中政府、企业和农民集体各方实际运作的手法。仅单纯地从某一问题出发，去探寻政府政策制定过程和执行过程中的规律，这样做缺乏系统性，同时一些研究中缺乏实证案例的支撑，对于这一现状给农民福利引发的巨大损失、造成的城乡巨大发展差异，却甚少有人进行深入的探讨和研究。

---

① 姚睿，吴克宁，罗明，张欣杰，冯喆，李晨曦. 城乡统筹视角下的集体建设用地市场发育测度及影响因素研究——以30个入市改革试点为例［J］. 中国土地科学，2018，32（10）：14－20.

② 张建军. 农村集体经营性建设用地入市范围研究［J］. 中国房地产，2019（12）：47－51.

③ 李永乐，舒帮荣，石晓平. 城乡建设用地市场：分割效应、融合关键与统一路径［J］. 南京农业大学学报（社会科学版），2017，17（03）：103－111，158－159.

④ 林超，刘宝香. "构建城乡统一的建设用地市场"内涵再认识［J］. 世界农业，2019（03）：40－44，55.

（三）集体经营性建设用地入市与城乡地价双轨制的研究

对于集体经营性建设用地入市来讲，以城乡地价采取双轨制为巨大障碍，研究的内容集中于下述两点：

一是关于集体经营性建设用地入市价格影响因素的研究。从微观角度来说，社会经济因素、区位交通因素、土地本身因素、入市交易因素都会对价格产生影响，王成量等（2018）对集体商服用地和工业用地的价格影响因素及各类因素的贡献率进行实证研究，结果表明集体经营性建设用地价格总体上与国有城镇建设用地价格存在共性规律，说明两者的价格形成机制基本相同[①]。从宏观角度入市，价格影响因素则主要可以归纳为以下三类：彭津琳（2019）提出的流转政策[②]、牟晓庆等（2017）提出的城市发展与城乡一体化[③]、舒帮荣等（2018）提出的区位因素[④]、产权特征等。此外，杨果等（2016）借助实证研究法得出：对于农村集体建设用地在市场上的流转价格产生影响的最主要因素为产权特征，土地使用权确权登记的集体建设用地流转价格比没确权的高70.42%；允许再次流转的比不能再次流转的高28.35%[⑤]。

二是关于城乡地价双轨制本身的研究。一方面是城乡地价双轨制的现状及成因分析。现阶段我国土地市场体系由城市土地市场、农村土地市场和征地市场构成。黄锐等（2020）认为当前城市土地市场发展较为完善，但农村土地市场发育滞后且未形成合理的地价评估体系[⑥]。蒋亚平等（2019）认为由于我国土地产权制度的特殊性，城乡土地市场仍处于割裂状态，建立城乡

---

① 王成量，周丙娟，陈美球，郭熙. 集体经营性建设用地价格影响因素的实证分析——基于江西省余江县179份交易案例［J］. 中国农业资源与区划，2018，39（12）：211–217.

② 彭津琳. 我国农村集体建设用地改革及其流转价格形成研究［J］. 价格理论与实践，2019（04）：42–45.

③ 牟晓庆，李秀霞. 集体经营性建设用地入市的价格机制研究［J］. 上海国土资源，2017，38（02）：73–76，86.

④ 舒帮荣，陈利洪，李永乐，朱寿红. 集体经营性建设用地流转收益分配合理性影响因素研究——基于村级背景和农户认知的多层次分析［J］. 国土与自然资源研究，2018（02）：35–41.

⑤ 杨果，陈乙萍. 农村集体建设用地流转价格影响因素的实证研究［J］. 农村经济，2016（06）：34–37.

⑥ 黄锐，王鑫淼，陈芳，杨叶，马贤磊. 城乡统一建设用地基准地价评估体系构建思考——基于土地权利权能视角［J］. 中国国土资源经济，2020（02）：1–8.

统一建设用地市场仍面临诸多制度和现实层面的问题①。另一方面是如何破除城乡地价双轨制的措施，即"同价"的实现路径。"同地同权同价"作为改革目标，学术界对其实现方法已经进行了广泛研究，郭瑞雪（2014）探究我国集体建设用地"同地不同权不同价"的内因，结果表明要实现集体建设用地公平入市，对其用途一定要予以科学管制，在此基础上，针对城乡建设用地，构建起统一的市场、坚持市场机制引导等，最终实现土地市场的可持续发展②。靳相木（2017）认为集体建设用地入市"同权"问题是个法学问题，须用法学的方法来研究，即"同权"的法律构造，而"同价"问题则是个经济学问题，须用经济学的方法来研究，即在市场上进行"同价"的构造③。

概括起来，针对集体经营性建设用地入市与城乡地价双轨制这个课题进行研究已取得了丰足的研究成果，不过在城镇化不断向前迈进的社会背景下，在经济和社会以及政策等诸多方面不断调整演变的客观条件下，相关理论研究和工作实践都不是绝对的互为符合，多数文献基本上都是单纯地从体制制约这个方面分析集体经营性建设用地入市的阻碍，而现在顶层设计的障碍已经随着法律的修改被破除，而从价格与福利角度研究集体经营性建设用地入市的并不多。

（四）集体经营性建设用地的管制放松与农户福利研究

1. 集体建设用地管制放松的客观需求

其一，针对集体建设用地使用权流转（也被称作"入市"），国家立法长期所持的态度是"严格管制"。崔欣（2011）指出，在中华人民共和国成立后一直到改革开放初期，中央和地方对集体经营性建设用地"入市"都持否定态度，并将相关"入市"行为按照违法用地处理④，甚至刑法都

---

① 蒋亚平. 建立城乡统一建设用地市场的若干问题研究 [J]. 中国土地，2019 (6)：15 – 17.

② 郭瑞雪，付梅臣. 关于集体建设用地"同地同权同价"问题辨析 [J]. 中国人口·资源与环境，2014，24 (S2)：419 – 421.

③ 靳相木. 集体与国有土地"同权同价"的科学内涵及其实现 [J]. 农业经济问题，2017，38 (09)：12 – 18.

④ 崔欣. 中国农村集体建设用地使用权制度研究 [D]. 中国社会科学院研究生院，2011.

设有严厉的惩罚机制①。付首文等（2019）指出在农地转为非农用地的过程中，主要实行政府征收，此收益分配机制明显不同于城市化发展进程中，国家土地在价值上的增值机制，也就引发了土地利益出现了不公平的分配机制②。刘守英（2014）认为于农村集体而言，土地对应的规划、对应的用途即便为非农建设用地，其使用权、受益权依然有限，经过国家的规划调整，在转化成国有土地之后，才能在市场上出让，才能产生对应的收益，才能求取到进一步的发展③。

其二，集体建设用地使用权流转在现实生活中广泛存在。随着改革开放进程推进，部分发达地区在利益驱使下开始悄然入市，虽然政府采取了一系列扼制措施，但隐形市场还是在这一阶段逐步形成。黄锐（2015）指出随着这种现象日益普遍和经济发展形势的需要，1999 年起政府对集体建设用地流转不再严格禁止④。郑涛（2013）认为：在增值收益分配过程中，被征地的集体和农户所得的补偿相比于原用途的收益而言，有极大的增加，但是牺牲的是未来的收益获得权，这就造成原所有权人和使用权人得到的补偿太低，补偿的整个过程存在不透明和不规范的问题等⑤。

其三，集体建设用地使用权的私下流转产生了大量的法律和社会问题。首先吴毅等（2015）指出集体或者农民个人随意占用耕地出让、转让、出租用于非农建设的现象普遍存在⑥；其次李忠夏指出（2015）集体或者农民个人低价出让、转让和出租农村集体建设用地也屡禁不止⑦；再次陈小君（2014）认为集体建设用地使用权人随意改变集体建设用地用途也频频发生⑧；最后高

---

① 《中华人民共和国刑法》第二百二十八条规定：以牟利为目的，违反土地管理法规，非法转让、倒卖土地使用权，情节严重的，处三年以下有期徒刑或者拘役，并处或者单处非法转让、倒卖土地使用权价额百分之五以上百分之二十以下罚金；情节特别严重的，处三年以上七年以下有期徒刑，并处非法转让、倒卖土地使用权价额百分之五以上百分之二十以下罚金。

② 付首文，郭虔. 城乡统筹视角下农村集体经营性建设用地入市机制研究 [J]. 现代农业研究，2019（12）：25 - 26.

③ 刘守英. 中国城乡二元土地制度的特征、问题与改革 [J]. 国际经济评论，2014（03）：9 - 25，4.

④ 黄锐. 农村集体建设用地流转制度变迁的制度经济学分析 [J]. 江汉大学学报（社会科学版），2015，32（01）：51 - 55，124 - 125.

⑤ 郑涛. 城镇化进程中失地农民利益诉求问题研究 [D]. 华东师范大学，2013.

⑥ 吴毅，陈颀. 农地制度变革的路径、空间与界限——"赋权—限权"下行动互构的视角 [J]. 社会学研究，2015，30（05）：36 - 62，243.

⑦ 李忠夏. 农村土地流转的合宪性分析 [J]. 中国法学，2015（04）：123 - 141.

⑧ 陈小君. 我国农村土地法律制度变革的思路与框架——十八届三中全会《决定》相关内容解读 [J]. 法学研究，2014，36（04）：4 - 25.

飞（2018）认为因集体建设用地没有清晰的权属造成民事纠纷大量发生①。

2. 集体建设用地的管制放松与农民福利

首先，陈自芳（2019）认为允许集体建设用地使用权入市流转对于农村和农民而言，有助于农村资本化水平的提升及农民财产收入的增加②。唐健等（2019）指出，放松对集体经营性建设用地市场流转的管制是农民增收的一种必要手段，这也是全面推进农村资本市场发育的重要举措③。同时，李斌等（2019）认为集体经营性建设用地管制放松也对促进农村剩余劳动力的转移、为"三农"问题的解决提供了广阔空间④。黄志斌（2014）认为，现行的用途管制政策与"市场在资源配置中起决定性作用"的原则相矛盾，存在管制目标单一、忽视土地财产权保障、规划缺乏整体性和权威性等问题，不利于保护和提高农民的合法权益⑤。

其次，城乡建设用地同地同权与集体建设用地使用权流转制度改革。从积极视角分析，集体经营性建设用地入市必然可以提高农民收入，促进农村经济的发展，但刘守英（2017）认为全面改革集体经营性建设用地入市制度，会极大地冲击到城市在长期发展过程中已经形成的模式和发展机制⑥。

（五）集体经营性建设用地入市的收益分配与农民福利

一是收益分配主体中政府的份额。反对者从"产权原则"出发，认为对于集体经营性建设用地来讲，地方政府不是真正的权利主体，所以不能也不应获得对应的收益分配⑦。李延荣（2006）指出土地使用权入市流转为市场化交易行为，只有权利主体才能参与交易，地方政府在这个过程中，既不是

---

① 高飞. 集体土地征收程序的法理反思与制度重构 [J]. 云南社会科学, 2018 (01): 34 - 43, 186.

② 陈自芳. 提高农民财产性收入的省域特征及战略路径 [J]. 区域经济评论, 2019 (01): 118 - 126.

③ 唐健, 谭荣. 农村集体建设用地入市路径——基于几个试点地区的观察 [J]. 中国人民大学学报, 2019, 33 (01): 13 - 22.

④ 李斌, 尤笠, 李拓. 交通基础设施、FDI 与农村剩余劳动力转移 [J]. 首都经济贸易大学学报, 2019, 21 (01): 69 - 77.

⑤ 黄志斌. 集体建设用地使用权流转必须坚持土地集体所有和用途管制原则 [C]. 福建省科学技术协会、福建省土地学会. 福建省土地学会 2014 年学术年会论文集. 福建省科学技术协会、福建省土地学会: 福建省土地学会, 2014: 332 - 337.

⑥ 刘守英. 中国土地制度改革: 上半程及下半程 [J]. 国际经济评论, 2017 (05): 29 - 56, 4.

⑦ 陈红霞. 集体经营性建设用地收益分配: 争论、实践与突破 [J]. 学习与探索, 2017 (02): 70 - 75.

所有权人，也不是使用权人，所以不应获得对应的收益①。支持者主要从土地增值原因来分析，陈红霞（2017）认为，集体经营性建设用地的增值实际上是政府基础设施建设产生的正外部效应②，项继权等（2014）认为地方政府可以通过收取管理费用或土地增值税等参与土地收益分配过程③。杨雅婷（2015）从法经济学这个层面论证了政府参与相关的利益分配对于多方共赢、对于收益的合理分配、对于农民利益的切实保护都有积极的、正面的作用和价值④。伍振军等（2014）认为学者们已经达成建立国家、集体、农民多主体利益兼顾型的分配机制的共识⑤。

二是收益分配与提高农民的财产性收入。黄小虎（2003）较早就提出集体经营性建设用地流转制度的改革核心是在土地流转收益上让利于民⑥。郭士强等（2014）认为分配比例全国不能一刀切，要根据各地实际，科学确定本地的分配比⑦。而且为了能够给农民在失去土地之后进行长期的福利补偿，樊帆（2015）借助定量分析得出：对于农民利益的实现和保证来讲，对于农村的长远发展而言，持续性分红这一分配方式具有更高的合理性。⑧可以看出，学者们对于集体经营性建设用地入市后应该尽可能提高农民财产性收入，在这一点上基本达成共识。党的十八届三中全会明确指出，在城乡之间我们要构建起高度统一的用地市场，要在与符合用途管制、符合规划的基本条件下，许可农村集体经营性建设用地入市进行流转，在这个过程中还要秉持和国有土地相同的入市原则。

综上所述，通过文献的梳理可以看出，集体经营性建设用地入市阻隔和农民福利补偿问题受到学者们广泛关注，这两个问题也贯穿集体经营性建设用地入市始终。

---

① 李延荣. 集体建设用地流转要分清主客体 [J]. 中国土地，2006（02）：14 – 15.

② 吴昭军. 集体经营性建设用地土地增值收益分配：试点总结与制度设计 [J]. 法学杂志，2019，40（04）：45 – 56.

③ 项继权，储鑫. 农村集体建设用地平等入市的多重风险及其对策 [J]. 江西社会科学，2014，34（02）：10 – 17.

④ 杨雅婷. 城乡建设用地统一流转市场竞争机制探析 [J]. 中国房地产，2015（15）：63 – 69.

⑤ 伍振军，林倩茹. 农村集体经营性建设用地的政策演进与学术论争 [J]. 改革，2014（02）：113 – 119.

⑥ 黄小虎. 关键在转变政府职能——依法保障农民土地财产权益之我见 [J]. 中国土地，2003（02）：21 – 22.

⑦ 郭世强，罗崇亮，游斌. 农村集体建设用地流转收益分配研究——基于公平与效率视角 [J]. 中国房地产，2014（06）：22 – 29.

⑧ 樊帆. 影响集体经营性建设用地流转收益分配方式的主要因素——基于微观主体农户的调查 [J]. 理论与改革，2015（05）：92 – 95.

三、集体经营性建设用地入市的历史沿革

（一）严格控制阶段：有价无"市"

改革开放至 20 世纪 90 年代末，国家采取了相对严格的控制措施，对集体经营性建设用地入市予以约束，此阶段并未形成合法交易市场，隐形市场活跃度相对较高。与此相矛盾的是在改革开放推动下，我国加快经济发展，在乡村建设方面大量集体经营性建设用地成为企业用地的一部分，而且在巨大的经济利益诱惑下，这一阶段集体经营性建设用地却已悄然地在各地的隐形土地市场上进行交易。事实上，林毅夫等（1993）认为从 1980 年开始，农村集体土地隐形市场便已悄然生成①。这种私下交易往往存在严重的信息不对称，成交价格缺乏透明度。由于入市一直受到政府的严格限制，导致集体经营性建设用地价格没能充分体现其市场价值。相关政策如表 2－1 所示。

表 2－1　　　　　　　严格控制阶段的相关政策梳理

时间	文件名称	相关表述	价格特点
1992 年 11 月	《国务院关于发展房地产业若干问题的通知》	集体所有土地，必须先行征用转为国有土地后才能出让	①隐形市场长期存在，市场体系不健全。②流转交易不透明、流转价格的确定容易受到非市场因素的干扰。③导致土地价格未能真实反映土地价值
1998 年 8 月	《土地管理法》（修订）	农民集体所有的土地使用权不得出让、转让或者出租用于非农业建设	
1999 年 8 月	《国务院办公厅关于加强土地转让管理严禁炒卖土地的通知》	农民的住宅不得向城市居民出售，也不得批准城市居民占用农民集体土地建住宅	

（二）自主探索阶段：隐形交易乱"市"乱价

进入 21 世纪以来，随着工业化和城镇化的快速发展，对土地的需求也日

---

① 林毅夫，杨建平. 健全土地制度 发育土地市场［J］. 中国农村经济，1993（12）：3－7.

益增加。据统计，这一时期珠三角地区使用农村集体建设用地实际数量超过集体建设用地的50%，而在粤东、粤西及粤北等地，这一比例也超过20%。但是该阶段集体经营性建设用地还处于"自话自说"阶段，各地政策五花八门，隐形土地市场屡禁不止，土地滥用、"圈地"等现象屡禁不止，而在集体土地使用当中，农民利益受到严重损害，甚至一些地方为了招商引资，廉价或者"零地价"对土地征收出让，以此作为自己业绩的一部分。与此同时，也应看到部分经济发达地区，比如广东、浙江等先行先试地区，通过试点工作获得较大成效，同时为我国其他区域提供了试点经验，为后续放开在全国范围内的推广奠定了基础。相关政策如表2-2所示。

表2-2　　　　　　　　　　探索阶段的相关政策梳理

时间	文件名称	相关表述	价格特点
2004年10月	《国务院关于深化改革严格土地管理的决定》	在符合规划的前提下……农民集体所有建设用地的使用权可以依法流转	①工业化、城镇化对土地需求激升 ②私下流转活跃，农民集体处分土地的权利受到限制，土地价格未受到保护 ③部分先行先试地区集体经营性建设用地入市取得了一定效果
2005年10月	《关于规范城镇建设用地增加与农村建设用地减少相挂钩试点工作的意见》	在浙江、江苏和成都等地试点城镇建设用地增加与农村建设用地减少挂钩，即"增减挂钩"政策	
2005年	各地试点政策及配套文件	例如《广东省集体建设用地使用权流转管理办法（2005年版）》中规定："集体建设用地使用权出让……由土地使用者向农民集体土地所有者支付出让价款的行为"	

（三）逐步放开阶段：两"市"两价

这一阶段中央高密度地发布了一系列指导文件，各地也相继开始推进改革力度，其中浙江省在2010年进行农村集体土地改革，并构建了与城市土地流转相同的可持续模式，实现土地流转的"同价、同地、同权"。虽然许多地区在此时已经形成了集体经营性建设用地的单独市场，并在政策法规上给予了一定的配套和支持，但是应该看到由于在国家层面集体经营性建设用地入市的制度藩篱还没有完全被打破，市场化的价格在这一阶段还未能实现，与国有建设用地价格的差距依然存在且较为明显。这一阶段集体经营性建设用地入市价格面临的问题主要是法律保障缺乏，政府、集体组织、农民和投资人等多个"利益集团"处在博弈之中，在我国现有法律体系中，集体土地属于集体所有，这在物权法、土地法等法律当中具有明确规定，不过关于集体含义并未作出明确解释，这也导致集体土地在转让过程中出现诸多纠纷。这些问题也对投资人和金融机构的信心造成了影响，从而导致集体经营性建设用地价格始终在低位徘徊。相关政策如表2－3所示。

表2－3　　　　　　　　　　逐步放开阶段的相关政策梳理

时间	文件名称	相关表述	价格特点
2008 年 10 月	《中共中央关于推进农村改革发展若干重大问题的决定》	提出了集体土地和国有土地"同地、同价、同权"，建立城乡统一的建设用地市场等改革目标	①城乡二元土地市场并存，集体经营性建设用地与国有建设用地差距明显。②缺乏法律保障的情况下，"同地、同权、同价"难以实现
2009 年 8 月	《关于促进农业稳定发展　农民持续增收　推动城乡统筹发展的若干意见》	规范集体建设用地流转，逐步建立城乡统的建设用地市场	
2012 年 12 月	《中共中央国务院关于加快发展现代农业　进一步增强农村发展活力的若干意见》	严格规范集体经营性建设用地流转，农村集体非经营性建设用地不得进入市场	
2013 年 11 月	《中共中央关于全面深化改革若干重大问题的决定》	在符合规划和用途管制前提下，允许农村集体经营性建设用地出让、租赁、入股，实行与国有土地同等入市、同权同价	
2014 年 12 月	《关于农村土地征收、集体经营性建设用地入市、宅基地制度改革试点工作的意见》	建立农村集体经营性建设用地入市制……建立健全市场交易规则和服务监管制度……建立土地增值收益分配机制	

（四）国家统一试点阶段：同地、同权、同价

2015 年，全国选取了 15 个区县作为集体经营性建设用地入市的试点区，并于 2016 年拓展到 33 个区县，并在抵押贷款方面出台了专门的配套政策。

2020 年 1 月，将原《土地管理法》当中建设用地需求必须使用国有土地的第 43 条内容删去，通过这种方式进一步推进集体经营性建设用地的市场化运作。相关政策如表 2 - 4 所示。

表 2 - 4　　　　国家统一试点阶段的相关政策梳理

时间	文件名称	相关表述	价格特点
2015 年 1 月	《农村集体经营性建设用地入市土地增值收益调节金征收使用管理办法》	建立同权同价、流转顺畅、收益共享的农村集体经营性建设用地入市制度目标	①实行与国有土地同等入市、同价同权。②"招拍挂"促进了农村集体经营性建设用地市场价格形成。③集体经营性建设用地入市打破了一级市场垄断
2015 年 2 月	《关于授权国务院在北京市大兴区等三十三个试点县（市、区）行政区域暂时调整实施有关法律规定的决定》	选取集体经营性建设用地入市改革试点各 15 个	
2016 年 5 月	《农村集体经营性建设用地使用权抵押贷款管理暂行办法》	在符合规划、用途管制、依法取得的前提下……农村集体经营性建设用地使用权可以办理抵押贷款	
2018 年 1 月	《中共中央国务院关于实施乡村振兴战略的意见》	系统总结集体经营性建设用地入市试点经验，逐步扩大试点……完善农村土地利用管理政策体系	
2020 年 1 月	《土地管理法（修订）》	增加规定"农村集体建设用地……可以通过出让、出租等方式交由农村集体经济组织以外的单位或个人直接使用"	

（五）农民福利变动的结构效应与趋势

土地对农民的福利保障作用不可忽视，在分析了集体经营性建设用地入市不同发展阶段的政策背景和价格特点后，本书对各个阶段农民福利补偿状况也进行了梳理。在农民福利补偿相关研究的基础上，从财产性收入、就业机会、社会保障、收益分配四个方面来对农民福利实现状况进行衡量和分析（见表 2 - 5）。可以得出，随着集体经营性建设用地入市改革的不断推进，农民福利水平是不断提高的，但由于现阶段依旧存在诸多问题，所以还未实现均衡的福利补偿。

表2-5 国家统一试点阶段的相关政策梳理

福利实现状况

阶段	财产性收入	就业机会	社会保障	收入分配
严格控制阶段（改革开放~20世纪90年代末）	①农民财产性收入较少 ②农民对经济状况的主观感受差	①农村基本没有创业新环境 ②产业扶持政策几乎没有 ③农民基本上是在土地上实现就业 ④农村就业岗位数量维持在较低水平	①社会保障体系满意度差 ②农村基础设施建设增加速率慢	几乎不存在土地流转收益分配问题
自主探索阶段（2000~2008年）	①先行先试地区农村的财产性收入得到改善 ②经济状况得到了改善	先行先试地区产业发展迅猛，各地乡镇企业发展势头好，产业政策都达到了前所未有的水平	①部分先行先试地区探索了多元的福利保障方式来改善农民的民生状况 ②整体而言农村的整体民生状况	私下流转活跃，农民收益分配得不到有效保护
逐步放开阶段（2008~2015年）	①各地农民财产性收入提升显著 ②由于同地不同价现象存在与城市居民财产性收入相比还存在差距 ③农民经济状况得到较大提升	①各地创业创新环境打破了土地制度的枷锁 ②吸引了更多的投资者和资本 ③政府也积极利用"政策东风"，产业政策纷纷出台	①一些地区出现了村集体提供养老服务等新举措 ②企业入驻基础设施也得到很好更新	村集体和农民的土地流转收益大幅提升，但由于"两市两价"，农民收益分配混乱
国家统一试点阶段（2015年至今）	①农民财产性收入大幅提升 ②农民对经济状况的提升有较好的获得感	①农村创业创新在集体经营性建设用地入市等政策带动下开始变得活跃 ②各地产业扶持政策遍地开花 ③农民就业形式多种多样，岗位数量大幅增长	①部分示范地区已经开始利用集体经营性建设用地入市的收益来解决农村社会保障问题 ②养老、教育、医疗水平得到持续提升 ③各地基础设施在土地入市前后得到大幅更新	①各地出现了各不相同的政策和方式 ②地区间差异明显，政府、村集体、农民之间分配不合理问题逐渐凸显

从农民收入增长的福利效应提升看。改革开放初期，农民收入主要来源是工资性收入，即劳务收入，此外家庭经营收入主要包括农业生产如种粮、饲养畜禽等收入。2000年以后，随着城市房地产经济的发展，城市居民的房产价值是过去的5倍，金融资产是过去的7倍[1]，城乡收入差距不断拉大。到了2018年，城镇居民人均财产性收入达到4028元，年均增长23.4%，而农村居民人均财产性收入为仅为342元，不足城镇居民的10%，远远低于城镇居民财产性收入增长率[2]。党的十八大以后，随着集体土地制度改革的深化，特别是"三权三证"确权（土地的承包经营权发证、宅基地的使用权发证、农民在宅基地盖的房子房产权发证），农民收入大大增加，城乡收入差距明显缩小[3]（见图2-1）。

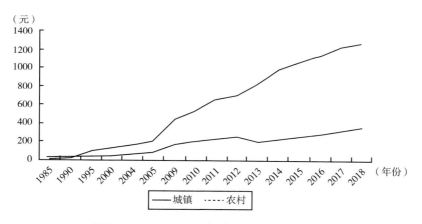

图 2 - 1　1985 ~ 2018 年城乡居民财产性收入

资料来源：历年中国统计年鉴。

从就业机会角度来看，严格控制阶段，农村绝大多数经济发展的贡献来自第一产业，农民自主择业的选择面很窄；自主探索阶段，从2000年开始，在家庭收入中农业收入依然占据主导地位，比例高达65%，这意味着该阶段农民主要还是在土地上实现就业[4]；逐步放开阶段，从全国农村来看，全国绝大多数农村都是一般农业型农村地区，这些一般农业型农村地区，农村缺少二三产业发展条件，也基本上没有二三产业就业机会，农业收入有限，劳

①　以上数据来源于，中国统计摘要 2007［M］. 北京：中国统计出版社，2007.

②　资料来源：2019 年中国统计年鉴［M］. 北京：中国统计出版社，2019.

③　厉以宁. 谈当前经济形势的几个前沿问题［J］. 决策探索（下半月），2014（11）：15 - 16.

④　资料来源：中国统计摘要 2001［M］. 北京：中国统计出版社，2001：127.

动力外流严重。国家统一试点阶段，伴随着城镇化进程的推进，农民大量进城务工经商，农村出现了空心化。

从社会保障角度来看，严格控制阶段，农民对社会保障体系满意度较差，农村基础设施增加速率也比较慢；自主探索阶段，部分先行先试地区探索了多元的福利保障方式来改善农民的民生状况，整体而言入市提升了农村的整体民生水平；逐步放开阶段，一些地区出现了村集体提供养老服务等新举措，由于企业入驻，农村基础设施也得到一定程度更新。

国家统一试点阶段，部分示范地区已经开始利用集体经营性建设用地入市的收益来解决农村社会保障问题，农村地区养老、教育、医疗水平得到持续提升，基础设施也在土地入市前后得到大幅更新。

从收益分配层面来讲，在集体土地制度日益完善过程中，土地流转由地下转入地上，村集体和农民的土地流转收益大幅提升，但由于"两市两价"依然存在，农民收益分配格局存在一定的混乱，各地出现了各不相同的分配政策和方式。另外，地区间差异明显，政府、村集体、农民之间分配不合理问题逐渐凸显，出现了外部福利分配和内部福利分配不均的问题。

四、"三块地" 改革试点地区集体经营性建设用地价格与农民福利补偿

(一) 地价影响因素模型构建

本书分别以线性函数式 (2-1)、对数函数式 (2-2)、半对数函数式 (2-3) 三种模式构建对应的用地价格模型，以此对农村集体经营性建设用地价格予以探究，是哪种模式对应的土地价格分析方法：

$$P = \alpha_0 + \sum \alpha_i X_i + \varepsilon \qquad (2-1)$$

根据式 (2-1) 可知，农村集体经营性建设用地价格主要用字母 P 予以表示；其中价格影响因素主要用字母 X_i 表示，估计系数用字母 α_i 表示，随机扰动项用字母 ε 表示，能够对相关影响因素，包括难以预测因素进行有效体现。

$$\ln P = \alpha_0 + \sum \alpha_i \ln X_i + \varepsilon \qquad (2-2)$$

在式（2-2）当中，线性函数与字母含义相似，变量价格弹性主要通过回归系数予以表示，其意思为价格变动随变动而变化，变量每次变动幅度在1%，通过该公式能够体现出价格变动情况下对应边际效用是存在递减趋势的。

$$\ln P = \alpha_0 + \sum \alpha_i X_i + \varepsilon \qquad (2-3)$$

在上述公式当中，线性函数与字母含义相似，价格弹性主要通过回归系数予以表示，其意思为价格变动随变量变动而变化，其中，对数函数变量幅度在一个单位时，能够体现出价格变动情况下对应边际效用是存在递减趋势的。表2-6是影响因素的选择与量化。

表2-6 影响因素的选择及量化

因素	指标	自变量	量化及说明
区位特征	土地等别	X_1	虚拟变量（x-1）试点区县土地等别，国家按照《城镇土地分等定级规程》（GB18507-2001）对各地社会经济发展水平、土地资源状况、基准地价水平等因素进行了综合评定，依据评定结果划分土地等别，共15级
土地特征	可入市集体土地存量	X_2	试点区县共清查出可入市集体土地的具体面积，单位用"亩"来表示
	入市集体土地整顿程度	X_3	试点区县平均每宗交易的集体土地面积，单位用"亩"来表示
	基准地价	X_4	其说的是试点地区对应的基准地价，通常来看其特指城镇国有土地基准价，是不同的城镇依据对应的地段、土地级别等要素进行测算和评估的住宅、工业、商业等用地土地使用均价，其单位用"元"来表示
土地市场特征	市场流通信息平台	X_5	信息流转的传递方式：政府网站发布，"入市"平台，第三方网站转发，每项1分，最高3分
	金融抵押	X_6	虚拟变量，试点区县集体土地用作金融抵押是否实际可操作，是为1；否为0
	已入市土地每平方米均价	X_7	试点区县集体土地入市每亩均价，单位用"万元"来表示
	市场成熟度	X_8	试点区县已经入市集体土地面积，单位用"平方米"来表示
	土地需求度	X_9	人口密度

因素	指标	自变量	量化及说明
管制特征	政策发文数量	X_{10}	试点地区政府关于农村集体土地入市所颁布的政策文本数量
	政策强制程度	X_{11}	虚拟变量，政策中是否出现大量禁令/规定/管制/严格等用语，是为1；否为0
	土地用途	X_{12}	工业用地为1，商业用地为0

表 2 - 7 是被解释变量的相关性分析。

表 2 - 7　　　　　　价格影响因素的 **Pearson** 相关系数及显著性

变量	相关系数	显著性	N
土地等别（X_1）	− 0.210 **	0.005	179
可入市集体土地存量（X_2）单位：亩	− 0.116	0.123	179
入市集体土地整顿程度（X_3）单位：亩	− 0.117	0.118	179
基准地价（X_4）	0.252 **	0.001	159
市场流通信息平台（X_5）	− 0.255 **	0.001	179
金融抵押（X_6）	0.216 **	0.004	179
已入市土地每平方米均价（X_7）单位：万/亩	0.207 **	0.005	179
市场成熟度（X_8）单位：亩	− 0.090	0.231	179
土地需求度（X_9）单位：万人/平方公里	0.645 **	0.000	179
政策文本数（X_{10}）	0.566 **	0.000	179
政策强制程度（X_{11}）	− 0.168 *	0.024	179

注：* 代表在 0.05 的水平显著，** 代表在 0.01 的水平显著。

其中，土地等别与土地价格的相关系数为 − 0.21，在 0.01 的显著性水平上拒绝原假设；土地基准价与土地价格的相关系数为 0.252，显著正相关；市场流通信息平台数量与土地价格的关系显著为负；金融抵押、已入市土地每平方米均价、土地需求度、政策文本与土地价格有显著正向相关关系。

（二）试点地区集体经营性建设用地价格：差异性分析

1. 集体经营性建设用地价格与区位均衡价格的差异

本研究从土地市场交易网站上选取了 20 个试点地区的 179 宗交易数据，

分别展示了集体经营性建设用地入市中商业用地价格和工业用地价格与区位均衡价格存在的差异。根据图2-2可知商业用地中，即便同一区域，在土地利用方面对应价格也存在较大差异，其中集体经营性建设用地与国有建设用地价格悬殊显著。在商业用地中，集体经营性建设用地价格普遍低于国有建设用地价格。价格差异最大值为5310元/平方米，并且，整体上呈现出城市等别越高、经济发展水平越高的地区，价格差距越大。

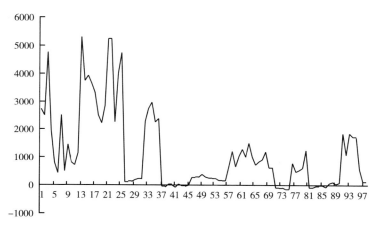

图2-2 商业用地：价格差异趋势

根据图2-3不难发现工业用地中，绝大部分试点地区的集体经营性建设用地价格普遍低于国有建设用地价格，但也出现个别试点地区集体经营性建设用地价格高于国有建设用地价格的情况。并且，从总体上来看，价格差的

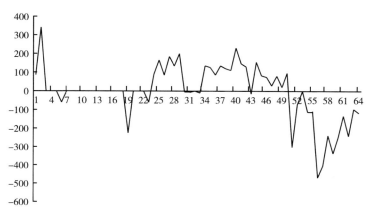

图2-3 工业用地：价格差异趋势

绝对值波动范围大多在 400 元/平方米以内。因此，价格差异在工业用地中较小，在商业用地中较大。

在入市试点的地区中，有的地区直接参照甚至套用国有土地基准地价、出让最低价，实行了一系列出让价格管控措施。例如，直接规定价格为同级别国有土地价格的 80%，或其他某个具体比例，使得成交价格与均价之间存在较大差异。这就导致集体经营性建设用地在使用当中面临诸多阻挠因素，实质上限制了集体对集体经营性建设用地的处分权。同时，此举减损了集体经营性建设用地入市的价格优势。加之在所有权上，特别是在所有权中的处分权能上的天然劣势，使得其在入市后缺乏吸引力。甚至直接入市价格无法与集体土地被征收为国有土地之后再出让的价格相比。对于其定价权能够真正为集体所有，而且用地价格是否可以实现与同类国有土地价格脱钩，或许是此项改革能否取得预期效果的关键所在。

2. 不同试点地区、不同土地用途间的地价差异

截至 2018 年底，全国 33 个试点地区入市总数超过 1 万起，涉及 9 万余亩土地，价值超过 250 亿元，集体经营性建设用地每亩价格可以达到 30 万元。当然，所在区域不同，对应的价格、总值、用途也是存在较大差异的。比如，在住房改革试点工作中，北京市开展共有产权住房项目，并将大兴区一处集体土地入市交易，交易总价为 15 亿元，每亩价格高达 930 万元。其价格之所以如此之高，与其用途直接关联，因为该地主要用于住房建设所用，未来会成为共有产权住房试点项目，住房预期销售单价每平方米在 2.9 万元左右。

从图 2-4 可以看出，除了大兴区这个例子之外，四川郫县、天津蓟县、上海市松江区、浙江德清县这 4 个试点地区的商业用地每亩成交价格远远高于其他几个试点地区，分别达到了 1302.26 万元/亩、897.8 万元/亩、549.98 万元/亩、281.65 万元/亩。而且这 4 个地区商业用地每亩成交最高价与最低价的差值也较大，分别达到了 515.37 万元/亩、867.08 万元/亩、457.82 万元/亩、279.58 万元/亩。从图 2-5 可以看出，四川郫县、山东禹城、浙江义乌、上海市松江区、江苏武进区这 5 个试点地区工业用地每亩成交价远远高于其他几个试点地区，分别达到了 600.23 万元/亩、156.89 万元/亩、88.91 万元/亩、56.77 万元/亩、45 万元/亩。工业用地每亩成交最高价与最低价的差值较大的地区为四川郫县、山东禹城、浙江义乌、江苏武进区这 4 个地区，价差分别达到了 75.24 万元/亩、146.87 万元/亩、68.21 万元/亩、15 万元/亩，上海市松江区工业用地价格的差别并不大。说明各试点地区集体经营性建设用地入市价格存在较大差异。综合图 2 - 4、图 2 - 5 可以看出，各试点地区的商业用地出让最高价和最低价都分别高于工业用地出让最高价和最低价。而且，商业用地价格大多都高于集体经营性建设用地入市全国均价 30 万元/亩，工业用地价格大多都低于集体经营性建设用地入市全国均价 30 万元/亩。可见，出让土地的用途不同，对应的价格也是不同的。

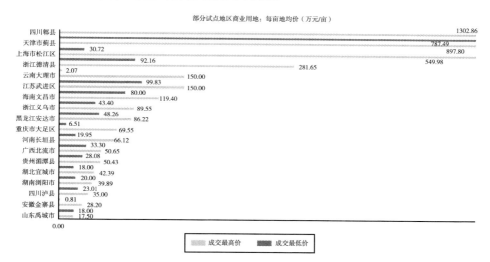

图 2 - 4　商业用地：代表性试点地区的成交最高价与最低价

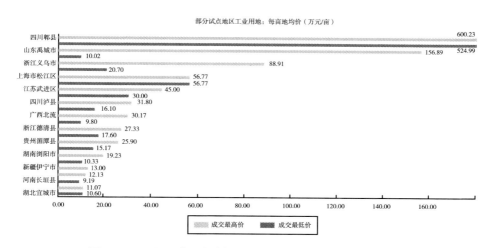

图 2 - 5　工业用地：代表性试点地区的成交最高价与最低价

（三） 集体建设用地入市与价格机制下的农民福利外部补偿

本书把农民福利补偿分为两个方面：一是外部福利补偿，主要是指国家的发展战略、经济发展、政策实施等在城乡间引发福利移转；改革集体经营性建设用地的现行入市机制，意味着城乡之间土地资源的流动，必然伴随着城乡之间的福利转移，而集体经营性建设用地入市价格就是农民所得到的外部福利补偿的体现。二是内部福利补偿，是指农民集体从外部补偿中获得的福利总和在集体内部的分配，从而给农民集体和农户个体实际带来的福利补偿。农民集体内部福利补偿主要体现在以下几个方面：一是指集体收益留存；二是集体公共服务和产品的供给；三是集体为农民提供的补充社会保障功能；四是农民参与货币化分红；五是在内部福利补偿实现过程中形成的制度化补偿和基层治理的优化。

农村集体经营性建设用地入市价格高低直接关系着农民集体所获得的外部福利补偿货币总量。目前各试点地区农民集体获得货币化福利补偿主要是通过两种方式：一是农村集体经营性建设用地市场化交易获得的土地交易价格；二是以作价入股的方式参与入市之后的土地增值收益分配。但目前农村集体经营性建设用地入市价格普遍低于相同区位条件下的国有经营性建设用地价格。在33个集体经营性建设用地入市试点地区中，土地入市一般参照现有的国有土地出让方式，即招拍挂进行。应该说，招拍挂是目前经实践检验可以最大限度保护土地所有权人利益的方式。招拍挂本质上只是一种价格形成机制，并不涉及土地所有权归于国有或集体，因此属于可直接借鉴的成熟做法。同时，国有土地招拍挂制度已经实行多时，集体经营性建设用地入市过程中加以借用，可以提高效率，降低交易成本。然而，笔者在搜集入市交易价格数据的过程中发现，90%以上通过招拍挂这三种方式出让的集体经营性建设用地的最终成交价都直接等于初始出让价格，土地出让环节缺少市场竞价过程，溢价效应不明显。目前集体经营性建设用地还存在用途管制等各个层面的问题，市场均衡价格还未完全实现。说明农村集体经营性建设用地入市的真正价值还没有通过土地市场机制得到充分体现，农民货币化福利补偿总量低，城乡地价双轨制问题依然存在。

外部福利补偿实现均衡是内部福利补偿实现均衡的前提。过低的集体经营性建设用地入市价格将导致农民货币化福利补偿总量低。实践中，集体经营性建设用地价格普遍低于国有建设用地价格，也就是低于区域均衡价格，这已成为不争的事实。部分学者们认为集体经营性建设用地价格不合理是由于基准地价、估价流程等因素所引发的，不过笔者认为这些仅仅是外在因素，无法对其价格产生根本影响，而市场、政府等调控失灵才是根源，其中政府失灵位居主导地位，是价格扭曲的核心影响因素。

如图 2 – 6 所示，假设在完全市场模式下，需求曲线用字母 D 表示，供给曲线用字母 S 表示，价格用 P 表示，数量用 Q 表示。但现实当中，市场并不成熟，供需受交易费用、政府管制等因素影响，市场存在失灵现象，这就导致集体建设用地对应曲线发生变化，设定市场失灵模式下对应的需求曲线为 D′，供给曲线为 S′，在此状况下，对应社会福利损失为 $S'_{AEBB'E'A} = S_{AEB} - S_{A'E'B'}$。最终的结果就是，导致外部福利总量受损失，同时农民货币化补偿受损，进而影响内部福利补偿。

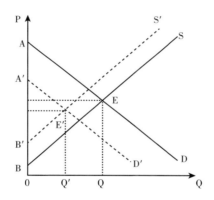

图 2 – 6　集体经营性建设用地市场失灵

（四）集体建设用地入市与增值收益分配的内部福利补偿

一是土地增值收益调节金的征收比重。集体经营性建设用地入市收益分配，学术界存在"增值收益归公论""增值收益归私论"和"公私兼顾论"三种观点[①]。陈红霞（2017）指出，在本次"三块地"改革的各试点地区实践中，地方政府基本上依照"公私兼顾"的原则，即政府对入市增值收益征收一定比例的税收，同时保障农村集体经济组织和农民对土地增值收益的共享。

但土地增值收益调节金在不同区域的征收比例差异较大。从表 2 – 8 试点

---

① 陈红霞. 集体经营性建设用地收益分配：争论、实践与突破 [J]. 学习与探索，2017 (2)：75 – 80.

地区土地增值收益调节金征收方案对比可以看出，郫县、海南、德清、海城4个试点区土地增值收益调节金的征收机、征收基准、征收类别、征收比例以及缴纳主体都各不相同。

表2-8　　　　　　　试点地区土地增值收益调节金征收方案对比

	德清	郫县	海城	海南
征收机关	国土局	国土局	国土局	国土局、地方税务部门
征收基准	入市成交价	入市成交价	纯增值收益	入市成交价
征收类别	规划区内外	基准地价等级	出让、作价入股	是否是整理地块
征收比例区间（%）	16～48	15～40	20～40	5～15
缴纳主体	出让、出租、转让、受让方	出让、出租、转让方	出让、出租、转让方	出让、出租、转让方

注：为突出各地试点特点，征收类别仅列出除土地用途、入市方式等通用划分依据以外的特色类别；征收比例仅指出让方式的征收比例。

影响农民内部福利补偿实现程度的，有政府征收的调节金与集体的收益比重。一些试点地区政府、项目开发商所得的比重较大，集体和农民所得比重较少。除调节金外，还存在其他费用的支出。以北京市大兴区某宗土地交易为例，当地区政府抽取10%作为土地增值收益调节金，30%用于偿还银行贷款，30%用于补偿前期腾退费用，最后集体和农民所得比重仅占30%。

二是集体与农户的收益分配占比。目前，现有法律并无对集体土地收益分配的详细规定，在地方性法规当中同样没有对具体分配比重的设定，仅仅指明要依据民主程序、遵循村民自治原则进行分配。比如广州市明确提出，在集体土地流转收益中，社会保障支出占比不能低于50%，剩余部分村民自治讨论决定；佛山市将收入的50%用于社保，10%计提集体公益事业费用，剩余40%用于农民个人分配。曲卫东（2020）指出，有些村委会扣除用于发展生产、增加积累、集体福利、公益事业等方面的留存后，给予农民的货币化福利补偿只剩下10%[①]。农民货币化补偿存在的结构差异，造成农民集体内部的货币化补偿不均衡。

内部福利补偿要处理好直接补偿与间接补偿的关系。出让集体经营性建设用地的农民集体可获得的内部福利补偿可以分为直接补偿与间接补偿。直

---

① 曲卫东，闫珍. 集体经营建设用地入市税费征收现状及体系建设研究［J］. 公共管理与政策评论，2020，9（01）：73-83.

接补偿就是把钱直接分给农民，间接补偿就是除了直接的货币化福利补偿之外的各种保障性福利补偿。现阶段，农民集体内部福利补偿要兼顾好直接补偿与间接补偿的平衡、眼前利益与长远利益的均衡。

内部福利补偿要处理好保障性补偿与发展性补偿的关系。保障性补偿就是指从社会保障角度建立补偿标准。当前推进土地城镇化的同时，"人的城镇化"进程相对落后。如"土地换社保"，即针对出让了集体土地的农民构建城镇社会保障长效机制，将其纳入城镇社会保障体系。发展性补偿主要关注集体资本的积累与扩大再生产，如集体股权投资、村民职业培训基金。

内部福利补偿要处理好代内与代际间福利补偿的关系。本代人在集体经营性建设用地入市之后可以获得巨大的土地增值收益，但也需要考虑到后代人的可持续发展问题。以江苏武进区为例，集体经营性建设用地出让、作价入股入市，工业用地 50 年，商业用地 40 年。这样长的出让年限，在集体获取超额收益的同时，也应对代际间福利补偿关系予以重视。

五、集体经营性建设用地入市与农民福利补偿缺失的原因分析

（一）战略原因：城市偏向发展战略

一是城市偏向发展战略持续时间长。自新中国成立以来，在城乡二元结构制度安排的大背景下，我国长期实施城市偏向发展战略，即优先发展城市和农村反哺城市。不可否认，这一战略的形成有其特殊的历史背景，也为我国的工业化发展和城市化进程作出了贡献，但城市偏向发展战略也是形成我国城乡差别、市民与农民的差别、工农业非协调发展以及农民贫困和农村落后的根本原因。

二是城市偏向发展战略辐射范围广。在这种大战略的影响下，各行各业都围绕这一战略开展生产经营活动，工农产品"剪刀差"、户籍、就业、社保、医疗、教育、产权、基础设施等方方面面都受到城市偏向发展战略的辐射，土地市场也不例外，国有建设用地与农村集体经营性建设用地同地不同权、同地不同价的现象由来已久。所以集体经营性建设用地入市其实是在一种"二元歧视"的政策背景下开展试点和推广，因此价格不合理实质是战略和政策使然，农民福利受到损失的根源也在于此。城市和农村社会保障的并

轨实现时间也不长，在各方面均存在较大的差距，主要表现为农村社会保险水平低、社会福利项目少、各类社会救助体系不完备。

三是城市偏向发展战略影响程度深。所谓影响程度深指的是受发展战略深刻影响的资源配置逻辑，即这种发展思路背后的资源供给机制。要素流动在资本收益的驱动下，几乎是由农村向城市单向流动，农村各项要素濒临枯竭。近几年，随着乡村振兴战略的出台，全面建成小康社会和全面建设社会主义现代化国家的核心使命都承载其中，可见国家政策发生了明显的重心转移。然而，在这一背景下，集体经营性建设用地入市价格还受到各种管制，农村集体和农民的收益分红也面临种种限制，各项福利补偿仍处于管理的真空地带。

（二）市场原因：集体经营性建设用地市场机制与市场交易平台缺失

一是没有形成规模化的集体经营性建设用地市场。这是由于目前处于试点阶段，相关机制体制链接还存在阻碍。目前我国集体经营性建设用地有 33 个试点区（县），基本上做到了每个省都有一个试点，但从规模上看，仍然十分有限。据自然资源部 2018 年数据，33 个试点地区共查明集体经营性建设用地入市地块 812 宗，1.6 万亩，而 2018 年全国土地供给面积约为 192.7 万亩，规模尚不足 1%[①]。可以看出，在每省只有一个县，每县只有几块地作为试点的情况下根本无法形成健全的集体经营性建设用地市场，市场经济环境仍未建立、市场中介机构缺失、市场规范性更是无从谈起，集体经营性建设用地的市场价格形成尚需时日。

二是尚未完全建立起专门的交易平台。首先，很多地区专门的交易平台根本还没有建立。国家政策积极引导各地建立市场化的交易平台，其中在颁布的《关于完善建设用地使用权转让、出租、抵押二级市场的指导意见》指出，要构建城乡一体化的土地交易平台，并且要提高信息共享力度，提高交易规范性。但根据公开信息情况可知，大多数的交易信息都被杂乱地放在了各种公共资源交易网站上，与诸如建设工程、政府采购、三资交易等放在一起，非常不利用信息的搜集和查找。其次，在已存在的土地交易平台上获取集体经营性建设用地交易信息相当不便利。例如，作者在研究时，通过各种

---

① 资料来源：https：//baijiahao. baidu. com/s？ id = 1601773815742583909&wfr = spider&for = pc。

公开途径对33个试点地区的交易信息进行了搜集，只找到了其中20个地区的交易数据，即使是在这20个地区中，大多数地区也是选择将集体经营性建设用地入市交易的相关公告通过地方自然资源局网站、地方公共资源交易网站、地方土地交易网站和其他非官方背景的盈利网站，这四种方式中的一种公布出来。信息传递存在缺陷，共享力度相对有限，无法实现信息的快速传递和更新。同时，现有交易公告较为混杂，主要存在于其他各种公共资源交易信息中，难以被及时看到。最后，已有的非专业的交易平台在交易功能上存在明显的缺失。集体经营性建设用地交易平台本应起着提供交易场所、办理交易事务、提供交易信息和代理土地交易的职能，在政府、集体、企业当中处于纽带作用，通过完整的交易平台也有利于实现土地公平、合理的交易，可以为交易的顺畅进行提供保障机制，更好地保护交易双方的权益。现有的非专业交易平台无论是从便利性、市场化程度还是保障性方面来说，距离国家的要求还有一定的差距。

三是金融杠杆赋能不足。首先，融资前景受限。尽管集体经营性建设用地使用权能够转移，而且可以实现价值，但是其抵押物特征在现有阶段并未得到有效界定，而且金融机构并未将其纳入抵押物范围之内，这就导致其融资前景相对局限，无法更好发挥抵押权的作用。2016年《集体经营性建设用地使用权抵押贷款管理暂行办法》明确规定，获得使用权的集体经营性建设用地，可以将其作为抵押物对待，并根据融资需求办理抵押贷款。然而繁多的前提审查，过程审查可能使得集体经营性建设用地的融资前景大受其限，甚至具有相当不确定性。其次，集体经营性建设用地使用权抵押融资存在政策变动和法律纠纷风险。金融机构强调风险控制，相比传统的抵押物抵押贷款，除了信用风险、市场风险和操作风险，还有其他潜在风险，如土地政策变动、法律纠纷、土地后期管理以及变现风险等，例如，《集体经营性建设用地使用权抵押贷款管理暂行办法》最早颁布是在2016年5月13日，当时的有效期是至2017年12月31日，后来将有效期延长至2018年12月31日。政策存在时效性短、变动性强的等特点，这都导致使用权抵押的风险增加，给金融机构造成顾虑。最后，金融机构经营成本过高。集体经营性建设用地入市以前，农村集体土地在我国土地金融体系中占比较少，农村土地市场历来不太受到金融机构重视，现在金融机构如果要给予抵押融资，势必要进行实地调研、信息收集和建档立户工作，加之集体经营性建设用地抵押融资程序原本就比较复杂，使得金融机构由于经营成本过高而不愿意接受抵押融资。

（三）产权原因：集体经营性建设用地长期以来产权被弱化

中共十八届三中全会《决定》指出："完善产权保护制度"，十九大报告指出："经济体制改革必须以完善产权制度和要素市场化配置为重点"。承包地"三权分置"改革后，当前迟滞乡村振兴与城乡融合的主要障碍突出地表现为集体土地与国有土地在城市化进程中产权制度的不平等。作为社会主义公有制的形态的集体土地与国有土地，在土地使用权的市场化配置层面权利差异巨大。国有土地（或国有建设用地）的使用权具有完整的占有、使用、处分、收益权能，而长期以来集体土地（集体经营性建设用地和宅基地）使用权只有占有、使用权，没有处分、收益权，使用权流转受到严格限制。而且现行《土地管理法》国家编制规划决定每块土地用途，取消了集体土地所有权主体的处分权（包括土地利用决策权和转让权），造成两种土地公有制所有权的不平等，集体土地与国有土地用益物权设置的不平等。这种城乡土地产权不平等的二元结构是造成城乡收入差距拉大的制度性根源。

弱排他性是集体经营性建设用地产权的主要特征之一，农村集体始终处于弱势地位，产权弱化从而引发农民福利补偿缺失。具体表现在：

一是产权主体不明确。产权的完整是公平、公正交易的前提，只有确认产权的归属和范围，才能避免在此过程中发生争议。现有阶段，国内不同区域对应的集体土地产权制度不尽相同，有些属于村级集体经济组织，有些则下放到各村细分的村民小组。相比国有建设用地产权属于国家的"强产权性"，农村集体建设性用地具有明显的"弱产权性"，市场认可度相对欠缺，影响企业、开发商对集体经营性建设用地的认可度，进而对价格造成一定的挤压，导致价格偏低。

二是产权权能不完整。在土地产权研究中，部分学者将土地权利归为使用权、处分权、收益权等内容。集体经营性建设用地入市后可以产生占有、使用、收益这三项使用性权能，却缺少处分这项最重要也最根本的所有权权能。在不具有依法处分的基本权能的情况下，集体经营性建设用地很难被用于融资，更谈不上直接增值。土地流转当中，需要耗费较高的资金，所以其属于资金密集型资源，这种特征也使得其在入市当中面临诸多障碍。土地价格是土地职能价值的直接体现，购买价格是相对土地权利而言的，这种权利会给使用者带来预期效益，效益高低也决定土地价格的高低。不过，由于土地权利体系相对缺失，所以现有阶段难以实现国有土地与集体建设用地的同等化对待。

（四）管制原因：集体产权的管制"越位"与土地市场价格"缺位"

土地市场失灵所产生的危害是相对较大的，为了避免这一负面影响，有效维护土地交易双方的合法权益，避免交易纠纷，推动土地市场的持续发展，需要运用政府机制来对市场缺陷予以弥补。通过政府宏观调控完善市场土地机制，在土地市场运行中，影响较大的政府管制措施可以概括为以下三种：一是市场交易行为管制。主要包括对土地市场交易的审批和监督管理等，如规定对一些不利的或投机性的土地买卖实施限制性措施，加强交易审批和监督等。二是土地用途与分区管制。土地市场交易会涉及不同类型的用地，在此过程中，可以通过土地类型管制维持市场供需的均衡性，更好满足市场经济发展需求，同时，确保土地利用效率得以提升，保障土地交易主体合法权益。三是土地规划控制制度。黄贤金（2016）认为规划是国家为了科学配置和合理利用土地所采取的一个综合性管理措施，它具有前瞻性和强制性。①在集体经营性建设用地入市过程中，政府管制的不合理主要表现在以下方面：

首先，用途管制存在"越位"之嫌。用途管制的核心是依据土地利用总体规划对土地用途转变实行严格控制。针对土地的用途，《土地管理法》第63条规定：土地利用总体规划、城乡规划确定为工业、商业等经营性集体土地方可允许入市交易。不过现有规定依然存在不足之处，对于符合条件的集体经营性建设用地获批后，能够将其作为商业用地开发并未予以规定。同时，不同地区的规定是不同的，差异化较大，例如，浙江湖州直接规定禁止将其运用于商业开发项目当中。广州佛山规定"流转用地不得用于住宅开发"，虽然也有少数试点地区允许，如山西泽州县允许集体经营性建设用地用于住房、商业等建设项目方面，但不可否认在实践中依旧存在较强的集体经营性建设用地用途管制。甚至，未来会对用地单位或个人加以限制。这些加设条件可能成为被用于排挤潜在用地竞争者的工具，进而损害潜在用地人及土地所属集体组织的利益，不利于竞争市场的形成和发展，入市价格低于市场化价格也就无可避免。

其次，由于处于入市试点阶段，因此政府在对市场交易行为的管制方面存在"缺位"现象。土地市场涉及市场主体、客体以及相关的利益群体之间

① 黄贤金，张安录. 土地经济学（第2版）[M]. 北京：中国农业大学出版社，2016（1）：68.

的各种经济关系，其运行的基础、规则和调节等需要相关的制度保障。包括税收、交易、产权等制度，直接关系到土地市场能否正常运行。但是现在各项制度的具体实施细则仍然处于制定阶段。此外，入市要符合规划，要满足"土规"要求，同时要与"城规"相一致，只有满足两者需求方可入市交易。不过在集体经营性建设用地流转当中，关于是否能够用于城镇建设之外，尚存争议。周其仁（2004）认为这种观念之所以存在争议，主要与《中华人民共和国宪法》（以下简称《宪法》）规定有关，其中明确提到国家是土地的所有者①。若过于限定流转范围，那么农村经营发展则会陷入困境，收入模式依然为原有途径；如果只将其用于"圈内"建设，那么在城镇发展当中，就会存在两种类型的土地供应模式，土地所有权也将存在模糊现象。② 在这些制度规定还未明确之前，集体经营性建设用地入市还会存在很多阻碍。

（五）分配原因：集体经营性建设用地入市内外部收益分配的不均衡与集体成员基本公共服务供给不足

第一，收益分配存在不当。根据上文研究可知，在集体经营性建设用地出租、转让过程中，不同主体在其中获得的受益是不同的，简单而言就是政府、农民集体之间的收益分配比例不合理，这是造成外部收益分配不合理的主要原因。国家的分配比例应该为多少？国家是直接分配土地入市收益，还是以税金形式间接参与分配？就目前的试点情况来看，国家均以不同形式主导着集体经营性建设用地入市的节奏。此种情形下，很难说国家不参与分配。但问题是，国家参与分配的比例，若与集体土地征收为国有后的出让收益的收取比例相当甚至更高，那么集体经营性建设用地入市的激励效应将弱化，从而使得农民集体的货币化福利补偿受到损失。

---

① 事实上，早在十多年前周其仁教授便提出了著名的"征地悖论"，因为根据土地法律规定，城镇建设必须使用国有土地，而农用地转为城镇建设用地的唯一合法形式是征收，但是根据宪法，征收的唯一合法理由是公共利益。那么按照此种逻辑，非公共利益性质的农用地转建设用地就处在一个十分尴尬的位置：如果不经过征地，那么相当于城市中出现了集体土地，而与《宪法》第十条第一款的"城市的土地属于国家所有"相违背；如果经过征地，那么又与《宪法》第十条第三款的"国家为了公共利益的需要，可以依照法律规定对土地实行征收或者征用并给予补偿"相矛盾。参见周其仁：《农地产权与征地制度——中国城市化面临的重大选择》，载《经济学季刊》2004 年第 4 期，第 197 页。

② 方涧. 修法背景下集体经营性建设用地入市改革的困境与出路 [J]. 河北法学，2020（03）：149 - 163.

第二，内部收益分配不合理。政府和集体之间的外部收益分配的不合理必然会影响集体内部收益分配和入市之后的土地增值收益分配，农民在收益分配中维护自身权利的能力越来越弱，参与度也越来越低。本文讨论的农民集体内部福利分配是指农民集体获得的农村集体经营性建设用地价格收益和土地增值收益应该如何在农民集体成员之间分配。个人的福利不仅受绝对收入的影响，而且受相对收入的影响，所以在集体总收益一定的情况下，不同的收益分配方式也会产生不同的福利补偿效果。同时，集体组织自身也要有部分留存收益。在集体资产管理当中，集体组织是主体，代替农民行使集体权益，具有相应的法人地位。所以，集体经济组织需要发挥其应有作用，做好集体经济、资源、成员的管理服务工作，更好满足集体发展需求，维护集体合法权益。集体经济组织具有个体难以比拟的优势，在土地流转当中，可以通过组织主体作用争取更多利益，同时，在土地流转中也可以为土地流转出谋划策，更好解决当中存在的问题。当然，想要使其作用充分发挥出来，必须要对其属性、地位、权限予以界定。现实情况中由于受到资金和管理能力的限制，导致集体组织在基本公共服务供给上发挥的作用非常有限。因此，要明确农户与集体组织的关联性，确定彼此权利、义务，明确职责范围，确保在集体土地流转当中个人利益可以得到有效维护，并实现集体组织管理服务作用的有效发挥，这是确保农民得到合理福利补偿的必然要求。

六、集体经营性建设用地入市与提高农民外部福利补偿的政策建议

（一）外部福利补偿与价格机制的完善因素

前文实证分析部分将影响集体经营性建设用地入市价格的因素划分为区位特征、土地特征、土地市场特征和管制特征四大类。通过回归分析发现，土地等别（区位特征）、市场成熟度（土地市场特征）对入市价格存在显著正向影响，土地用途（管制特征）、政策文本数量（管制特征）、可入市集体土地存量（土地特征）对入市价格存在显著负向影响。因此可以得出，在集体经营性建设用地入市的现阶段，在政府管制方面，应该放松用途管制，减少政策限制，尽可能激发集体经营性建设用地市场活力；在土地市场构建方面，应该健全土地交易市场机制，发挥金融的支持作用，提高土地市场成熟

度；在入市统筹模式方面，应该考虑各试点地区集体经营性建设用地入市的实际情况，因地制宜地选择入市模式和制定收益分配方式。具体政策建议如下：

1. 保证产权权能完整与放松土地用途管制

首先，必须从法律角度赋予农村经营性建设用地完整的用益物权。现行物权法没有明确农村集体经营性建设用地的法律性质，要想更好地推动农村和城市经营建设用地实现真正意义上的"同权"和"同价"，必须要从法律上为其明确用益权。因为农村集体经营建设用地制度存在较大的系统性，且内容较多，涉及环节分散，在未来有较大的改革力度，应当从法律层面为建设用地赋予明确的用益权，使农村与城市建设用地切实达到平衡。而对于处分权和收益权来说，假设集体所存在的组织结构存在差距，且运作方式不一致，那么往往会在处分权和收益权上存在边界上的差距。所以，应当结合对应的情况仔细而准确地对农村建设用地的处分权和收益权产权边界、强度等做出甄别。

其次，要对入市后集体建设用地的用途进行详细探索。其之所以要入市很多时候都是为了对闲置土地进行科学运用，增强其效益，并对城乡二元结构进行改善，假设其流转后用途在很大程度上与国有建设用地用途存在差距，那么就不会有更高的社会资本吸引力，自由入市会受到很多限制因素，难以更好地对集体价值进行发挥。不仅要为其赋予商业、仓储、工业等用途，还要对其他方面的用途进行开发，比如苏州打工楼、科研楼的规定，以及非房产性娱乐、旅游项目等；部分地区对其商务金融、休闲度假等用途进行了规定；还有一些地区从养老公寓、租赁住房等诸多方面进行了用途开发和规定。

最后，在做好限制规定的基础上要允许集体经营用地能够开发商品房。农民集体和土地使用者要相互协商对土地用途进行确定，在确定好之后将结果报给对应部门进行备案或者由其进行审批，如此能够促进农民收益的增加，在一定程度上对商品房价格进行降低，促进农民发展权以及生存权得到保障。不过需要明白的是，在对集体建设用地可以进行房地产开发规定的时候要做好跟进工作，提升立法的科学性，对各项制度进行明确，还要做好系统规划和分析。

2. 构建城乡一体化的建设用地管理平台

要结合实际情况构建城乡一体化的建设用地交易管理平台，如此能够促进相关人员更好地进行沟通和洽谈，对土地市场进行科学引导，促进其顺畅发展，并有效对土地资源进行配置。具体来看，所构建的平台要涵盖下面信息：

第一，在对信息搜集成本进行降低的时候应当满足如下功能：对供需双方具体需求进行展示的功能、城乡动态地价进行查看的功能、土地资源信息进行发布的功能等。第二，所构建的平台应当包含各个有关的内容，设定对应的窗口，可以为城乡建设用地使用权进行科学规定，且形成良好的市场环境。城乡有关的所有土地交易应当借助于平台来登记，通过平台对交易建设用地情况进行反映，明确其市场价值，并且还能够为政府提供更具对比性、更为详细的数据，使其从全局对城乡建设用地进行管理和统筹规划。第三，平台要可以对供需双方进行引导，使其在详细分析市场需求的同时自主进行交易。这就需要对政府功能进行重新定位，不能在该市场中担任"运动员"，而要转变为"裁判员"角色，从总体上对城乡建设用地做出分析与管理，积极对平台做出维护、筹建等，并为有关人员提供对应的信息，做好平台数据的更新、权限的设置等，确保集体和国有建设用地切实实现同网交易、竞价和运行，确保各项信息一致、准确。

3. 探索构建股权和债权多层次的市场化资源配置模式

让市场在资源配置中起决定性作用是我国经济体制改革的方向，在集体经营性建设用地入市过程中应该积极引进市场这只"看不见的手"，构建多层次的市场化资源配置模式。

一是积极构建股权市场化资源配置模式。股权与债权是两种不同性质的权利，所谓的股权模式，即农村集体和农民以土地作价入股的形式拥有用地企业的股份，从而获得资产收益、参与重大决策和选择经营者等权利，这是一种农民集体主导的混合型治理结构。一般而言，入市统筹行动中主体的数量或规模越小、利益趋同性越强、民主决策程度越高、拥有的社会资本越丰富，采取这种股权模式的混合型治理可能性越高。股权模式能够为农民、集体赋予更强的话语权，使其取得企业利润，与企业共同成长与发展，并且还能够一直对股东权益进行享有。不过其也具有一定的缺点，即面临着较高的风险，如果农民和集体没有较强的知识水平，那么往往难以对信息进行全面搜集，面临信息不对称的现象，并且无法对经营情况进行全面把握，假设企业存在经营不好的现象，那么他们就难以得到收益，并且还需要与企业一同进行风险的承担。

二是积极构建债权市场化资源配置模式。所谓的债权模式，即村集体和农民以给付一定土地财产作为债权，对企业享有债权，可以要求企业在公司债务到期后偿还本金和利息。村集体和农民作为债权人，并不拥有企业事务的决策权和经营管理权，这是一种企业主导型治理结构。一般而言，入市统筹行动主体数量或规模越大、民主决策程度越低、拥有社会资本越不丰富，采取这种债权模式的治理结构的可能性越高。采取债权模式，优点是村集体和农民不承担企业发展的风险，同时可以吸引企业的入驻，降低企业前期成本投入，缺点是村集体和农民无法获得持续性的财产性收入，对入驻企业的影响力存在明显不足。

4. 完善集体经营性建设用地入市统筹模式

一是对入市统筹模式具体的治理结构进行改革和完善。当前其结构可以分为两种，即农村集体主导结构、政府主导结构。一方面，政府主导型下的入市统筹需要提高农民的参与度，构建一种双向信息沟通的长效机制，保障农民的利益诉求得到倾听，进而保障统筹入市顺利推进。另一方面，有条件的地区可以组建镇级统筹联营公司，将各个村集体组合起来形成"利益共同体"，在保障农民集体主导地位的同时，在后续收益分配中也更容易达成一致意见。

二是调整入市统筹模式的交易属性。产权制度的变革往往不可能一蹴而就，在正式的产权制度发生重大变革之前，可以通过土地规划、土地行政制度调整以及财政金融制度保障的手段来提高统筹模式的效率。一方面，编制集体建设用地统筹规划，采取自下而上的需求梳理方式，加强规划制定过程中的公众参与，从而规避交易行为的不确定性风险。另一方面，通过优化土地行政体系提高入市统筹的过程效率，开展"一站式联审联批"，提高审批效率，降低申请方的办事成本。

三是提升入市统筹模式的治理绩效。首先，充分发挥土地整备中心等政府平台或土地资产联营公司在招商引资方面的优势，利用他们进行土地资源整合的能力，实现集体土地价格的提升。同时，完善国有建设用地和集体建设用地价格对接机制，应该结合本地区的实际情况来选择入市统筹的实施主体和方式，避免产生高昂的交易成本。最后，应该注意正外部效益，借助集体经营性建设用地统筹入市来优化城乡空间布局和生态环境改善，让农村实现"离地不离乡"的非农就业发展，带动农村地区产业转型升级。

（二）农民内部福利补偿与国家、集体与农户的利益均衡

1. 完善城乡利益均衡分享机制

以集体经营性建设用地入市为契机，完善城乡土地资源利益分享机制。

在过去短缺经济和封闭环境下，为了实现赶超发展，我们优先选择工业化先行。在计划经济条件下，经济被分为农业和工业两大部类，再通过户籍制度将大量农民固定在土地上，通过工农业产品剪刀差，不断将农业的积累转移到工业部门，用这样的代价，实现了工业化的初始积累，建立并完善城乡利益均衡分享机制是缩小城乡差距、推进城乡一体化的需要。集体经营性建设用地入市作为新一轮土地改革重要举措之一，对缩小城乡贫富差距、促进社会稳定具有重要意义。

改革开放以来，我国社会生产力得到极大解放、社会活力不断增强，但"优先发展城市"的策略使得城乡经济二元结构长期存在，这就会导致二元结构更为固化，最终形成城乡利益不平等的大局面。随着城乡统筹发展理念和战略的深化，从构建城乡利益平等机制问题切入进行分析，这是农村集体建设用地入市改革的基础，其本质目标是缩小城乡差距，实现城乡融合路径下的可持续发展。

2. 构建集体土地资产的股份制改革路径与长效福利分享模式

一是开展股份制改革，鼓励集体经济组织走上"公司化"运营模式。集体经济组织的市场经营主体地位在《中华人民共和国民法总则》中被确立了，可以预见的是未来的集体经济组织走上"公司化"运营是一种必然。届时，农民集体的成员权类似于"股东权"，所以农民依法享有集体内部股权分红的权利。不同地区应该因地制宜，结合本地区集体经营性建设用地入市发展阶段，循序渐进。集体经济相对薄弱的地方，以清产核资、成员身份确认为重点，同时加强集体资产财务管理，积极探索农民变股东的有效路径。集体经济基础较好的地方，可以进一步加快资产折股量化，建立新型的集体经济组织。对农村集体组织进行鼓励，使其对预期收益资产和经营资产量化到组织成员中，并成立对应的合作社，借助于法人资格融入市场竞争中。假设入股项目可以得到平均收益或高于平均收益，那么其得到的福利就较多，能够对通胀风险进行抵御，并且还可以规避现金补偿使土地使用者支付土地价格的当期支出费用过高问题。

二是通过"固定收益＋长期分红"的内部福利补偿手段实现长效福利分享。集体内部福利补偿主要指的是入市收益中集体和农民获得的部分，固定收益针对的是直接给予农民的部分，"长期分红"是指采用土地入股、年租制、建设物业收取资金等方法，将入市收益长效化，确立农民土地财产性收益增长的长效机制。一方面，建立集体自留资金用途及财务管理制度。留存收益一般用于村、组集体的各项基础设施建设、社会福利事业和其他基本公共服务开支，需要纳入农村集体资产统一进行管理。另一方面，政府需要确立相关部门专门管理农民集体资产。可以在以前"村账镇管"的基础上，参照国资委的管理模式，由镇政府成立专门管理农民集体资产的行政管理部门，负责对集体资产经营管理、监督、审查等事务进行指导。

三是兼顾好集体经济的短期和长期利益。首先，应明确农民集体留存收益的比例，确保短期福利补偿的资金来源。各集体应该基于本集体的收入情况，依据集体发展规划，科学测量集体留存收益的具体比例或比例浮动范围，提高集体经济组织履行资本留存和保值增值的能力。其次，需要合理规划集体留存收益的主要用途，合理规划长期福利补偿获得途径。例如，村委会可以利用集体留存收益来建立、运营各种电商平台，出售本集体的农产品或企业生产的各种商品，提高农民经济收入；最后，科学确定集体留存收益的分配顺序，兼顾短期福利补偿和长期福利补偿的需求。各村集体应该根据本集体的实际情况，在合理规划留存收益用途的基础上，因地制宜地确定收益分配顺序，"把钱花刀刃上"，提高农民获得感。

3. 保障集体经营性建设用地入市与代际福利的平衡

集体经营性建设用地入市价格是一次性的货币化福利补偿，只考虑了本代人的福利补偿问题，而忽略了集体经营性建设用地出让年限内的代际福利公平和代际福利转移的问题。集体经营性建设用地以作价入股的方式出让和集体土地资产的股份制改革是解决代际福利补偿平衡的有效方式，因此保证股权的动态平衡十分重要，否则，股权的固化不仅有碍于股份组织的壮大，在入市价格问题凸显后，还可能会引发新老集体成员的内部利益分配矛盾。

可以通过股权流转和股权退出机制实现代际福利的继承、赠与和转让。通过以户为单位的形式，在遵循"分股到人"的同时将户作为单位开展股权管理工作。这就说明，虽然对股权进行了量化，然而要依据户来发放股权证书，每一户可以得到一本证书，在分配股利的时候也将户作为单位，如此能够在户内进行调整，避免出现代际收益分配有关的矛盾，并且还能够更好地对管理成本进行节约。同时，还要构建科学的股权流转和退出机制，农民集体可以对股权自由进行转让、赠予和继承，在稳定和市场成熟后对流转范围进行适当拓宽，达到社会化股权流转的最终目的。另外，在自愿基础上，集体成员能够根据需求退出股份额，保证入市收益分配处于动态均衡状态中。

4. 完善集体经营建设用地入市与农村福利保障补充机制

国家推进集体经营建设用地入市，集体在土地增值收益中将获得更大的份额。完善以集体为主体的农村福利保障补充机制，加快乡村振兴进程中的民生保障水平。村集体可以从本集体的留存收益中提取一定数额，补充农村社会保障。村集体也可以利用集体经营性建设用地的留存收益为农民建立社会保障基金账户。另外，一些集体经济实力强的地区可以推广农村社区养老。利用集体经营性建设用地入市的契机，给村集体内部成员提供养老金或者兴办村集体敬老院，逐渐替代原有的家庭养老模式。集体经济组织也可以和企业合作，主持参与基层政府无力直接参与的公共福利供给项目，如村级公益、文化项目，弥补基层地方政府福利供给的不足。

第三章

农村经营性建设用地入市试点案例：以北京大兴区股份制为例

党的十九大报告提出，今后一个时期要着力实施乡村振兴战略。农业农村农民问题是关系国计民生的根本性问题，必须始终把解决好"三农"问题作为全党工作的重中之重。首先，这是解决我国新时代社会主要矛盾的内在要求。我国社会的主要矛盾已经转化为人民日益增长的美好生活需要和不平衡不充分的发展之间的矛盾。而城乡发展的不平衡，尤其是乡村发展不充分，正是当前我国社会主要矛盾的表现形式之一。早在本世纪初，党中央就已经开始着手对城乡关系做出重大调整。2002 年，党的十六大提出统筹城乡发展；2007 年，党的十七大提出城乡一体化；2012 年，党的十八大召开后，城乡发展一体化成为党和国家的工作重心之一；2017 年，党的十九大明确提出城乡融合发展，同时实施乡村振兴战略和以城市群为主体、大中小城市和小城镇协同发展的新型城镇化战略，还要求建立健全城乡融合发展的体制机制和政策体系。其次，这是当下我国经济体制改革的重要着力点。党的十八大以来，我国进入全面深化改革的新时期。2015 年中央提出农地承包经营权三权分置改革，进一步优化了承包地的产权关系。同年农村宅基地、征地、农村建设用地的"三块地"改革试点实验在 33 个县市展开。最后，在京津冀协同发展的层面，2018 年两会政府工作报告也进一步提出，实施乡村振兴战略，促进城乡融合发展。以"三块地"为重点，深化农村改革，完善承包地"三权分置"制度，统筹推进集体经营性建设用地入市和征地制度改革，持续推进乡镇统筹利用集体产业用地试点，规范引导闲置农宅盘活利用。京津冀地区作为 2015 年开始的国家农村"三块地"改革试点试验区，对京津冀农村建设用地流转及城乡融合发展的相关研究具有重要的理论与现实意义。

笔者将我国当前的城乡融合主要归纳为四种形态：一是城中村的城乡融合问题。据 2017 年的数据统计，北京的城中村约有 231 个，按照数量的递减依次分布在海淀、朝阳、丰台、石景山、东城、西城。此类城乡融合在资源特征上体现为人多地少、利益关系复杂，并不是我们此题研究的范围。二是城边村、城郊村的城乡融合问题。大兴区的农村经营性建设用地入市改革正属于此类问题。此类城乡融合在资源特征上表现为集体土地资源丰富、城乡之间存量土地资源的配置及产业发展的空间极大。三是我国极少量超级村庄的城乡融合发展问题，如华西村、永联村。四是农区一般形态的村庄在城镇化过程中的城乡动态融合问题。大兴区的农村经营性建设用地入市改革，不仅具有城边村、城郊村的城乡融合问题的一般性，而且处在京津冀经济发达板块，必将为经济发达地区城乡融合问题探索出独特的模式特征。

一、北京大兴区农村经营性建设用地入市试点实验的制度环境

（一）农村集体经营性建设用地入市的概念界定

所谓农村集体经营性建设用地入市，是指具有生产经营性质的农村建设用地，在符合规划和用途管制以及依法取得的前提下，允许其使用权出让、租赁、入股，以实现与国有建设用地使用权同地同权同价。2018 年新的《土地管理法修正案（草案）》第六十三条是这样规定的："土地利用总体规划确定为工矿仓储、商服等用途，并经依法登记的集体经营性建设用地，土地所有权人可以通过出让、出租等方式将其使用权交由其他单位或个人用于非农业建设，并与有关单位、个人订立书面合同，明确用地供应、动工期限、使用期限、规划用途和双方的其他权利义务。"

可以看出，2018 年新的《土地管理法修正案（草案）》的第六十三条是自 1998 年《土地管理法》修订以来 20 年间城乡土地关系的重大制度变迁。1998 年的《土地管理法》第六十三条是这样规定的："农民集体所有的土地的使用权不得出让、转让或者出租用于非农业建设；但是，符合土地利用总体规划并依法取得建设用地的企业，因破产、兼并等情形致使土地使用权依法发生转移的除外。"同时，1998 年的《土地管理法》第四十三条规定："任何单位和个人进行建设，需要使用土地的，必须依法申请使用国有土地；

但是，兴办乡镇企业和村民建设住宅经依法批准使用本集体经济组织农民集体所有的土地的，或者乡（镇）村公共设施和公益事业建设经依法批准使用农民集体所有的土地的除外"。第四十三条和六十三条的一个"必须"和两个"除外"的制度限定，并不是基于城乡融合发展，而是城市优先的发展路径。当然，这也与当时的客观原因密不可分。20 世纪八九十年代，在改革开放初期，国家层面的粮食安全问题尚未解决，又面临工业化、城镇化高速发展，耕地与建设用地争地的矛盾很大。1985 年一次耕地锐减 1500 万亩。在 1992 年、1993 年的建设高潮中，政府配置土地的权力很大，乡镇企业、开发区遍地开花，土地市场当时又不健全，一年时间耕地锐减了 830 万亩。于是，1998 年《土地管理法》的修改以特殊保护耕地、严格控制建设用地、确保粮食安全为目标，制定了一套严格的土地用途管制制度。

（二） 试点前北京大兴农村集体经营性建设用地资源的存量

根据北京市国土资源局调研报告的历史数据，以 1998 年《土地管理法》修订为时间节点，自 1998 年至 2001 年底，北京市集体经营性建设用地使用权流转面积达 10 万亩，涉及流转宗数超过 5000 宗。[①] 根据北京市农村经济研究中心的研究，截至 2006 年，北京市农村集体土地 13570.96 平方公里，集体建设用地 1710 平方公里，其中，经营性建设用地 66639 宗，面积共 678.32 平方公里，约占集体建设用地总面积的 39.6%。可以看出，一是集体建设用地的存量规模大。二是村办企业建设用地使用权占主体，面积比例达到 90% 以上（见表 3 - 1）。以大兴区西红门镇为例，全镇共 31 平方公里，70% 的面积位于五环之内，地理位置优越。完成城市化进程的有近 1/3，农村的住宅用地近 1/3，剩下的 10 平方公里集体经营性建设用地挤满了工业大院。西红门镇共 27 个村，每个村都建起了工业大院。

若按照有无合法用地批准手续来划分，表 3 - 1 中的集体经营性集体建设用地中，没有合法用地批准手续的有 54311 宗，面积达 549.22 平方公里，占 80.97%。有县级以上人民政府及有关部门合法批准用地手续的有 12328 宗，面积为 129.1 平方公里，只占 19.03%。没有合法用地批准手续的集体建设用地，按照形成时间段划分，宗地数量分布情况如图 3 - 1 所示，这里有三个重要的时间节点：一是 1985 年 3 月《北京市农村建房管理暂行办法》实施；

---

① 支晓娟. 集体建设用地流转的绩效评价［M］. 北京：中国建筑工业出版社，2015.

二是 1991 年 6 月 1 日《北京市实施〈中华人民共和国土地管理法〉办法》实施；三是 1999 年 1 月 1 日《中华人民共和国土地管理法》（修正稿）实施。根据北京市农村经济研究中心（以下简称农研中心）的统计数据，如图 3 - 1 所示，高达 55.7% 的没有合法批准手续的集体建设用地形成于 1999 年 1 月之后。虽然农研中心数据统计的对象为"集体建设用地"而非"集体经营性建设用地"，但我们从对乡镇干部的调研中得知，"非法"的集体经营性建设用地使用权流转同样多发于 1999 年之后，原因主要有以下两方面：第一，1999 年《土地管理法》明确"任何单位和个人进行建设，需要使用土地的，必须依法申请使用国有土地"，集体经营性建设用地用途被严格限定在"兴办乡镇企业"；第二，由于经营管理不善，大量乡镇（村）企业停产、倒闭，原有厂房、办公场所被改建成群租房吸纳流动人口，或转租给其他外来"三低一高"型企业，客观上形成了经济学者华生笔下的集体经营性建设用地使用权流转的"法外世界"。

表 3 - 1　　　　　北京市集体经营性建设用地使用权情况汇总

分类指标	面积（平方公里）	宗地数（宗）	面积比例（%）
村办企业建设用地使用权	641.81	63546	94.62
乡镇企业建设用地使用权	36.51	3093	5.38
两类主体合计	678.32	66639	100

资料来源：北京市农村经济研究中心课题组. 北京市新型城镇化问题研究. 北京：中国社会科学出版社，2013.

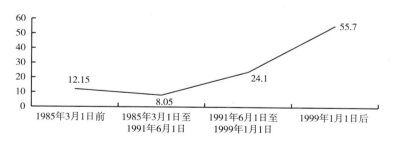

图 3 - 1　北京市未批先用的集体建设用地占比

（三）土地政策的城乡分割与城乡经济周期

工业大院碎片化与土地政策收紧所形成的大量法外流转，逐渐形成由土

61

地制度差异所导致的 1998 年以后长达 20 年的城乡经济周期。工业大院出现于 20 世纪 80 年代，在城市规划中为乡镇经济预留产业空间，也为当地的乡镇企业、乡镇经济发展提供一些空间载体。1988 年《土地管理法》修订以后，这一时期对农村建设用地的管制相对宽松。《土地管理法》第三十七条第二款规定：农村居民住宅建设，乡（镇）村企业建设，乡（镇）村公共设施、公益事业建设等乡（镇）村建设，应按照乡村建设规划进行。同时，在第三十六条中规定，全民所有制企业、城市集体所有制企业同农业集体经济组织共同投资兴办的联营企业，需要使用集体所有土地的，可以按照国家建设征用土地的规定实行征用，也可以由农业集体经济组织按照协议将土地的使用权作为联营条件，可以征用，也可以不征用。从 1985 年至 2000 年这个长达十五年的时期，同时也正是乡镇企业蓬勃发展的时期。

城乡经济的拐点从 1998 年开始，工业化、城镇化高速发展，耕地与建设用地争地的矛盾很大。1985 年一次耕地锐减 1500 万亩，国家成立了国家土地管理局并着手制定一部以协调耕地与建设用地争地的矛盾为主旨的《土地管理法》。而同时，在 1992 年、1993 年的城乡建设高潮中，开发区遍地开花，土地市场又不健全，一年时间耕地锐减 830 万亩，耕地与建设用地争地的矛盾进一步激化。中央遂于 1998 年以特殊保护耕地、严格控制建设用地、确保粮食安全为目标修改《土地管理法》，制定了世界上最严格的土地用途管制制度。1998 年修订的《土地管理法》规定，任何单位和个人进行建设，需要使用土地的，必须依法申请使用国有土地。同时，农民集体所有的土地使用权不得出让、转让或者出租用于非农业建设。2004 年，《国务院关于深化改革严格土地管理的决定》对农村集体建设用地的管理在政策上更加严格。1998 年修订后的《土地管理法》，大体上影响城乡经济走向的、以发展"城市经济导向"的制度意涵，主要体现在以下三点上：

第一，以土地发展权（即我国的建设用地使用权）属于国家为法律基础，取消集体土地的处分权（土地利用决策权），由政府规划来决定每块土地的用途；取缔在经济发达地区业已普遍存在的、农民集体自发创设的建设用地使用权，不准集体建设用地进入市场；农村宅基地的使用没有处分权、收益权，不能流动；立法规定除集体经济组织自用之外，一切非农建设都必须使用国有土地，并由政府垄断建设用地的供给和配置（《土地管理法》第四十三、六十二、六十三条）。

第二，政府编制土地利用总体规划，制定耕地保有量、基本农田保护面积、建设用地面积等指令性控制指标，层层分解下达基层，按指标划分土地利用区，确定区内每块土地的用途；又编制土地利用年度计划，规定每年农用地、耕地转用为建设用地的指标，管制建设用地扩展的进度（《土地管理法》第十七至二十、二十四条）。

第三，规定一套高度集权而又繁复的行政许可制，大凡土地转用、权属转移都必须经过行政审批，以保证规划、计划的实施（《土地管理法》第二十一、二十六、四十四、四十五、五十九至六十二条）。

由此可见，1998年修订后的《土地管理法》虽名为用途管制，但实际在土地资源配置中政府的计划配置色彩更浓，同时更倾向于以发展"城市经济导向"的经济形态为制度意涵。在这个制度之下，农民集体自发创设的集体建设用地市场被判为违法，沦为隐形市场。

城市经济发展迎来新的拐点。在1998～2004年严格管控农村集体建设用地的同时，我国1994年颁布的《城市房地产管理法》，建起一个国有建设用地市场。如果稍加回溯，1987年深圳市拍卖会上一声锤响，开启了国有土地建设用地使用权的交易。经过1990年《城镇国有土地使用权出让和转让条例》和1994年《城市房地产管理法》的规范，我国正式建成了国有建设用地使用权市场。1998年我国开始了城市住房体制改革与住房商品化的探索，2003年国务院下发了《关于促进房地产市场健康发展的通知》，明确提出房地产行业是国民经济的支柱产业。在城乡土地政府指令性计划配置的制度框架下，城乡的土地供应量由计划指标决定，用途由规划确定，价格由政府通过划拨或"招拍挂"决定，从而形成一个政府以发展城市经济为导向的卖方垄断的土地市场。从此以后，我国城乡经济走向出现拐点：一是乡镇企业开始走下坡路并逐渐衰败；二是城市化进程快速推进；三是我国的城乡收入差距从2000年以后开始逐渐拉大。

在微观市场契约层面，土地政策的城乡分割导致工业大院租金的耗散与地下经济配置模式下收益分配的不合理。马克思在论述农业地租时指出，土地所有者与土地经营者租地合约订立的期限越长，越多级差地租收益将会从潜在的获利人（土地所有者）转移至租地农场主（土地经营者）那里。这里，土地所有者与土地经营者所订立的租地合约的期限长短是一个最为重要的影响因素。建设用地地租同样遵循这一规律。作为土地所有者的农民集体与土地经营者所订立的租地合约期限越长，随着周边地价的升值，越多级差地租收益将会从潜在的获利人（土地所有者）那里转移至承租人（租用农村建设用地的经营者）手中。农村集体在经济决策时还面临"短租"还是"长租"的取舍。据调查①，北京平谷区一处工业大院内的企业，20 世纪 90 年代签订的租地协议，租赁期限最短的至 2033 年，长达 40 年，而最长的租地协议至 2053 年，长达 60 年。而当时缺乏租金增长机制下约定的土地平均租金仅为每年 1033 元/亩，即每公顷土地仅 1.6 万元的租金。长期合约下的承租者不仅能在经营中攫取集体土地的大部分级差收益，而且还可能通过转租，加速实现长期合约期限内的级差收益。例如 2011 年，西红门镇农民当年获得集体出租土地的租金只有每公顷 15 万元②，而承租者转租即可获得每公顷 225 万元的收益③，土地经营者所获得的级差收益是农民集体作为土地所有者获得收益的 15 倍。工业大院内的 5000 多家企业中，绝大多数不符合首都功能定位，却占用和浪费了土地、水、电等资源。10 平方公里的工业大院，每亩地租金只有 1 万元，27 个村集体总收入每年才 1.6 亿元。农村付出了资源、环境，农民持续增收和集体经济发展却后续乏力。农村集体与承租人之间的利益分配关系如图 3-2 所示。

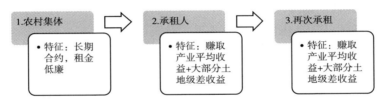

图 3-2　集体土地合约主体间的利益分配特征

二、大兴区集体经营性建设用地入市与城乡融合改革试水

（一）城乡融合视角下集体经营性建设用地入市政策协调

大兴区是北京市唯一的农村集体经营性建设用地改革试点区，同时也是

---

① 根据中国国土资源经济研究院徐博等 2015 年的调研成果，发表于《中国土地》2015 年第 2 期。

② 每公顷 = 15 亩。

③ 根据中国人民大学农业与农村发展学院博士生夏学杰 2015 年调研，发表于《林业经济》2015 年第 4 期。

以"统筹、集约"为特征的集体经营性建设用地流转模式，被国土部评介为全国特大城市和发达地区的入市典范。首先，为什么选取北京的大兴区作为农村集体经营性建设用地改革试点？一个重要的触发因素是在征地制度下，地方经济发展的土地供需矛盾日益突出，特别是在大城市和发达地区，这一问题尤为突出。因而，尽可能地从现已开发利用的土地中盘活存量、闲置土地及加快整合集约用地，显然是解决后续发展中土地需求扩张的重要思路之一。其次，与土地征收制度改革、农村宅基地制度改革不同的是，大兴区试点的集体经营性建设用地入市，各地积极性普遍较高，社会共识程度也较大，国家、集体、个人的利益融合大且制度变迁的风险较小，有助于兼顾稳定、效率、价值、转型的目标，改革具有内生性。为实现农村集体经营性建设用地出让、租赁、入股与国有地"同等入市、同权同价"，大兴区已出台40多个涉及土规、城规、经规、金融等多部门协调的政策文件，如表3-2所示。

表3-2 大兴区集体经营性建设用地流转试点文件

1	宏观	《关于农村土地征收、经营性建设用地入市、宅基地制度改革试点工作的意见》（中办发〔2014〕71号）
2		《关于授权国务院在北京市大兴区等33个试点县（市、区）行政区域暂时调整实施有关法律拟定的决定》
3		《农村集体经营性建设用地使用权抵押贷款工作试点范围的通知》（银监发〔2016〕26号）
4		《关于扩大农村集体经营性建设用地使用权抵押贷款工作试点范围的通知》（银监办发〔2016〕174号）
5	中观政策层面	《关于印发大兴区农村集体经营性建设用地入市试点工作方案的通知》（京兴改发〔2015〕32号）
6		《关于印发大兴区统筹协调推进农村集体经营性建设用地入市与土地征收制度改革试点工作方案的通知》（京兴政办发〔2017〕36号）
7		《关于开展北京市乡镇统筹利用集体产业用地试点工作的通知》（市规划国土发〔2017〕236号）
8		《关于统筹利用集体建设用地的有关意见》（市规划国土发〔2017〕69号）
9		《关于"乡镇统筹利用集体产业用地试点"实施方案编制及管理指导意见》（市规划国土发〔2017〕219号）
10		《北京市乡镇统筹利用集体产业用地试点民主决策程序及实施主体组件运行管理暂行办法》（市政农函〔2017〕25号）

11	中观政策层面	《关于印发〈利用集体建设用地建设租赁住房试点方案〉的通知》（国土资发〔2017〕100 号）
12		《关于进一步加强利用集体土地建设和租赁住房工作的有关意见》（市规划国土发〔2017〕367 号）

（二）碎片化农村建设用地空间整合：镇级"统筹"与股份制改造

农村集体经营性建设用地改革试点以来，大兴区已拆除腾退土地超过 9 万亩，按照"符合规划、依法取得、用途管制"的要求，储备的 14 个地块约 5000 亩产业用地开始陆续入市。目前，大兴区拥有集体建设用地的所有镇实现了全覆盖，参与改革的经济组织达到 232 个、受益集体经济组织成员 22 万人，占比分别为 56%、61%。[①]

镇级统筹集体土地入股，成立集体联营公司，将资源变资产。为平衡各村利益、持续高效利用集体经营性建设用地，西红门镇于 2012 年成立盛世宏祥资产管理公司，公司股东为当地 27 个村集体，由这个公司对土地进行流转。在集体土地所有权不变的前提下，盛世宏祥资产管理公司将 27 个村的工业大院用地作价入股（不论规划性质为产业用地还是绿化用地），按照各块集体经营性建设用地的区位，确定不同的级差，将 27 个村集体的经营性建设用地使用权流转给盛世宏祥资产管理公司，由该公司统筹建设、运营、管理及收益分配，如图 3-3 所示。公司在设置股份时，允许各村集体组织和农民自愿入股，农民每股最低 5 万元，最高 10 万元，不接受社会资本投入，必须通过所在村集体入股。股份数量统一按 5 万元/股计算，原则上 20 年不增不减，可转让，但不能撤资退股。在收益分配上，1 号地收益全部返给西红门镇政府[②]，2~5 号地的收益由盛世宏祥资产管理公司采取保底收益和浮动分配相结合的方式向股东分红[③]。

---

① http：//bj. people. com. cn/n2/2018/0516/c82838-31582848. html，北京大兴 5000 亩农村集建地将入市 5 镇已公布具体对接产业。

② 徐勤政. 以集体产业用地流转带动城镇化的规划探讨——基于北京市若干乡镇的调研［J］. 北京规划建设，2014（5）.

③ 郭光磊，等. 北京新型城镇化问题研究［M］. 北京：中国社会科学出版社，2013.

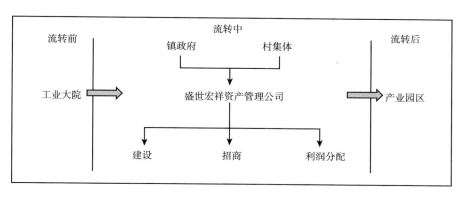

图3-3 西红门镇集体经营性建设用地发展高端园区流程

（三）以"集约"为特征的集体建设用地减量化配置模式

将集体经营性建设用地入市潜力转化为有效供给，有就地入市、调整入市和整治入市三种途径。大兴区政府在原有镇域规划的基础上，编制了《大兴区西红门镇城乡接合部整体改造试点规划方案》。根据该规划，西红门镇将原有的10平方公里工业大院全部拆除，腾出土地的80%用于环境绿化，剩余的20%为新增建设用地集约发展产业。这也是北京近年来一直坚持的一种独具特色的减量化发展模式。

在建设用地上做减法，在经济结构和经济总量上做乘法，实现城乡融合高质量发展产业集聚与发展模式的创新。在2011年前后，大兴区政府提出在西红门镇拆除腾退10平方公里的工业大院，其中2平方公里原工业大院土地用于建设用地，8平方公里土地面积则进行还绿，这被大兴区认为是探索镇级统筹下的城乡接合部农村集体建设用地利用新模式。笔者在调研中了解到，原工业大院被拆除腾退后，80%的环境绿化用地用于道路绿化及建设绿色观光园区、农业观光园，截至2015年3月，约1.2万棵树已在腾退的土地上扎根。新增建设总用地面积约2.2平方公里，包括5块区域，总建筑规模约335万平方米。1号地为新增城镇建设用地，约0.8平方公里，用于居住住宅建设；2号、3号、4号、5号地为集体经营性建设用地，约1.4平方公里，是纯产业发展用地。根据首都产业功能区的要求，新增建设用地重点用来发展现代服务业，以促进西红门镇域集体经济的可持续发展。

大兴区将集体经营性建设用地入市潜力转化为有效供给，主要通过以下三种途径：第一，就地入市。依法取得、符合规划的工矿仓储、商服等现状集体经营性建设用地，具备开发建设所需基础设施等基本条件的，可以采取协议或者招拍挂等方式直接就地入市。第二，调整入市。农村零星、分散的建设用地复垦后，在确保建设用地不增加和耕地数量不减少、质量有提高的前提下，可按规划在县（市、区）域范围内调整地块入市。第三，整治入市。历史形成的城中村集体建设用地整治后，依规划属于经营性用途并保留为集体建设用地的，由农民集体入市。通过以上三种模式，改变了传统集体经营性用地与国有土地的效率差异，如表3－3所示。从试点情况看，就地入市较多，调整入市潜力较大，城中村整治入市需与征收制度改革做好衔接，目前只有少数地方在尝试。

表3－3　　　　　　城乡建设用地传统土地利用效率与发展模式差异

指标分类	传统的集体经营性建设用地	城市国有建设用地
亩均投资强度	低	高
亩均注册资本	小	大
亩均产值（产出）	低	高
亩均就业量	小	高
亩均税收收入	少	多
亩均污染排放	多	少

大兴区在2015年开始33块地改革试点以来，累计已拆除腾退土地超过9万亩，共储备14个地块，约5000亩产业用地，并将陆续开始入市。据介绍，入市地块发展产业将以加快构建高精尖经济结构为导向，致力打造符合首都功能定位的产业，通过产业"集群"的方式走"集约"化发展之路。北臧村镇将在入市地块引进科技研发、企业总部等符合首都功能定位的企业集群；黄村镇将打造一个集现代商业办公及综合服务业为特色的"中国活力港"产业集群。

（四）　构建完全城乡融合的农村经营性建设用地流转体制

当前农村承包地"三权分置"改革后，集体土地与国有土地在城乡融合发展中产权制度的不平等依然是经济较发达地区城乡融合迟滞的主要体制障碍。一是所有权的不对等。党的十八大提出"保证各种所有制经济平等使用生产要素、公平参与市场经济、同等受到法律保护"。而1998年修订的《土地管理法》几乎取消了集体土地所有权主体对土地物权设置及土地利用的决策权、处分权和收益权，事实上形成了两种土地公有制所有权的不平等。二是用益物权的不平等。在土地用益物权的市场化配置方面，作为公有制形态的集体土地与国有土地二者的权利差异巨大。城市建设用地及城市住宅建设用地具有完整的占有、使用、处分、收益等用益物权权能，而集体经营性建设用地（包括集体公共设施用地、公益设施用地和宅基地）用益物权中的处分权、收益权受到法律及政策层面的严格限制。这种城乡土地产权的二元结构是造成城乡收入差距拉大的制度性根源。

随着2015年中央的"三块地"试点，集体经营性建设用地用益物权正逐步受到重视。新的《土地管理法修正案（草案）》里，已经删去了"任何单位和个人建设，需要使用土地的，必须依法申请使用国有土地"（原第四十三条）的刚性征地原则，并在《土地管理法修正案（草案）》第六十三条规定"土地利用总体规划确定为工矿仓储、商服等用途，并经依法登记的集体经营性建设用地，土地所有权人可以通过出让、出租等方式将其使用权交其他单位或个人用于非农业建设"。《土地管理法修正案（草案）》为从法律制度的层面逐步完善集体经营性建设用地用益物权打开了一个突破口，而且农村集体经营性建设用地还可以进行多层次的产权配置，如表3-4所示。当前，农村集体经营性建设用地入市各地改革的积极性很高，社会共识较大，改革具有内生动力。随着城乡一体化进程的加速，通过市场机制主导，引导集体建设用地与国有建设用地同等入市，推动农村集体土地与城市国有建设用地建立开放竞争、同等入市、同权同价入市的改革时机已经成熟。在这项重大的制度创新方面，作为大城市边缘的大兴区，走在了改革的前沿。

表3-4 北京市大兴区农村集体经营性建设用地入市的产权多层次配置

	城市国有土地的交易机制	农村集体经营性建设用地的交易机制	
	一级市场	一级市场	二级市场
1	出让（招拍挂的方式）	1. 出让（招拍挂的方式）	转让
		2. 租赁	出租
		3. 联营	联营
		4. 入股	入股
2	抵押（融资功能）	5. 抵押（融资功能）	抵押

第一，大兴区健全集体建设用地所有权人及使用权人两个主体的用益物权市场，即集体建设用地的一级市场与二级市场建设。在农村集体经营性建设用地的一级市场，集体建设用地所有权人可以通过出让（招拍挂）、租赁、联营、入股、抵押等多种方式向市场主体转移集体土地产权，这在一级市场层面与城市国有土地已经没有差别。打破了1998年《土地管理法》第四十三条的限制性规定，即任何单位和个人进行建设，需要使用土地的，必须依法申请使用国有土地；但是，兴办乡镇企业和村民建设住宅经依法批准使用本集体经济组织农民集体所有的土地的，或者乡（镇）村公共设施和公益事业建设经依法批准使用农民集体所有的土地的除外。新的《土地管理法修正案（草案）》第六十三条规定：土地利用总体规划确定为工矿仓储、商服等用途，并经依法登记的集体经营性建设用地，土地所有权人可以通过出让、出租等方式将其使用权交其他单位或个人用于非农业建设。在农村集体经营性建设用地的二级市场，集体建设用地使有权人可以通过转让、出租、联营、入股、抵押等多种方式向市场主体转移集体经营性建设用地使用权，这在二级市场层面与城市国有土地也没有差别。

第二，大兴区农村集体经营性建设用地入市，在土地用途上，虽然目前的《土地管理法修正案（草案）》第六十三条仍然把集体建设用地入市的范围限制在"土地利用总体规划确定为工矿仓储、商服等用途，并经依法登记的集体经营性建设用地"之内，但作为我国发达地区和特大城市农村集体经营性建设用地入市的试点地区，大兴区坚持农村集体与城市国有建设用地同等入市，如表3-5所示。大兴区集体建设用地入市的范围主要分为五类：第一类是工矿仓储、商业用途。第二类是服务业用地，特别是旅游及养老服务业用地，这也是目前经济转型中重点发展的产业。第三类是金融业用地，如西红门鸿坤金融谷的土地供给。第四类是保障性住房用地。大兴区积极利用集体土地建设租赁住房，是北京作为发达地区集体经营性用地入市的一个突出特色。集体建设用地入市的范围能否向住房用地延伸，这一直是一个重大而敏感的现实问题，结合深圳的二次房改及住建部关于集体土地建设保障性住房的试点意见，大兴区已经在改革实践中勇敢地迈出了第一步。第五类是商业性质的住房用地开发。大兴区在集体土地开发建设共有产权住房，包括农村集体建设用地进行公租房、保障房及房地产开发，破除了房地产开发的所有制歧视，这是重大的体制机制创新。

表 3-5　　　　　　通过资产交易平台交易的集体建设用地经营范围

	城市国有土地的入市范围	农村集体经营性建设用地的入市范围
1	工商业	1. 工商业
2	服务业	2. 服务业（旅游及养老服务业）
3	金融业	3. 金融业
4	保障性住房	4. 集体土地建设租赁住房
5	房地产业	5. 集体土地建设共有产权住房

改革开放以来，我国城乡土地资源的配置与建立开放竞争、要素自由流动的城乡建设用地市场体制还存在很大差距。虽然有招拍挂的土地市场，但却没有形成城乡土地资源的市场配置模式。其原因在于 1998 年以来的《土地管理法》本质上是城乡土地资源的计划配置模式。依托这种模式，虽然短期为我国经济发展提供了大量廉价土地与廉价资本，并快速推动了城镇化，但以规划、计划、指标为特征的土地管理体制形成的高度垄断的国有土地市场，又导致了房价高企、土地收益分配不公、土地腐败等大量社会问题，这已不能适应新时代高质量发展阶段的需求。事实证明，必须按照党的十八大、十九大提出的使市场在资源配置中起决定性作用的要求，坚持城乡土地资源市场化配置的体制机制改革。党的十八届三中全会提出，要紧紧围绕使市场在资源配置中起"决定性"作用来深化经济体制改革。我国 40 多年改革开放的经验证明，开放竞争的市场体系建设是经济繁荣的必由之路。坚持农村集体与城市国有建设用地同等入市，核心就是城乡建设用地，通过全面实施市场准入负面清单制度，平等入市监管。正如党的十九大报告指出，要"全面实施市场准入负面清单制度，清理废除妨碍统一市场和公平竞争的各种规定和做法，打破行政性垄断，防止垄断，加快要素价格市场化改革，完善市场监管体制"。

（五）向房地产禁区试水：集体经营性建设用地开发共有产权住房

大兴区集体经营性建设用地入市房地产，经济理论的层面还未形成共识并争议很大，但在政策实施的层面已经取得了巨大的突破。此次试点，第一，按照"国集同步、租售并举、职住均衡"的部署，推进 6 个地块约 400 亩集体租赁住房项目。第二，集体经营性建设用地从保障房向商业房的过渡，创新性地探索出特大城市或发达地区城乡融合背景下城乡建设用地市场的一体化制度建设。北京市规划和国土资源管理委员会《关于大兴区利用集体土地建设租赁住房试点项目实施方案批复的通知》规定，2018 年北京市将建设筹集各类保障性住房 5 万套，并推进已供地共有产权住房建设及集体建设用地建设租赁住房。北京市住建委公布 16 区各自建设筹集保障性住房的数量以及竣工数量，今年保障房建设筹集量最高的四个区是大兴、朝阳、房山和顺义。大兴区建设筹集数量为各区最多，数量达 12000 套，另将竣工 7000 套。2018 年，大兴区瀛海镇计划推出三宗集体建设用地，共约 20 万平方米，全部将用于共有产权房建设。集体经营性建设用地从保障房向共有产权商业房领域的推进，这在北京乃至全国都尚属首次。可以预期，大兴区集体经营性建设用地入市房地产，能真正释放具有区位优势的集体土地的价值增值效应，如图 3 - 4 所示，真正实现农村集体经营性建设用地出让、租赁、入股与国有土地"同等入市、同权同价"。

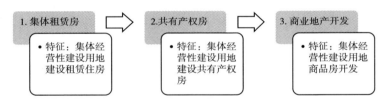

图 3 - 4　大兴区集体经营性建设用地入市：向房地产禁区试水

　　大兴区集体经营性建设用地入市房地产，有助于北京住房市场的健康发展，这不仅对作为特大城市的北京，而且对于处于城市化加速期的我国经济转型具有重要的制度探索意义。如果土地市场的供给方是竞争性的，诸多供给者之间的竞争通常会使土地的均衡价格确定在出让价格与土地成本相等的水平，不会形成产生暴利的高价。同时市场竞争性条件下土地的交易量要显著大于市场卖方垄断条件下的交易量。均衡价格状态下，土地市场需求主体的经济剩余和福利也实现了最大化。但是，当地方政府成为城市土地市场独家垄断的供给者时，地方政府会根据出让土地的边际收益等于征地的边际成本的原则来确定土地的供给量，从而相应地确定土地的出让价格，这就必然导致较高的土地价格和较高的经济利润。图 3 - 5 中的 P_m 就是政府垄断造成的土地高价，$P_m ABC$ 所示的阴影部分为政府的垄断利润。

　　长期以来，地方政府对土地供给的垄断，导致单纯依靠征地制度下的粗放发展模式，一方面通过买方双重垄断压低土地价格或征地成本，而另一方面作为城市建设用地唯一的供给者，则通过卖方垄断提高土地出让价格，进而在垄断高价下获得超额利润。由于地方政府在土地一级市场中居于卖方垄断的地位，土地供应多少、如何供应、供应给谁完全由地方政府决定。如图 3-5 所示，限制土地供给是地方政府作为城市土地市场的卖方垄断者获取高额土地出让金（含垄断利润）所采取的主要手段。特别是对房地产用地、高档商务用地，地方政府普遍采取限量供应的策略。

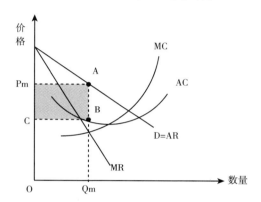

图 3-5　城市国有土地招拍挂市场的垄断高价

当然，地方政府作为土地一级市场的唯一供给者，可以调控价格，但垄断价格的高低也取决于土地的需求水平。而目前各大城市过旺的房地产需求，首先是由投机性需求推动的[①]，其次是由城市化加速背景下规模庞大的住房需求拉动的[②]，最后是中国"居者有其屋"的传统文化对住房需求的影响。由于居民对房屋的需求缺乏弹性，房屋价格的上涨并不会对房屋需求产生显著的影响。

房子是用来住的，不是用来炒的。大兴区集体经营性建设用地入市房地产，有助于探索我国房地产行业健康发展的新模式。长期以来的高房价，已经引起了社会各界的普遍关注，传统的征地制度与房地产的泡沫化有重要的

---

① 我国住房需求水平不断提高从而造成房价飙升的主要原因是投机性需求所占的比重过大。楼市的空置率是衡量房地产供求关系是否正常的一个极为重要的指标。按照国际通行惯例，商品房空置率在 5% ~10% 之间为合理区；空置率在 10% ~20% 之间为空置危险区；空置率在 20% 以上为商品房严重积压区。而我国一些一线城市的增量住宅空置率已高达 50%。

② 据估算，每年农村向城市转移的户籍人口在 1200 万 ~1500 万人。按此规模，20 年内要向城市转移近 3 亿农村人口。按一般 3 人一套住房的需求，则需要 1 亿套新增住房。如此规模的住房需求所拉动的土地需求是短期难以缓解的。

内在关联。一线城市如北京、上海、深圳的房价收入比已经接近30，是美国、日本、韩国的房价收入比的3倍多。"房屋只炒不住"导致住房空置率和投资性购房比率较高，如表3-6所示。据初步估算，北京目前有高达40%的住房空置率和投资性购房占比。而要保证房地产行业健康发展，必须改革现行的土地制度，打破政府对建设用地的垄断，允许农村集体建设用地进入市场，积极引导集体经营性建设用地参与城市保障性住房及共有产权房建设。

表3-6　　　　　　　　　大兴区集体建设用地入市保障房项目

项目名称	建设地点	建设总套数	开工时间
北京新机场生活保障基地首期人才公租房项目	大兴区榆垡镇	2238	2018 年 3 月
北京市大兴区瀛海镇 C4 组团 YZ00 - 0803 - 0603 地块 F1 住宅混合公建项目	大兴区瀛海镇	999	2018 年 4 月
大兴区黄村镇 DX00 - 0102 - 0802 地块 F1 住宅混合公建用地项目	大兴区黄村镇	584	2018 年 6 月
北京市大兴区魏善庄镇 2016 年世界月季大会周边配套 AA - 43（DX07 - 0102 - 6011）地块 R2 二类居住用地项目	大兴区魏善庄镇	2224	2018 年 6 月
生物医药基地 0505 - 070、076、066、077 地块公租房项目	大兴区生物医药基地	863	2018 年 9 月
大兴区生物医药基地 0505 - 069、075 地块 F1 住宅混合公建用地、R51 中学用地（配建公共租赁住房）项目	大兴区生物医药基地	279	2018 年 9 月
黄村镇 DX00 - 0101 - 0201 等地块限价房项目	大兴区黄村镇	228	2018 年 3 月
大兴区亦庄新城 II - 1 街区 B01R1 - 2 地块限价房项目	大兴区亦庄镇	395	2018 年 9 月
庞各庄镇镇区改造项目 1 号地 PGZ01 - 01、PGZ01 - 02 地块	大兴区庞各庄镇	883	2018 年 7 月
大兴区孙村组团居住区 B - 19、B - 20 地块自住房项目	大兴区黄村镇	544	2018 年 1 月
大兴区孙村组团居住区 B - 17 地块自住房项目	大兴区黄村镇	853	2018 年 1 月
黄村镇 DX00 - 0101 - 0201 等地块自住房项目	大兴区黄村镇	413	2018 年 3 月

续表

项目名称	建设地点	建设总套数	开工时间
生物医药基地 0505－070、076、066、077 地块自住房项目	大兴区生物医药基地	1124	2018 年 3 月
大兴区生物医药基地 0505－069、075 地块 F1 住宅混合公建用地、R51 中学用地（自住房）	大兴区生物医药基地	328	2018 年 3 月
大兴区亦庄新城 Ⅱ－1 街区 B01R1－2 地块自住房项目	大兴区亦庄镇	431	2018 年 9 月
大兴区瀛海镇姜场村 02－1－1 地块 R2 二类居住用地自住房项目	大兴区瀛海镇	144	2018 年 4 月

改革开放 40 多年，我国的城市化水平只由原来的 17% 提高到了 45.68%，其中还有大概 10 个百分点，是把那些进城务工的农民计算进来了。其实，我国真正的城市人口也不过 35%。而日本、韩国等地区，城市化率都达到了 60% ~70%。所以，"十三五"期间乃至今后几十年，加快城市化进程，应该是我国经济社会发展的一个主题。

三、大兴区集体经营性建设用地入市的制度风险

大兴区集体经营性建设用地入市，一方面，要坚持城乡要素流动的市场化导向。党的十八届三中全会指出：经济体制改革核心问题是处理好政府和市场的关系，使市场在资源配置中起决定性作用和更好发挥政府作用。要转变政府职能，大幅度减少政府对资源的直接配置，推动资源配置依据市场规则、市场价格、市场竞争实现效益最大化和效率最优化。另一方面，还要更好地发挥政府的作用。大兴区碎片化农村建设用地要通过镇级"统筹"进行空间整合，资产要通过股份制改造进行公司化运作，这就需要基层政府的廉洁性及基层政府治理效率的提高，从而实现集体经营性建设用地持续的增值。除此以外，政府要解决涉及公共物品的土地资源供给。公共物品用地如城乡公共服务、公共产品、基础设施用地等，市场不能提供，必须要政府来提供。政府要通过政策调控着力解决土地利用的负外部性问题，如生态环境和环境

污染。因而，大兴区集体经营性建设用地入市后的高效运作，仍然面临一些的制度风险需要持续关注。

（一）农村集体经营性建设用地入市土地收益的分配

第一，外部分配：国家和集体土地所有者之间的分配关系。

集体土地的增值收益，到底是谁的？理论上是有争议的。一种是英国的约翰·穆勒及美国19世纪经济学家亨利乔治在《进步与贫困》一书中的观点，即国家要向土地收益征税即"单一地价税"，实现地租的国有化。孙中山的涨价归公理论即出于此。另一种是马克思的理论，主张土地增值是区位地租的增值，地租是土地所有权、使用权的经济体现，集体土地增值收益应归集体土地所有权人和使用权人。恩格斯曾说过，即使无产阶级革命消灭了土地私有制，也并不要求消灭地租，而是在土地国有的条件下把地租交给社会或国家，因为地租是土地所有权的实现形式。笔者更倾向于后者的观点，农村集体经营性建设用地入市的土地收益，就是集体土地所有者的收益。从外部的分配关系上即国家和集体的关系上看，集体土地所有者的收益是否应全部归集体完全占有，这当然必须要引入国家的"税收"调节制度。因而，在城乡统一的建设用地市场体系建设中，建立兼顾国家、集体、个人的入市收益分配机制，首先要处理好外部分配关系，即国家和集体土地所有者之间的分配关系。根据大兴区的规定，征收土地交易总额的8%～30%作为土地增值收益调节金，统筹用于农村基础设施建设支出，周转垫付集体经营性建设用地土地开发、土地整理资金，以及农村经济困难群众的社保补贴和特困救助。在试点阶段，这种临时性可以通过征收土地增值收益调节金的方式来调节国家与集体之间的外部收益分配，但原则上，集体经营性建设用地入市与土地征收转用取得的土地增值收益在国家和集体之间的分享比例应大体平衡。为了防止分配关系的随意化及频繁变动打击农民集体土地入市的积极性，今后应将集体土地同国有土地一样，纳入土地税收征管体系中。

第二，内部分配：集体与农民之间的分配关系。

扣除土地增值收益调节金，集体经营性建设用地入市的纯收入如何在集体与农民之间进行分配，这也是个重大的现实问题。集体经营性建设用地与农户的宅基地既有一致性，又有很大的差异性。如何在集体经营性建设用地入市的纯收入中划分盈余公积、集体福利性质的盈余公益金、社会保障支出、直接股东分红的比重结构，如图3-6所示，将是涉及集体资产内部治理的重大问题。

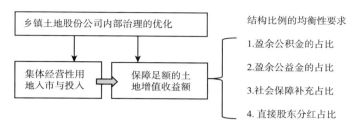

图 3 − 6　集体土地资本化运作及利益分配机制

以大兴区集体经营性建设用地入市中 2016 年北京赞比西房地产开发有限公司以 8.05 亿元竞得的土地为例，该地块竞价为 8.05 亿元，土地为 40 年的使用权，成为北京第一宗通过招拍挂形式出让的集体经营性建设用地。这 8.05 亿元的收入分配大体为 "1133" 模式，即 1 亿元为上交给地方政府的土地增值收益调节金，1 亿元直接分配给农民形成农民的既得收入，联营公司的每户农民因这一地块大约增收 5000 元以上，3 亿元偿还土地入市前期开发的贷款，3 亿元用于积累性质的土地再开发。除去税收性质的土地增值收益调节金外，上述分配主要涉及集体与农民之间的内部分配关系，这就需要明确：第一，这种分配结构是否成为今后一个相对固定的分配形式？因为分配形式固定，农民就会有一个稳定的预期。第二，集体经营性用地作为与农民宅基地、承包地这两种私产性质的物权有显著差异的集体资产形式，在收入分配中是否体现盈余公积金、集体福利性质的盈余公益金、社会保障支出及直接的股东分红四部分的关系？特别是在城乡社会保障差异巨大的情况下，如何通过加强集体社会保障补助支出比例从而实现城乡社会保障福利的融合，如表 3 − 7 所示。从而更好地通过集体经营性建设用地入市，建立兼顾国家、集体、个人的入市收益分配机制。

表 3 −7　　　　　城乡社会保障差异与集体资产补充的可行性

社会保障项目	个人缴费比例（%）	单位缴费比例（%）	城乡差别与集体补助
养老保险	8	20	集体补助
医疗保险	2	10	集体补助
失业保险	0.2	0.8	集体补助
工伤保险	0	0.5	集体补助
生育保险	0	0.8	集体补助
住房公积金	12	12	集体补助
合计	22.2	44.1	集体收益补充

（二）农村集体经营性建设用地的抵押风险

我国前期的工业化城市化扩张，一方面，由地方政府通过征地所形成的土地垄断低价的价值转移过程。我国工业化初期农村财富向城市的转移主要是以粮食为中介，通过工农业产品价格剪刀差实现的，而20世纪90年代以来土地征用中的垄断低价，是我国城市化进程中农村财富向城乡的又一次转移。但另一方面，土地融资抵押形成地方经济发展的一个重要的货币化杠杆。据估计，2003~2012年的10年间，地方获得约7.6万亿元出让金纯收益，建立起庞大的"土地财政"，补充了地方财政之不足；同时，以地融资又得到约6.5万亿元土地抵押贷款。这两笔巨额廉价资本，促进了十多年来基础设施建设和土地城市化的飞速发展。

地方政府通过征地形成了资本抵押风险。《2011年国家土地督察公告（第5号）》称，国家土地督察机构对64个城市开展例行督察。在抽查的31个市、25个县中，有12个市、22个县存在土地违规抵押融资贷款行为，涉及面积10.47万亩，贷款总额557.98亿元。《2012年国家土地督察公告（第6号）》显示，国家土地督察机构对54个地区开展了例行督察，部分地区存在土地违规抵押融资问题，违规办理土地登记。对36个市（区）的土地抵押融资情况开展重点督察，发现有943个项目涉及违规抵押贷款1039.22亿元，涉及土地面积29.63万亩。据《2013年国家土地督察公告（第7号）》，国家土地督察机构对48个城市开展例行督察，发现19个城市存在土地违规抵押融资贷款行为，涉及项目1361个、土地面积14233公顷、抵押金额1183.79亿元。地方政府通过征地所形成的资本抵押风险，也是农村集体经营性建设用地入市可能产生的抵押风险。

《土地储备管理办法》规定，有效的储备土地抵押至少需要符合以下四个条件：一是抵押人适合，抵押人对作为抵押物的储备土地有充分的处分权；二是抵押物适宜抵押，其本身不存在无法抵押的法律障碍，如产权清晰无争议、土地用途明晰、不存在权属纠纷等情形；三是抵押过程中涉及的土地登记、价值评估等环节合法合规，确保土地价值相对客观准确，而非与真实价值背离；四是抵押贷款应当定向使用。而反观当前的储备土地抵押实践，恰恰在主体、抵押物及其价值的确定、风险评估和资金流向等方面存在不少问题，产生了法律风险与金融风险。而以贺雪峰（2014）为代表的学者则正是基于集体土地的"成员权"及居住保障功能，明确质疑和反对农村集体建设用地的市场化流转。上述观点，核心价值在于牢牢把握了集体土地产权框架下的一项重要特征，即集体产权"成员权"的住房保障功能。因而，在我国当前人口城市化进程的特定阶段，农村集体经营性建设用地的抵押风险比征地抵押所产生的货币流具有更大的风险需要防范。

（三）"村改居"城市扩张中防范农村集体土地资产的流失

随着北京城市的扩张，撤村建居，农村社区化建设是实现城乡一体化的一个重要途径，如图3-7所示。居与村代表着我国"城"与"乡"两种完全不同的管理体制。居委会与村委会是两种截然不同的制度设计，按照《城市居民委员会组织法》的规定，其在性质、地位、功能上有着本质区别。

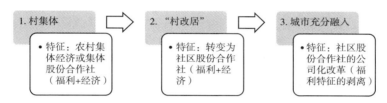

图3-7　村庄城市化与集体资产的股份化改革探索

首先，村改居城市扩张中要防范集体资产特别是集体土地资产的流失。居委会是没有管理集体经济职能的，这也就意味着原先由村集体经济组织负责管理的集体资产，在村改居后须与居委会相剥离。如果简单地把原村集体资产直接移交给非经济组织的居委会经营管理，在法理上不顺，也容易造成集体资产的流失。因而，要防范城市化进程中为了获得土地的增值收益而使农村集体土地所有权的性质发生转变。

其次，在村改居的过程中，将集体股份转变为社区股份合作制是一个现实可行的选择。党的十七大报告明确指出要探索集体经济的有效实现形式，发展多种形式的集体经济。党的十九大报告指出要深化农村集体资产股份合作制改革。近些年来，很多村改居社区在集体产权制度改革进程中选择了社区股份合作制这一模式。有些将原村集体资产折股量化配置到个人，使模糊的产权清晰化，避免在原村社农民与新迁居民混居的情况下产生权属争议。在社区股份合作制下，股份合作组织的成员既是集体资产的所有者，又是股份合作社的股民或股东，这有利于强化成员的主人翁地位。同时，又以土地集体所有为纽带，以合作的方式对股份化的集体资产实行统一经营管理，这也为农村集体资产保值增值找到了一条适合市场经济发展要求的有效路径。

最后，随着城乡融合发展，要逐步引导社区股份合作制走向股份制与公司制。经济发达地区随着城市化建设的高水平发展，当政府公共财政全面覆盖社区公共事务管理的条件已具备时，需要对集体股份合作社或社区股份合作社承担的公共服务、公益服务、社会保障，如公共设施、社会治安、环境卫生、合作医疗、养老保障等附属性社会管理职能进行剥离，确保集体或社区股份合作社成为名副其实的经济组织。具备条件的股份经济合作社，可以牵头组建公司，公司的投资主体可以多元化，既可以吸收内部社员，也可以吸收外部投资者，鼓励探索股份经济合作社采用投资、入股、股份合作等方式参与外部公司的经营，逐步引导社区股份合作制走向股份制与公司制。

四、京津冀城乡融合发展的政策建议

（一）京津冀都市圈建设，打破城乡壁垒比打破区域间的行政壁垒更紧迫

京津冀城乡融合发展，以北京作为发展的龙头至关重要。京津冀都市圈建设，在打破区域间行政壁垒之前，迫切需要打破行政区域内的城乡壁垒。以超大城市为核心的都市圈建设，更要搞好行政辖区内的城乡融合。只有这样，才能高效实现跨行政区域的京津冀一体化进程。在很长的一段时期，我们的城市化进程主要采用以"点"状单个城市的发展为载体，以区划大中城市为中心、中小城市为补充，同时大力发展小城镇的"大中小同时并举"的城镇化赶超战略。这主要是由于我国市场经济体制不完善、要素流动机制尚不健全，城乡区域尚未形成有效的产业联动机制。

到20世纪后半叶，相当规模的城市由原来孤立发展的形态逐步转变为城市之间相互联结的区域城市群发展形态。这种区域型的城市群逐渐打破单一的行政区划限制，形成要素的自由流动、演化型的市场分工、基于比较优势的各层次产业形态集聚的城市部落。世界范围内区域型城市群的发展，是一个市场机制下城市自然发展演化的过程。区域型城市群不仅有助于规模报酬递增，而且实现了经济发展与人的发展的优势互补，最大限度地降低了"城市病"的危害。美国东北部大西洋沿岸城市群，是人类历史上第一个城市

群，聚集了美国 18% 的人口、24% 的 GDP 产出，而土地的耗费仅为 1.5%。这里有世界金融中心纽约、美国的政治中心华盛顿、波士顿、费城。日本的太平洋沿岸城市群，依托港口、航空、公路、铁路网络，聚集了全国 69% 的人口、74% 的 GDP 产出。英国伦敦城市群，聚集了全英 65% 的人口、80% 的 GDP 产出，而土地的耗费仅为 18.4%。所以，从世界范围看，城市群发展模式更是有别于传统点状城市发展的一种资源利用更为集约化的发展形态。同时，今后一个国家产业可持续发展能力的竞争，关键在于城市群之间的产业比拼与竞争。

由于对国家和全球发展的强大带动力，全球一线城市都形成了以自己为核心的都市圈，范围超过了自己行政管辖的边界，并且用网络状的轨道交通线路将自己与周边中小城市连接在一起。相比之下，当前我国的大都市圈建设还显著落后于纽约、东京、伦敦等一线都市圈。这使得北京周边的其他中小城市未能充分享受到核心超大城市的辐射作用，潜在的大都市圈对国家发展的带动作用未能充分发挥。北京作为都市圈的核心城市，要通过打破区域内的城乡壁垒，构建自身的核心竞争力。

（二）城乡融合视域下的城乡建设用地市场机制建设在京津冀地区更为迫切

党的十七大提出"坚持平等保护物权，形成各种所有制经济平等竞争、相互促进新局面"。党的十九大提出"经济体制改革必须以完善产权制度和要素市场化配置为重点"。《中华人民共和国物权法》（以下简称《物权法》）总则第三条规定，"国家实行社会主义市场经济，保障一切市场主体的平等法律地位和发展权利"。然而，当前农村承包地"三权分置"改革后，城乡融合迟滞的主要障碍依然突出表现为集体土地与国有土地在城乡融合发展中产权制度的不平等。一是所有权的不对等。党的十八大提出"保证各种所有制经济平等使用生产要素、公平参与市场经济、同等受到法律保护"。《物权法》第四十条也规定"所有权人有权在自己的不动产……上设立用益物权和担保物权"。而现行的《土地管理法》规划决定每块土地用途，几乎取消了集体土地所有权主体对土地物权设置及土地利用的决策权、处分权和收益权，事实上形成了两种土地公有制所有权的不平等。二是用益物权的不平等。在土地用益物权的市场化配置方面，作为公有制形态的集体土地与国有土地二者的权利差异巨大。城市建设用地及城市住宅建设用地具有完整的占有、使用、处分、收益等用益物权权能，而集体建设用地（包括集体经营性建设用地和宅基地）用益物权中的处分权、收益权受到法律及政策层面的严格限制。这种城乡土地产权的二元结构是造成城乡收入差距拉大的制度性根源。2016 年，中共中央、国务院下发《关于完善产权保护制度依法保护产权的意见》，提出要"清理有违公平的法律法规条款，将平等保护作为规范财产关系的基本原则，废除按所有制不同类型制定的市场主体法律和行政法规"。可喜的是，随着"三块地"试点，集体经营性建设用地用益物权正逐步受到重视。新修订的《土地管理法》里，已经删去了"任何单位和个人建设，需要使用土地的，必须依法申请使用国有土地"（原第四十三条）的刚性征地原则，并在《土地管理法》第六十三条规定"土地利用总体规划确定为工矿仓储、商服等用途，并经依法登记的集体经营性建设用地，土地所有权人可以通过出让、出租等方式将其使用权交其他单位或个人用于非农业建设"。《土地管理法》为从法律制度的层面逐步完善集体经营性建设用地用益物权打开了一个突破口。

党的十八大提出建立开放、竞争的市场体制。党的十八届三中全会提出，要紧紧围绕使市场在资源配置中起"决定性"作用来深化经济体制改革。我国 40 多年改革开放的经验证明，开放竞争的市场体系建设是经济繁荣的必由之路。党的十九大报告已经把"使市场在资源配置中起决定性作用"列为新时代新发展理念的重要内涵之一。新时代城乡融合发展内在地要求建立城乡统一、开放竞争、要素自由流动的建设用地市场，形成城乡土地资源利用的市场化配置模式。

建立城乡统一的建设用地市场，更需要大力深化农民宅基地用益物权的市场化配置模式改革。长期以来，我国宅基地管理体制只默认宅基地使用权可以在本集体组织内部流转。宅基地资源的配置呈现出锁死状态下的低效率混同均衡。只有坚持宅基地用益物权的市场化配置模式，才能实现城乡融合状态下城乡建设用地价格机制的形成及资源的高效配置模式。但 2020 年《土地管理法》第六十二条并没有增设农村宅基地入市流转的条款，连土地制度改革试点宅基地使用权可以在县域、市域内有偿流转的经验都没有纳入条款。如果仍旧严格限制农民宅基地用益物权的转让，单单依靠规模极其有限的农村集体经营性建设用地入市，将占农村建设用地总量的 2/3 以上的宅基地排除在外，那么改革的效果将大打折扣。放开农村宅基地用益物权市场，有助于激励人才、技术和资本下乡，实现城乡融合发展。在经济学中，交易合约中的租赁和转让只有量的差异而本身并没有质的区别。在当前我国社会经济进入城乡加速融合的新时代，市场化配置的宅基地流转体制改革比任何阶段都更为迫切。只有将宅基地流转基于城乡统一的建设用地市场，才能形成最真实的价格机制，才能最充分地实现农民的财产权，才能在城乡融合进程中实现土地、人口、资本及住房保障的合理配置及全要素生产率的提高。党的十九大报告提出：我国经济已由高速增长阶段转向高质量发展阶段，正处在转变发展方式、优化经济结构、转换增长动力的攻关期，建设现代化经济体系是跨域关口的迫切需要和我国发展的战略目标，必须以完善产权制度和要素市场配置为重点，加快完善社会主义经济体制。目前承包地"三权分置"已全面铺开。2014 年底启动的征地、集体经营性建设用地、宅基地制度"三块地"改革试点已接近尾声，正在总结经验。一些土地制度改革措施正陆续出台。

城乡融合发展内在要求平等保护集体土地产权，让农村居民拥有与城市居民同等的土地权益；构建城乡统一、开放竞争的建设用地市场，城乡土地资源优化配置唯有通过有效的市场机制才能完成。有效的市场是指在开放、竞争性的市场上形成切实反映要素稀缺程度的市场价格，通过价格信号的波动，使要素流到使用效益高的产业、企业中去。无论何种"科学的""差别化的""精准的"指令性（约束性、控制性）规划、计划，都不可能做到土地资源的有效配置。因为政府不可能得到门类繁多、瞬间万变而且不确定性很大的土地供需信息，编出切合实际的规划、计划，确定合适的计划指标。政府卖方垄断的市场也不能做到资源的有效配置，必须由开放竞争性市场才能做到。保证土地资源在城乡间平等交换、自由流动，均衡配置土地资源，实现土地配置和利用效率最大化，这是城乡融合发展的内在需要。

（三）京津冀城乡融合中土地资源配置的政府作用与创新环境营造

党的十八届三中全会指出：经济体制改革的核心问题是处理好政府和市场的关系，使市场在资源配置中起决定性作用和更好发挥政府作用。要转变政府职能，大幅度减少政府对资源的直接配置，推动资源配置依据市场规则、市场价格、市场竞争实现效益最大化和效率最优化。对于征地这一城市化进程中的热点问题，新修订的《土地管理法》一是通过切实缩小征地范围，可以市场化解决的，尽量不要通过征收的方式进行，正在逐步减少政府对资源直接配置的范围，这是与市场机制兼容的制度变迁方向。

二是在政府减少对土地资源的直接配置的同时，政府要营造创新的环境，需要保障公平竞争，维护市场秩序，加强市场监管，努力提升城乡土地资源市场化配置的效率，特别是稳定房价，保证资源向实体经济与产业技术领域配置。近年来，我国现实资本的虚拟化及规模的迅速膨胀已经引起了各方关注。国内现实资本大量转为虚拟资本。国有企业和民营经济在房地产高额利润的驱使下，纷纷投资于房地产，形成轻视实业而注重投机、忽视创新而注重套利的经营模式。当实体经济处于透支性生产和紧缩性消费的发展模式下，产业资本的长期投资倾向减弱，大量资金由产业资本转向虚拟资本。国际虚拟资本的大量流入。国际虚拟资本的流入并不仅仅为了套取利差，而是通过进入房地产市场实现高额回报。随着我国地价升值拉动的房地产投资，大量的国际热钱还将继续涌入。虚拟资本膨胀一方面会导致企业从事技术创新的能力不足，而片面追求短期回报，另一方面会加大国内的通胀压力。而国外虚拟资本的大规模流入所导致的房地产泡沫，使我国经济面临长期波动和滞涨的风险。

三是要实现宏观土地资源在部门之间、区域间的均衡配置。市场通常无法解决土地资源的总量控制和结构调控，在土地资源的市场配置模式下，这些宏观调控目标主要通过经济调控的方式实现。政府要解决涉及公共物品的土地资源供给。公共物品用地如城乡公共服务、公共产品、基础设施用地等，市场不能提供，必须要政府来提供。政府要通过政策调控着力解决土地利用的负外部性问题，如生态环境和环境污染。市场经济条件下的土地管制是基于可能的"外部性"而产生，通过政府合理的土地管制弥补市场失灵。除此以外，都可以通过发挥市场机制来解决。

因此，我们建议京津冀在城乡融合中建立政府引导创新视角下的土地资源配置宏观调控及微观管制机制。一方面，在宏观层面上，今后土地利用规划的功能定位要从原先承担的基本配置功能转变为市场配置的调控者、调节者。要通过城乡土地资源市场配置下的规划，调节城乡土地资源的总量利用、结构均衡、远景规划等。政府编制全国和区域、省级、地市级国土空间规划，指导和调控土地资源的开发、利用、整治、保护。另一方面，土地资源的市场配置模式下的指标管理，要从传统的指令性指标转变为指导性指标调控。规划要解决的核心问题是公共物品用地、负外部性生态建设、远景规划等问题。

四是在微观管制上，要着力构建解决与生态环境及环境污染等可能产生负外部性问题的管制制度。第一，可以借鉴市场经济国家土地分区制的用途管制规制，即对土地利用及使用方式的限制与负面清单管理，正确厘清政府与市场的关系。市县、乡镇级政府根据上级国土空间规划，编制土地分区规划，制定各分区的土地使用管制规则，企业和农村集体经济组织可以在自己的土地上，遵守分区的土地使用管制规则，自主编制土地利用规划，安排土地用途。第二，建立与土地资源市场配置相适应的财税制度及收益分配机制，通过计划的指标管制向市场方式的激励与约束机制转变，作为调控土地使用的主要手段。基于当前在供给侧正在进行的税收体制改革，应加快将集体土地同国有土地一样纳入土地税收征管体系中。通过税收体制，建立城乡土地市场配置中兼顾国家、集体、个人的财富增值与收益分配机制。

（四）在宏观调控层面，京津冀地区要进一步将城乡空间规划与土地资源的市场配置制度相容

城市规划长期以来已经成为农村经营性建设用地入市的另一道"玻璃门"。有学者指出，我国虽然已走过了计划经济，但是却进入了规划经济，特别是城市规划对农村经营性建设用地入市的制约。

首先，城乡规划法对城市与农村的规划存在差别。在乡、村庄规划区内进行乡镇企业、乡村公共设施和公益事业建设的，建设单位或者个人应当向乡、镇人民政府提出申请，由乡、镇人民政府报城市、县人民政府城乡规划主管部门核发乡村建设规划许可证。而城市建设用地，核发的是城市建设用地规划许可证，由此也形成了所谓的农村经营性建设用地入市是在城市规划"圈外"还是"圈内"的改革激辩。而大兴区的农村经营性建设用地入市，破除了在城市规划"圈外"还是"圈内"的限制，对京津冀地区城乡融合中土地资源的市场配置制度有重要的意义。

其次，农村经营性建设用地入市与规划的壁垒冲突还表现在各种规划的相互错配上。公共政策的政府规制层面部门分立，"九龙治水"。主观制定并下达的指令性建设用地指标与地方实际的土地需求脱节。在没有条件发展二三产业扩展城市的地方，指标给多了，没有项目用不了地，造成土地闲置；在有条件发展二三产业扩展城市的地方，指标给少了，不是项目上不了马，便是造成普遍性的违法用地。积极探索城市规划与乡镇规划、村庄规划、产业规划、生态保护等"多规合一"，实现土地资源的市场化配置与政府规制的有机统一。

最后，在宏观调控层面，京津冀地区要进一步将城乡规划与土地资源的

市场配置制度相容。集体土地所有权人在上级国土空间规划和土地分区规划指导下，自主编制村级土地利用规划，确定每块土地的用途。长期以来，政府在城乡土地资源配置中实施全面、全方位的管制。在这种直接管制模式下，土地资源很难有市场配置的余地。《土地管理法》坚持由国家规划确定每块土地用途的用途管制制度。《土地管理法》第十六、十七、二十四条仍坚持编制指标控制式的土地利用总体规划，以政府规划、计划作为配置土地资源的基本手段。《土地管理法》第十九条仍然规定"划分土地利用区……确定每一块土地的用途"。这种计划配置模式，由于制度运行中的信息不对称，不仅制度运行成本高，而且土地资源配置很难提高效率。因为经济进入新常态高质量发展阶段，产业分工越来越细，产业结构与城乡格局变化迅速，唯有实行市场配置制度，通过市场价格机制、竞争机制才能有效调动经济主体的积极性，进而实现土地资源的优化配置。要通过试点实验，逐步实行土地资源市场配置制度，在市场配置的基础上，国家对土地使用实行宏观调控和微观管制。

（五）存量入市与增量入市：京津冀地区城乡融合中需要进一步完善农村经营性建设用地与宅基地内在关联的动态配置机制

从量的层面，满足《土地管理法》第六十三条上述条件的我国存量集体经营性建设用地的规模和比重十分有限，单单依靠规模极其有限的农村集体经营性建设用地入市，将占农村建设用地总量的2/3以上我国宅基地排除在外，那么改革的效果将大打折扣。相反，大量闲置及粗放利用的农村宅基地才是破解城乡融合发展矛盾的主要方面。具体而言，京津冀地区农村土地产权制度改革的内在逻辑与联动效应今后主要表现为四个层面：通过宅基地"三权分置"改革与农地"三权分置"联动，推进我国农业现代化；通过宅基地"三权分置"与集体经营性建设用地入市、征地制度改革联动实现乡村振兴；通过"三块地改革"与城市化进程联动加速人口向城市聚集；通过城市化与乡村振兴背景下的劳动力流动与户籍制度改革，实现我国城市化与乡村振兴的双向均衡发展。

对于是否通过产权改革将宅基地使用权直接入市，课题鉴于我国农地"三权分置"与宅基地"三权分置"下的农村社会分层与城乡融合，参照部分城市保障房入市方式，提出宅基地使用权入市区分"集体成员"与"非集体成员"的渐进式改革思路，将宅基地使用权的市场化过程与集体经营性建设用地市场对接，充分体现宅基地流转的主体特征并形成分层式差异化的要素流动方式，有助于构建更加稳定"内生化"宅基地使用权流转与退出制度。两权分置"限制流转"的农户宅基地使用权的用益物权受到诸多政策限制。"三权分置"后宅基地使用权市场化流转渐进式产权改革思路，即不盲目直接去"身份化"将使用权直接流转，而是通过用益物权清晰界定后使宅基地使用权与集体经营性建设用地市场对接，使其逐步去"身份化"这种分层化的间接流转机制。

同时，也可以探索政府主导的宅基地退出机制与当前集体经营性建设用地产权制度改革对接。借鉴赖特和阿姆斯特朗（Wright & Armstrong，2007）提出的双边市场理论，构建农户—平台—政府三方协同的宅基地收储模式的双边平台，即政府主导的宅基地收储模式的双边市场平台。基于宅基地物权制度改革的利益分割思路，一是"化零为整"，盘活零散宅基地促进城乡建设用地资源的结构优化与集约利用。二是依托双边交易平台实现多主体收益最大化：集体经济组织作为土地所有权主体，收回复垦后的农地进行规模化经营，农户获得宅基地用益物权的资产价值及房屋补偿，地方政府获得建设用地指标发展经济，中央政府实现耕地保护与城乡建设用地的优化配置。平台不仅可以进行农村宅基地退出的实物交易，还可以进行指标交易，甚至可以异地交易。

长期以来，我国宅基地管理体制只默认宅基地使用权可以在本集体组织内部流转。宅基地资源的配置呈现出锁死状态下的低效率混同均衡。只有坚持宅基地与农村集体经营性建设用地的资源整合对接，才能实现城乡融合状态下城乡建设用地价格机制的形成及资源的高效配置模式。在当前我国社会经济进入城乡加速融合的新时代，只有将宅基地流转基于城乡统一的建设用地市场，才能形成最真实的价格机制，才能最充分地实现农民财产权，才能在城乡融合进程中实现土地、人口、资本及住房保障的合理配置及全要素生产率的提高。

第四章

宅基地"三权分置"与使用权流转的财富效应

党的十八大以来,我国进入全面深化改革的新时期。农地"三权分置"后,2015 年进行了征地、农村宅基地、农村建设用地三块地的改革试点实验。宅基地制度毋庸置疑是推进乡村振兴战略的重要支撑性制度。乡村振兴产业落地需要宅基地制度改革,改善居住环境需要宅基地制度改革,增加农民收入需要宅基地制度改革,乡村治理能力提升也需要宅基地制度改革。在我国从"乡土中国"向"城乡中国"转变的过程中,宅基地使用权改革的路径方向、内涵边界、系统性及协调性等制度红利在相当大的程度上决定着我国是否能成功破解刘易斯二元经济结构、能否成功跨越中等收入陷阱迈入高收入国家行列。

新修订的《土地管理法》虽扫清了集体经营性用地入市的制度障碍,但改革力度及资源的影响效应有限。因为我国存量集体经营性建设用地的规模有限;反观之,大量闲置及粗放利用的农村宅基地却成为严重制约城乡融合发展的关键。而新修订的《土地管理法》也明确为下一步宅基地改革留存了制度腾挪的空间。在实践层面,近几年"三块地"改革在各地深入试点并已逐步探索宅基地使用权市场化改革的多种路径。因而,如何进一步将农民宅基地用益物权制度的完善,并与当前集体经营性建设用地入市制度对接,将是"三块地"改革试点后农村产权制度改革与乡村振兴战略的重要支撑点。

一、我国当前农村宅基地产权改革的若干争论

学界当前围绕我国农村宅基地产权改革的学术成果及研究动态归纳起来

主要聚焦于以下三点：宅基地是否需要产权改革、产权改革的重点、宅基地产权改革中的风险防范。

一是当前我国农村宅基地产权制度需不需要进行改革？虽然双方对我国当前农村宅基地闲置问题已不存异议，但对是否需要产权改革仍交锋激烈。反对宅基地产权改革的观点认为，农村宅基地所有权与使用权从权属上本身就不能对外流转，宅基地"两权分离"条件下的市场化流转必然瓦解宅基地集体所有权及成员权；而且，集体产权下的宅基地使用权的转让不具有纯粹的私权性质（陈锡文，2018；桂华，2016）。从流转风险考量，农村闲置宅基地承担着农村住房保障，即农民工城乡流动的"减压池"的作用，市场化流转势必造成部分农民城市化破产后不可预期的住房保障风险（贺雪峰，2014）。而赞成宅基地产权制度改革的观点认为，1962 年计划经济时期《农村人民公社工作条例修正草案》发布至今，宅基地所有权与使用权两权分离的制度架构，经历我国工业化、市场化、城市化及乡村振兴四个周期，制度边际收益递减条件下需要以市场化配置资源方式对宅基地产权制度进行建构以适应经济转型（周其仁，2014；刘守英，2017）。显然，理论交锋的双方都是站在保护农民利益的立场上，却得出了截然不同的结论，而农民住房保障却是宅基地产权改革中不得不充分重视的核心问题。

二是聚焦于如果进行宅基地产权制度改革，那么产权改革的重点是什么？国外文献重点关注的是土地发展权及交易。菲尔德（Field）首次从宏观上论证了区域间的土地发展权交易有助于增进社会总福利。卢博夫斯基（Lubowski）建构了一个标准化的两区域土地复垦与指标交易的模型（Barry C. Field，1975；Ruben N. Lubowski，2002）。因而，国内一种观点认为当前宅基地产权制度改革的重点是农村建设用地指标的市场化流转及城乡整合（陆铭，2017）。而另一种观点则认为，农村宅基地产权制度改革的重心始终是宅基地基础性物权制度的构建，即宅基地使用权占有、使用、收益、处分完整意义用益物权，土地发展权也必须以基础的物权制度为基础（党国英，2017；蔡继明，2015）。琳达等（Linda et al.）对土地发展权的研究也得出权利边界不明晰的城乡建设用地指标交易并没有从根本上改善利益的分配结构的结论（Linda & Virginaia McConnell，2006）。在产权改革的力度方面，有些学者主张在两权模式下一步到位给予农户完整的宅基地使用权产权物权（蔡继明，2015；刘守英，2017）。此外，通过宅基地产权改革需"强化"宅基地集体所有权人的资源配置功能。宅基地集体所有权主体具有怀特等（Wright et al.）所提出的资源空间配置的独特优势（宋戈，2016）。综上，我们认为宅基地产权改革要建构宅基地所有权人与使用权人双层的农村建设用地资源配置模式与城乡一体的建设用地市场体制。有些学者则主张通过引入"资格权"形成三权分置改革模式（岳永兵，2018）。综上分析，农村宅基地基础性物权制度的完善必然是当前产权改革的重心，而片面强调土地发展权实质上依然是城市优先的发展模式。

三是农民住房保障是否在宅基地产权改革中有缺失的风险。毋庸置疑，这是宅基地产权改革中重要的争议点。第一种观点：农民自我保障。其认为农民是理性的，宅基地可以入市仅意味着农民增加了更多的交易选择权，宅基地的住房保障与财产权功能完全可以通过主体市场决策内生化而达到均衡（周其仁，2014；宋志红，2017）。第二种观点：城镇住房保障。其主张将宅基地产权改革与城市住房保障联动，即政府主导农民退出宅基地并在城镇获得住房保障，近年来的宅基地换房、指标挂钩、两分两换等地方性制度变迁都可归为此种（曲福田，2014）。第三种观点虽然还未有理论成果呈现，但近两年在 15 个宅基地改革试点区已有实验即在宅基地使用权流转前设置住房保障门槛"条件"：宅基地使用权出让方必须满足特定的住房保障条件才允许上市交易。我们认为，以上三种观点都没能从集体产权制度的意涵中理解农民住房保障，而这恰是宅基地"三权分置"产权改革的重点。结合以上，我国宅基地产权改革的核心依然是效率与公平问题，宅基地"三权分置"产权改革须对此进行清晰的理论回应。

二、2020 年修订的《土地管理法》与宅基地使用权流转的制度空间

（一）从城市优先到城乡融合发展的高质量发展新阶段

土地要素是生产函数中的重要因素。如果我们将关于土地资源配置的改革发展进程划分为几个阶段，那么从 1978 年到 1998 年我国农村承包制改革和乡镇企业发展是改革开放的 1.0 阶段。从 1978 年农村土地承包制改革到 1987 年我国《土地管理法》的正式颁布，到 1998 年《土地管理法》修订，改革开放的第一个 20 年，我国城乡建设用地资源的配置的特征可以概括为城乡国有和集体土地改革同步。具体可参见 1988 年的《土地管理法》，《土地管理法》第三十六条规定，"全民所有制企业、城市集体所有制企业同农业

经济组织共同投资兴办的联营企业，需要集体所有企业的，可以按照国家建设征用土地的规定实行征用，也可以由农业集体经济组织按照协议将土地的使用权作为联营条件"。可以征用为国有，也可以保持集体所有制的形式直接参与工业化进程。

1998～2018 年，可以称为城乡建设用地资源配置改革的 2.0 阶段。早在本世纪初，党中央着手对城乡关系作出重大调整。2002 年，党的十六大提出统筹城乡发展，2005 年进行社会主义新农村建设，2007 年党的十七大提出推进城乡一体化进程。这个阶段的典型特征是工业化和城市化进程高速发展、耕地资源锐减威胁国家粮食安全、非农产业区位集聚效应凸显，产业加速向大中城市集聚。在此背景下，1998 年国家对《土地管理法》进行了修订。1998 年《土地管理法》第四十三条规定，除了村民住宅用地、乡村公共设施和公益事业用地，"任何单位和个人进行建设，需要使用土地的，必须依法申请使用国有土地"。（空间城市化：土地财政、土地金融）这并不是基于城乡融合发展，而是城市优先发展的路径。我国经济发展的重心从农村转向城市。事实上，城市优先、城乡分割并不是中国特色，因为马克思在 200 年前就指出西方资本主义抗衡不了城乡分割，这是它自身无法克服的"顽疾"。只是在后工业化时期才渐渐开始城乡融合，所以我们应该基于生产力的特定发展阶段特征这一更大的视野去研究这个问题。

从 2018 年开始，可以称为城乡建设用地资源配置改革 3.0 阶段。2017 年，党的十九大明确提出要城乡融合发展。城乡融合发展日益成为党和国家的工作重心之一。特别是党的十九届四中全会以后，国家也出台了一系列关于城乡融合发展的重要政策文件，如中共中央、国务院《关于实施乡村振兴战略的意见》（2018）、中共中央、国务院出台《关于建立更加有效的区域协调发展新机制的意见》（2018）、中共中央、国务院《关于建立健全城乡融合发展体制机制和政策体系的意见》（2019）、中共中央、国务院《关于构建更加完善的要素市场化配置体制机制的意见》（2020）、中共中央、国务院《关于新时代加快完善社会主义市场经济体制的意见》（2020）。特别是通过了新修订的《土地管理法》，该法对征地制度进行了重大改革，这标志着城乡建设用地资源配置模式从城市优先发展迈向城乡融合发展的改革新阶段，进一步完善了要素市场化配置的体制机制，是城乡建设用地资源配置改革 3.0 阶段的典型特征。其目标就是建立开放竞争、城乡统一的建设用地市场，维护社会公平正义，激发社会活力和创造力。

（二）2020 年修订的《土地管理法》制度框架下的农村经营性建设用地制度建构

2020 年修订的《土地管理法》，对城乡建设用地及征地制度进行重大改革。一是农民的土地财产权的货币补偿价值的提高与保障方式的多元化。在过去相当长的一个时期，我们以牺牲农民利益为代价实施经济赶超战略。以传统的征地制度为例：被征地长期以来按前三年平均年产值的 6~10 倍给予补偿。而这次《土地管理法》修正案明确规定：征收土地应当给予公平合理的补偿，保障被征地农民原有生活水平不降低，实质上就是保障农民的土地财产权利。

二是删除了长期以来工业化必须使用国有土地的刚性征地原则。新的《土地管理法》已经删去原第 43 条"任何单位和个人建设，需要使用土地的，必须依法申请使用国有土地"的刚性征地约束，并在修正案第六十三条规定"经依法登记的集体经营性建设用地，土地所有权人可以通过出让、出租等方式将其使用权交其他单位或个人用于非农业建设"。可以预期，2020 年修订的《土地管理法》颁布后，将会大大缩减征地规模和缩小征地范围，完善要素市场化配置的体制机制，对建立开放竞争、城乡统一的建设用地市场有重要意义。随着"三块地"试点，集体经营性建设用地的用益物权正在逐步完善。允许存量的集体经营性建设用地入市，才能有效弥补我国工业化后期阶段建设用地需求缺口。随着《土地管理法》的修订，今后将从法律制度层面破除集体经营性建设用地使用权的市场化流转入市的制度障碍，这将是乡村振兴及城乡融合发展的一项重大制度改革。

三是 2020 年修订的《土地管理法》探索了农村集体经营性建设用地参与城市化及乡村振兴战略的可行路径。《土地管理法》第六十三条明确规定，"土地利用总体规划、城乡规划确定为工业、商业等经营性用途，并经依法登记的集体经营性建设用地，土地所有权人可以通过出让、出租等方式交由单位或者个人使用……通过出让等方式取得的集体经营性建设用地使用权可以转让、互换、出资、赠与或者抵押……集体经营性建设用地的出租，集体建设用地使用权的出让及其最高年限、转让、互换、出资、赠与、抵押等，参照同类用途的国有建设用地执行"。这些制度变迁的核心，就是围绕城乡融合发展模式下有效建立城乡一体化的建设用地市场而进行的制度建构。

（三）2020 年修订的《土地管理法》对农村宅基地使用权配置的弹性空间

农村宅基地是农村建设用地的重要组成部分。在我国农村现有的约占城市建设用地总量的 3.6 倍规模的集体建设用地中，70% 以上的为宅基地。只有深化农村宅基地改革，才能扩大未来可预期的集体经营性建设用地规模。

与农村经营性建设用地的重大改革形成鲜明对照的是，2020 年修订的《土地管理法》对宅基地的体制改革，遵循以"稳"为主。本次《土地管理法》修正案的主要着力点在土地征用及集体经营性建设用地两部分，可以看出，宅基地作为"三块地"改革的重要组成部分，并不是此次《土地管理法》修法的重点。特别是从第六十二条第六款"国务院农业农村主管部门负责全国农村宅基地改革和管理有关工作"中可以看出，此次《土地管理法》修订有关宅基地方面依然是一个信息量巨大但相对不完善的制度设计。这也为宅基地使用权赋权留下了制度空间及进一步深化改革的可能性。

一方面，与农地"三权分置"相对应的宅基地"三权分置"并没有正式写入新修订的《土地管理法》。《土地管理法》依然延续了 20 世纪 60 年代《农村人民公社工作条例修正草案》（1962）到所形成的宅基地农民集体所有权和使用权"两权分离"的基本制度架构。其中新修订的《土地管理法》第六十二条依然沿革了农村村民一户只能拥有一处宅基地（第一款），农村村民出卖、出租、赠与住宅后，再申请宅基地的，不予批准（第五款）的制度规定。"稳"字当头，可以看出农村宅基地制度改革利益牵扯较多，需要徐徐图之。一是多年来累积的农民集体内部的宅基地利益关系复杂。集中表现为宅基地超标、一户多宅、违反一户一宅法定规范现象普遍。以"三块地"改革 33 个试点县中的和林格尔县为例，截至 2017 年底，该县宅基地确权中实测宅基地 43024 宗，符合发证条件 25126 宗，占比仅为 58%；而不符合发证条件暂缓登记 17394 宗，占比超过 40%。二是宅基地隐形流转导致农民集体作为宅基地所有权人与集体外部利益关系人的法律关系日趋复杂。有学者做过近年来宅基地纠纷司法判决的案例统计，宅基地转让给本集体以外公民引发的司法纠纷占总纠纷案件的 70%。同时，地区差异与经济发展水平差异所形成的对宅基地社会保障功能与财产功能权重的认知差异增加了改革的难度。发达地区如浙江德清"三块地"改革试点仅两年，全县集体建设用地入市 122 宗共 800 余亩，农民和农民集体的纯收益超过 1.5 亿元，宅基地的财产功能凸显。而西部地区"三块地"33个试点区县，城市率却远远滞后，因而宅基地的社会保障功能权重更大。综上，宅基地改革调动各方积极性的地方政府激励相容的制度设计及改革时机的选择也很重要。

另一方面，2020年修订的《土地管理法》对农村宅基地使用权配置设置了弹性空间。增加了第六款：国家允许进城落户的农村村民依法自愿有偿退出宅基地，鼓励农村集体经济组织及其成员盘活利用闲置宅基地和闲置住宅。需要说明的是，在第一次征求意见稿中（2017年5月），第六款为"国家鼓励进城居住的农村村民依法自愿有偿退出宅基地。腾退出的宅基地可以由本集体经济组织与宅基地使用权人协商回购，主要用于满足本集体内部的宅基地再分配，或者根据国家有关规定整理利用"。在第二次专家征求意见稿中（2018年5月）去掉了第六款的"回购"部分，只保留了"国家鼓励进城居住的农村村民依法自愿有偿退出宅基地"。经过第三次征求意见并在2019年8月通过的修正案中正式成文为"国家允许进城落户的农村村民依法自愿有偿退出宅基地，鼓励农村集体经济组织及其成员盘活利用闲置宅基地和闲置住宅"。最终，新修订的《土地管理法》规定，国家允许进城落户的农村村民依法自愿有偿退出宅基地，鼓励农村集体经济组织及其成员盘活利用闲置宅基地和闲置住宅。

宅基地使用权赋权的制度空间。新的《土地管理法》逐步确立了宅基地使用权配置的双层模式。第一个层面是以农户为主导的模式。农村村民可以依法依规出卖、出租、赠与住宅，同时鼓励集体成员盘活利用闲置宅基地和闲置住宅。第二个层面是以集体为主导的模式，即国家允许进城落户的农村村民依法自愿有偿退出宅基地，同时也鼓励农村集体经济组织盘活利用闲置宅基地和闲置住宅。第二层面以集体为主导的模式是旧版的《土地管理法》所没有的。关于城市化背景下农民如何退出宅基地，法条的表述非常慎重。在第一次征求意见稿中是"国家鼓励进城居住的农村村民依法自愿有偿退出宅基地。腾退出的宅基地可以由本集体经济组织与宅基地使用权人协商回购，主要用于满足本集体内部的宅基地再分配，或者根据国家有关规定整理利用"。但在第二次专家征求意见稿中就去掉了第六款的"回购"部分，依然保留了"国家鼓励进城居住的农村村民依法自愿有偿退出宅基地"。但最终的修正案正式成文为"国家允许进城落户的农村村民依法自愿有偿退出宅基地"。从某种意义上讲，2020年实施的新《土地管理法》，尝试着农村宅基地改革与集体经营性建设用地入市的联动效应。但宅基地的改革还未最终定型。宅基地无论是退出还是交易，其微观市场机制及法律的衔接均不明晰。物权关系如何界定、房地关系如何界定、宅基地流转交易的机制等在《土地管理法》中都没有进一步阐明。如果继续参看《物权法》《城市房地产管理法》《担保法》，则同样语焉不详。也正因为如此，新《土地管理法》第六十二条尾款还增设了"国务院农村主管部门负责农村宅基地改革和管理的相关工作"这一表述。

三、乡村振兴与宅基地使用权 流转的资源配置需求

（一）农村宅基地使用权流转的现实需求

2020 年，我国已达成《国家新型城镇化规划》中 2020 年实现常住人口城镇化率达到 60% 的目标。我国城市化率过去 30 年年均增长 1.2 个百分点，过去 10 年年均增长 1.36 个百分点，农业转移人口和其他常住人口每年超过 2000 万人实现城镇化。目前我国的城市化进程仅仅达到世界平均水平，而人口城市化的趋势不会改变。

宅基地作为城乡居民重要的家庭财产形式，已经成为家庭财产收入及经济决策的重要依据。20 世纪 90 年代我国"房改"以来，我国城市居民住宅市场化体制改革不断深化。通过征地制度下的土地使用权招拍挂，城市住宅在土地国有产权的基础上，使用权的流转已经完全的市场化。房产的流通不仅有一级房地产市场，还有规范的二手房市场。城市住房的所有权经过市场化的流转，已经充分地分化出使用权、抵押权、继承权等相对完善的产权体系与不动产登记制度。在城市商品房市场充分发育的同时，城市保障性住房体系也日趋完善。2008 年起全国保障性住房建设规模大幅增长，截至 2015 年末，全国保障性住房（包含棚改房）共计 8000 万套左右。保障房使约 22% 的城镇中等偏下和低收入住房困难家庭受益。

在城市房地产产权规范化、市场化的同时，我国农村居民的住房制度与市场化的流转体系却十分滞后，这已经不适应市场经济体制及城市化进程的需要。虽然《土地管理法》规定"农村居民出卖、出租住房后，再申请宅基地的，不予批准"（第六十二条），法律层面并没有限制宅基地使用权的转让，但宅基地的使用权人想要转让宅基地的使用权，除了遵守《土地管理法》等法律外，还要遵守国家有关规定，如 2004 年《国务院关于深化改革

严格土地管理的决定》"改革和完善农村宅基地审批制度，加强农村宅基地管理，禁止城镇居民在农村购置宅基地"，2004 年国土资源部《关于加强农村宅基地管理的意见》"严禁城镇居民在农村购置宅基地，严禁为城镇居民在农村购买和违法建造的住宅发放土地使用证"。

由于城乡住宅用地流转的"双轨制"，一方面，城市住宅体制带动固定资产投资与城市住房市场稳步发展。房地产业投资规模占 GDP 总量的 14.5%，房地产投资占 GDP 的比例甚至仅次于制造业。另一方面，农村宅基地闲置状况却愈发严重。宅基地闲置从资源配置的层面致使城乡土地要素配置失衡，且其会导致资产流动性滞后、农民的财产性收入无法得到有效实现。据钟伟估计：目前我国城镇居民人均拥有财富量约为 23 万元，其中确权财富人均约为 20 万元；农村居民人均拥有财富约为 17.5 万元，其中确权财富仅为人均 5 万元。通过以宅基地使用权流转为核心的制度改革，保障农民的土地财产权利，扩大其财产收入的渠道，为农民带来更多的财产性收益。杨君（2015）在农村宅基地是否闲置的大样本随机抽样中，对全国 64 个县的 162 个行政村进行随机抽样，统计推断认为：我国目前农村宅基地的平均空心化率为 10.15%。根据空心化率的分等，41.98% 的村庄宅基地都出现了轻度空心化，26.54% 的村庄宅基地出现了中度空心化，9.26% 的村庄宅基地发生重度空心化。在我国东、中、西部农村地区分布中，宅基地的空心化率分别为 14.82%、9.11% 和 7.15%，而经济发达板块的东部地区的宅基地空心化率是最高的。

固定居所的"保障"功能弱化，已不能适应市场经济条件下职业和身份变更的需要。正如赫尔南多·德·索托所指出的，大多数转型国家正是由于市场交易制度的缺失，导致大量存量的资产是以僵化的、凝固的形式存在的。而进入城市的农民在宅基地保障功能弱化的同时，对宅基地使用权流动性等相应的"资产"功能的需求增加。宅基地上的闲置农房是乡村振兴战略实施最现实的资产组合形式，宅基地与农民的财产性收入的增长也最为直接。因而，乡村振兴战略的推进在制度需求上要求宅基地改革与之合拍，围绕公平、效率、住房保障、城乡融合等方面进行协同性制度设计，实践层面不断试点检验、校准纠偏、消除扰动，通过宅基地"三权分置"支撑乡村产业振兴、生态宜居、乡风文明、治理有效与生活富裕的总目标。

（二）宅基地长期使用与限制流转的矛盾

1962 年计划经济时期《农村人民公社工作条例修正草案》所形成的宅基

地农民集体所有权和使用权的"两权分离",即"集体所有、成员使用、无偿取得、限制流转",这种沿革了半个世纪的宅基地所有权和使用权"两权分置"的制度架构,在城乡分割、人口流动固化的"乡土"中国阶段,是保障农业生产与社会稳定的重要基石。而在城乡融合特征的"城乡"中国阶段,宅基地"两权分离"制度收益递减与宅基地双向配置失灵。

现行宅基地两权分离条件下的"混同"均衡与资源错配主要表现在三方面。

一是宅基地"无偿"取得与"一户一宅"目标相背离。与城市住房改革国有土地使用权的有偿使用相反,长期以来我国农村宅基地使用权是"无偿的"取得的。宅基地无偿取得的前提是要满足农村"分户"条件,另外必须是本集体成员。宅基地无偿的福利分配,导致人口扩张推动的粗放型宅基地刚性增长模式,大量占用农村集体土地资源,形成类似"公地悲剧"效应。农村宅基地的"无偿"取得制度、代际继承等历史原因以及宅基地的内部流转机制,导致难以实现"一户一宅"的目标。一些欠发达地区普遍存在宅基地超标、一户多宅等现象;而经济发达地区则表现为宅基地短缺与一户多宅现象并存。

二是宅基地长期使用与限制流转的矛盾。与城市宅基地使用权的期限限制(70年)及自由流转相区别,农村宅基地原则上可以长期使用却限制流转。城市居民住宅的财富效应是与较为完善的住房产权制度联系在一起的,城市住宅用地在土地性质上虽为国家所有,但使用权的流转已经完全的市场化。《房地产管理法》第三十二条规定:房地产转让、抵押时,房屋的所有权和该房屋占用范围内的土地使用权同时转让、抵押;《担保法》第三十六条中规定:以依法取得的国有土地上的房屋抵押的,该房屋占用范围内的国有土地使用权同时抵押;《物权法》第一百八十二条规定:以建筑物抵押的,该建筑物占用范围内的建设用地使用权一并抵押。虽然《物权法》中单列了农村"宅基地使用权",并规定"宅基地使用权的取得、行使和转让,适用土地管理法等法律和国家有关规定"(第一百五十三条),但农村宅基地使用权的流转受到了国家法规文件较为严格的限制。正如赫尔南多·德·索托所指出的,大多数转型国家正是由于市场交易制度的缺失,导致大量存量的资产是以僵化的、凝固的形式存在。具体如表4-1所示。

三是"乡土"中国向"城乡"中国转变的社会保障负担风险。通过限制流转,地方政府能通过宅基地保障减少公共财政性保障支出。从"60条"到目前的农村土地管理制度,其制度设定的前提假设是把农村的宅基地定位于基本的社会保障功能。计划经济时期由于城乡分割和商品经济的落后，保障低收入的农民具有基本的居住权是政府管理社会的一项基本功能。在计划经济年代，由于国家公共财政不足，货币性的社会保障覆盖面不足，宅基地就长期行使着农村居民的居住保障功能。在限制宅基地流动的基础上，也严格限制农村人口和其他要素向城市流动。如果大力推动宅基地使用权交易的市场化进程，可能导致部分承担居住保障功能的宅基地使用权的丧失。这必然会加重地方政府的保障性财政支出规模。地方政府为了规避农村居民宅基地交易所引发的财政支出风险，一般会选择刻意强化宅基地的保障性功能而忽视其商品性功能的发挥。

表 4 – 1　　　　　　我国宅基地使用权流转与承包权流转的制度差异

对比项	产权性质	城市/农村	成员权	流转难度
农户承包权	集体	农村	特定集体成员权	不大
农户宅基地	集体	农村	特定集体成员权	大
城市国有土地	国家所有	城市	无	不大

在传统"乡土"中国下的农业社会，特定的社会发展阶段决定了静态的土地和劳动力的固定组合模式，客观上宅基地使用权流转仅仅是小范围的。随着我国经济发展，"乡土"中国向"城乡"中国转变，宅基地流转对农村住房保障功能的替代，对增加农民市民化进程的财产性收入及完善城乡联动的住房保障体系具有重要意义。

四、中国特色要素市场与宅基地"三权分置"

（一）构建土地公有制下中国特色的宅基地流转制度

2018 年，《中共中央 国务院关于实施乡村振兴战略的意见》正式提出宅基地"三权分置"。农村宅基地"三权分置"产权改革是将"两权分置"中的使用权进一步细分为福利特征的宅基地"资格权"与更具有物权化特征并可适度流转的新的宅基地使用权，进而形成宅基地所有权、农户宅基地资格权与宅基地使用权三层产权架构。表示我国将在农地"三权分置"后积极探索宅基地所有权、资格权、使用权的"三权分置"，落实宅基地集体所有权，保障宅基地农户资格权，适度放活宅基地和农民房屋使用权。根据 2020 年新修订的《土地管理法》第六十二条第七款规定，国务院农业农村主管部门负责全国农村宅基地的改革和管理有关工作，农业农村部2020年将继续推进农村宅基地制度试点，将在原有33个试点县（市、区）的基础上，再选择一批重点地区开展新一轮农村宅基地制度改革试点，指导试点地区在落实宅基地集体所有权和保障宅基地农户资格权基础上，探索宅基地使用权流转的制度安排和具体路径。

农村宅基地使用权流转，要在改革的总体框架内寻求最优解。改革的总体框架是坚持土地公有制性质不改变、耕地红线不突破、农民利益不受损三条底线。而资源、环境与发展阶段，是我国目前经济改革的约束条件。农村宅基地制度改革涉及重大利益关系调整，一方面要通过深化改革破除制度障碍，激活农村沉睡的土地资产。另一方面要认识到，宅基地"三权分置"是农村土地改革从承包地向农村建设用地推进的制度演进过程，是从"乡土"中国向"城乡"中国的转变重大的制度创新。从乡村"熟人"社会向现代市场经济条件下"契约"型社会的演进是随着市场分工深化而自然分层并独立化的过程。正如诺斯所言，为了实现经济增长，一个社会的制度供给应该不断适应要素相对价格的变化。通过探索宅基地所有权、资格权、使用权"三权分置"，在城乡人口双向流动与产业转型中，建立城乡统一的建设用地市场，不仅有助于土地、人口、资本在城乡之间的动态配置，而且使农村建设用地资源能更好地服务于我国乡村振兴战略。具体如表4-2所示。

表4-2　　　　　　　　　　　城乡融合过程

乡土中国时期		城乡中国时期	
权利束	功能	权利束	功能
所有权	在资源配置的层面被虚置	所有权	土地一二级市场统分结合
使用权	住房保障	资格权	住房保障 农民富裕
	乡村产业凋敝	使用权	产业兴旺
	内卷式的城乡分割		开放式的城乡融合

（二）宅基地地权分层：市场经济与住房保障的动态契合

正如赫尔南多·德·索托所指出的，大多数转型国家正是由于市场交易制度的缺失，导致大量存量的资产以僵化的、凝固的形式存在。传统的农村宅基地两权分离，在城乡中国视域下，表现为一种非最优均衡路径的"混同"均衡。混同均衡就是参与人在均衡中都采用相同的策略，而且这种策略不是帕累托最优的。在乡土中国农业社会下，这种效率的差异不明显，但在城乡中国的动态视角下，这种混同均衡就缺乏效率。宅基地所有权和使用权"两权分离"的基本制度架构，将宅基地"成员权"福利与物权属性的"财产权"嵌入农户宅基地使用权，导致制度收益递减与宅基地双向配置失灵。宅基地"两权分离"的制度架构不仅难以实现宅基地的居住保障功能，更难以实现宅基地财产收益功能。

农村宅基地"三权分置"的核心，是将"两权分置"中福利特征的宅基地"成员权"从宅基地使用权中分离出来，进而形成宅基地所有权、农户宅基地资格权与宅基地使用权三层产权架构。可以对照农地三权分置中设置的新的承包权，将承包经营权分解为承包权与经营权。农地三权分置中的经营权流转不影响农户的承包权。宅基地使用权中分离出福利属性的宅基地"资格权"，两权下的混合型的制度非均衡向"三权"下的分离型的制度均衡的转变，有助于形成激励相容的制度供给。传统的两权模式下宅基地成员权与财产权之间的矛盾在宅基地"三权分置"后，便外化为农户宅基地使用权流转后农民集体组织能否基于集体"成员权"进行有效的住房保障。宅基地"三权分置"中分置的农户宅基地"资格权"，内在的要求宅基地"三权分置"改革与农村的住房保障要同步跟进，构建宅基地使用权流转的风险防护网，即类似城市住房保障的农村集体福利保障体制。就国家层面而言，社会救助本身就是我国社会保障体系必不可少的内容。而宅基地"三权分置"改革后基于资格权的这种住房救济原则，不论从社会层面，还是从集体经济组织层面进行建构都必不可少。

宅基地"使用权"的市场化流转制度。宅基地"三权分置"后，农户宅基地使用权的去"身份化"使其财产权特征与资源配置功能日益凸显。宅基地"三权分置"不仅保障了宅基地集体所有权主体的资源配置功能，而且最大限度地保障了农户宅基地用益物权和农民房屋财产权。保障农民宅基地用益物权去身份化的产权制度改革。一是直接赋权流转模式。若赋予农村宅基地使用权与城市住宅建设用地使用权同等的用益物权能，在《物权法》上，应将两权合并为一权，统称为"宅基建设用地使用权"，载体可以是国有土地，也可以是集体土地。二是间接流转机制。通过与集体经营性建设用地市场对接的间接融入机制与逐步商品化模式，激发农村存量宅基地进入增量农村经营性建设用地一级二级市场。基于合市场机制的地权分层，推进农村二三产业的融合发展。具体如图4-1所示。

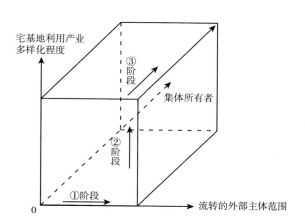

宅基地利用产业
多样化程度

③阶段

集体所有者

②阶段

①阶段

0

流转的外部主体范围

图4-1 宅基地"三权分置"下使用权的三维流转

（三）权利的分层与多元市场主体集体产权主体的激活

宅基地属于农村集体产权性质的土地，在宅基地三权分置模式下，可以通过权利的分层，激活多元市场主体。

首先，集体产权主体一级市场的激活。宅基地所有权人产权功能的缺失是两权分置的典型特征，这使得集体产权制度只具有静态的价值维度。"三权分置"要使宅基地"所有权"人不仅在收益分配中，而且要在资源配置中承担重要职能。政府主导的宅基地退出——收购模式的双边市场平台能够通过产权界定—农户决策—平台运行—利益分配—资源优化—城市融入的联动机制实现多元主体利益的最大化。政府主导的宅基地收储模式的双边市场平台，可以借鉴怀特和阿姆斯特郎（Wright & Armstrong，2007）提出的双边市场理论，构建农户—平台—政府三方协同的宅基地收储模式的双边平台。一是"化零为整"，盘活零散宅基地促进城乡建设用地资源的结构优化与集约利用。二是依托双边交易平台实现多主体收益最大化：集体经济组织作为土地所有权主体收回复垦后的农地进行规模化经营、农户获得宅基地用益物权的资产价值及房屋补偿、地方政府获得建设用地指标发展经济、中央政府实现耕地保护与城乡建设用地的优化配置。平台不仅可以进行农村宅基地退出的实物交易，还可以进行指标交易，甚至可以异地交易，实现集体经营性建设用地一级市场与二级市场的联动。

其次，宅基地二级市场的激活。基于起点公平原则的农户宅基地使用权确权，不仅有助于避免集体土地"公地悲剧"，缓解部分宅基地超标使用与增量宅基地刚性需求之间的矛盾，也有助于在宅基地"三权分置"改革中探索直接入市和转权的农村集体经营性建设用地入市模式，在盘活闲置资源过程中通过确权明细权利促进市场发育，形成良性的收入分配格局。国办、农业农村部先后出台了《国务院办公厅关于推进农村一二三产业融合发展的指导意见》《国务院办公厅关于支持返乡下乡人员创业创新 促进农村一二三产业融合发展的意见》《关于积极稳妥做好农村闲置宅基地和闲置住宅盘活利用工作的通知》。这些文件的出台，为盘活农村闲置房地资源、促进乡村振兴提供了有力支撑。探索农村集体经济组织及其成员通过自营、出租、入股、合作等多种方式、盘活利用农村闲置宅基地和闲置住宅发展乡村产业的有效途径。建构农村宅基地"所有权"人统分结合的双层资源配置形式，即农村宅基地"所有权"人的产权实现形式与统分结合的双层资源配置形式，以振兴集体经济与助力乡村发展。

（四）房屋财产权与宅基地使用权流转中的房—地关系

20 世纪 90 年代我国"房改"以来，房地产一级市场虽然具有高度垄断性，但其市场体制已逐步完善。但在农村住房领域，仍然存在着农民宅基地与地上房屋权利关系的分割与错配现象。在国家出台的宅基地"三权分置"政策表述中，保障宅基地农户资格权和农民房屋财产权两者是放在一起使用的，需要区分地随房走、房随地走，还是房地一体。

我国《房地产管理法》第三十一条规定，房地产转让、抵押时，房屋的所有权和该房屋占用范围内的土地使用权同时转让、抵押。同时，《物权法》和《担保法》也对房地关系进行了明确规范。《担保法》第三十六条规定：以依法取得的国有土地上的房屋抵押的，该房屋占用范围内的国有土地使用权同时抵押。《物权法》第一百四十六条规定，建设用地使用权转让、互换、出资或者赠与的，附着于该土地上的建筑物、构筑物及其附属设施一并处分。第一百四十七条规定：建筑物、构筑物及其附属设施转让、互换、出资或者赠与的，该建筑物、构筑物及其附属设施占用范围内的建设用地使用权一并处分。第一百八十二条规定：以建筑物抵押的，该建筑物占用范围内的建设用地使用权一并抵押。可见，正式的表述实际上不仅涉及"三权"，而且涉及第"四权"，即在土地权利的基础上还包括农民房屋"所有权"。明确宅基地房屋所有权与土地使用权的关系，对宅基地使用权流转至关重要。

五、宅基地"三权分置"与地方试点实验

党的十八届三中全会以来，我国进入了全面深化改革的新时期，深化农村土地制度改革，就是其中一项的重要内容。2014 年底，中共中央国务院出台了《关于农村土地征收、集体经营性建设用地入市、宅基地制度改革试点工作的意见》。2015 年初，全国人大常委会即授权国务院在全国 33 个县市区进行农村土地、农村集体经营性建设用地入市以及农村宅基地制度，即"三块地"改革试点。2017 年《中共中央　国务院关于深入推进农业供给侧结构性改革　加快培育农业农村发展新动能的若干意见》又将试点初期的"三块地"分割试点扩展至 33 个县统筹协调推进。改革坚持自上而下的顶层设计与自下而上的探索的双向互动。"三块地"改革选择在全国不同区域封闭试点实验，其目的就是在实践中探索并形成可复制的经验以资借鉴。

（一）分权模式：宅基地"三权分置"制度架构

2018 年 1 月，在全国国土资源工作会议上，国土资源部部长姜大明首次提出宅基地"三权分置"概念，并表示我国将在农地"三权分置"后积极探索宅基地所有权、资格权、使用权的"三权分置"，落实宅基地集体所有权，保障宅基地农户资格权，适度放活宅基地和农民房屋使用权。2018 年 2 月，中央正式提出：完善农民闲置宅基地和闲置农房政策，探索宅基地所有权、资格权、使用权"三权分置"，落实宅基地集体所有权，保障宅基地农户资格权和农民房屋财产权，适度放活宅基地和农民房屋使用权。可以看出，正式的表述实际上不是"三权"，而是"五权"，即在土地权利的基础上还包括农民房屋"所有权"和农民房屋"使用权"。只要权利的边界足够清晰，权利的分离本质上是一个随着经济交易及市场分工深化而自然的分层过程。党的十七大已提出"坚持平等保护物权，形成各种所有制经济平等竞争、相互促进新局面"。同年颁布的《物权法》总则第三条"国家实行社会主义市场经济，保障一切市场主体的平等法律地位和发展权利"。当前，城乡融合迟滞的主要障碍依然突出地表现为集体土地与国有土地在城乡融合发展中产权制度的不平等。因而，去除宅基地使用权的"身份化"特征，赋予宅基地使用权可市场化交易的用益物权，从而使农村宅基地使用权与城市住宅建设用

地使用权逐步具有同等的用益物权。

在传统的两权模式下，宅基地使用权由于同时兼具住房保障与财产属性二元化特征，"限制流转"为特征的农户宅基地使用权通过限制农户宅基地占有、使用、收益、处分用益物权中的收益权与处分权，进而后两项才能维护集体产权制度。宅基地"三权分置"后，农户宅基地使用权的去"身份化"使其财产权特征与资源配置功能日益凸显。通过渐进式的产权制度设计，即宅基地管理政策、城乡基准地价及《物权法》与《土地管理法》的修订，使农户宅基地使用权具备市场化的商品属性。通过间接融入的机制与逐步商品化模式的集体经营性建设用地市场对接，激发农村建设用地二级市场的活力。具体如表4－3所示。

表4－3　　　　　　　　我国宅基地土地产权制度差异

对比项	上位权利 ＞ 中位权利 ＞ 下位权利			逻辑
农户承包权	所有权	承包权	经营权	√
农户宅基地	所有权	资格权	使用权	争议

（二）宅基地二级市场资源配置中市场机制的完善

一是基准地价原则。2020年修订的《土地管理法》征求意见稿第六十三条规定，设定集体土地所有权人在一级市场上可以通过出让、租赁、作价出资及入股等形式配置土地资源，同时，集体经营性建设用地使用权也可以在二级市场上进行转让、出租、抵押等市场化配置。因而，建立城乡统一的建设用地区域阶梯型基准地价，有助于农村集体经营性建设用地使用权资产价格机制的形成。2017年，浙江义乌率先进行了建立宅基地基准地价体系的探索试验。义乌的宅基地基准地价将全市宅基地分成价格差异化的九个区片，基准地价依次从2870元/平方米到25870元/平方米。义乌宅基地基准地价的建立，为正在试点的宅基地使用权抵押贷款提供了准确的资产价值标准。在今后的宅基地"三权分置"改革试点中，可以探索建立城乡同地同权同价的阶梯型基准地价体系，不仅有助于维护农民土地权益，而且也能最大限度地降低宅基地等用益物权的交易成本。

二是负面清单原则。我国土地资源紧缺，农村建设用地资源也必须集约利用。虽然2020年修订的《土地管理法》征求意见稿第六十三条规定"国家建立城乡统一的建设用地市场。符合土地利用总体规划的集体经营性建设用地,集体土地所有权人可以采取出让、租赁、作价出资或者入股的方式由单位或者个人使用",今后将从法律上清除长期以来集体经营性建设用地入市的制度障碍,但宅基地"三权分置"后的集体经营性建设用地入市十分有必要通过用途与规划管理实施负面清单管理原则。通过负面清单项目管理,严格约束农村经营性建设用地建别墅大院、私人会馆等浪费土地行为的发生。地方须基于城乡统一的建设用地市场法律框架,根据各地实际情况配置建设用地资源。另外,公共政策的政府规制层面避免部门分立"九龙治水",积极探索城市规划与乡镇规划、村庄规划、产业规划、生态保护等"多规合一",实现土地资源的市场化配置与政府规制的有机统一。

三是渐进式改革原则。产权制度不是孤立的,它与资源配置、经济激励与收入分配密切相连。2020年修订的《土地管理法》规定,在符合规划和用途管制前提下,允许农村集体经营性建设用地转让、出让、租赁、入股,实行与国有土地同等入市、同权同价。宅基地作为农村建设用地的重要组成部分,在宅基地三权分置使用权市场化流转中,可以通过渐进式的方式进行。方式一,宅基地使用权转变为集体经营性用地使用权后进行流转,可以称为"转权增利"模式。方式二,适度放宽的宅基地使用权交易的流转范围、流转主体、用途,在乡村振兴背景下让资本直接与农村土地二级市场上的宅基地使用权对接,可以称之为"赋权增利"模式。方式三,农村土地一级市场上的宅基地所有权主体的资源开发模式。

党的十八届三中全会提出,要紧紧围绕使市场在资源配置中起决定性作用来深化经济体制改革。十九届四中全会将社会主义市场经济体制上升为我国的基本经济制度。建立城乡统一的建设用地市场,更需要大力深化农民宅基地用益物权的市场化配置模式改革。土地使用权的流转即转让权是市场经济要素配置的核心,是基于分工、比较优势与交易的一种资源的组合模式。虽然修订的《土地管理法(修正案)》已经打通了集体经营性建设用地入市的通道,但符合土地利用总体规划及城乡规划的存量集体经营性建设用地的规模十分有限。如果将占农村建设用地总量的2/3以上的我国宅基地排除在外,那么改革的效果将大打折扣。2020年的《土地管理法(修正案)》规定农村村民出卖、出租、赠与住宅后,在申请宅基地的,不予批准;包括鼓励农村集体经济组织及其成员盘活利用闲置宅基地和闲置住宅。从法律规制上,并没有禁止宅基地使用权的转让。但在政府规制和法规文件上,目前有着严格的限制,最核心的一条就是不准城里人到农村购买宅基地。但随着乡村振兴战略的推进,如何留住下乡的人才、技术、资本?乡村振兴中的电商、民宿、餐饮、养老、科研、创意、文化产业等新兴业态如何与农村的建设用地资源融合发展，这是一个无法回避的问题。近几年的宅基地改革试点中，无论是宅基地使用权的"转权流转"，还是"分割流转"①，地方都在进行大胆的尝试。因为在我国城乡加速融合的新阶段，市场化配置的宅基地流转改革比任何阶段都更为迫切。只有将宅基地使用权的市场化流转与城乡统一的建设用地市场对接，才能形成最真实的价格机制与资源配置功能，也才能最充分地实现农民的财产权，也才能实现宅基地资源配置从锁死状态下的无效率混同均衡向基于农户偏好选择的"分离"型均衡的效率提升，使农村建设用地资源能更好地服务于乡村振兴及城市化进程。

（三）宅基地资格权与城乡联动的新型住房保障制度

住房保障始终是宅基地使用权物权化改革的最大制度障碍。宅基地"三权分置"改革也必然要回应这个核心问题。宅基地"资格权"从内涵上讲，内在地与住房保障功能相连接。宅基地"资格权"的核心制度功能之一就是构建新型的城乡住房保障机制。宅基地"资格权"从理论上不仅包括集体成员所享有的宅基地取得权、宅基地持有权，还包括宅基地使用权交易后集体成员所享有的风险救助层面的住房保障权。即使适度放活宅基地使用权后只发生"小概率"事件性质的住房风险，这也始终是宅基地"三权分置"产权改革中的理论重点。

坚持基于资格权的住房救济原则，是宅基地"三权分置"中需要坚持的底线思维。从国家的层面，住房保障和社会救助是我国社会保障体系必不可少的内容。浙江义乌的宅基地改革试点，要求农户宅基地使用权交易必须满足权益转让后仍有人均 15 平方米的住房保障面积。基于资格权的住房救济原则，内在的要求宅基地"三权分置"改革与农村的住房保障要同步跟进，构建宅基地使用权流转的风险防护网。基于资格权的新型住房保障与传统宅基地住房保障应有显著区别，其更应具有城乡联动性和社会住房保障性质。

（四）宅基地使用权流转中的政府规制与外部性治理原则

长期以来，政府在城乡土地资源配置中实施全面、全方位的管制。在这

---

① 转权流转即将宅基地使用权转为集体经营性建设用地之后，进行流转的方式，转让人在获得收益的同时，完全失去宅基地使用权。

种直接管制模式下，土地资源很难有市场配置的弹性空间。而减少政府对资源的直接配置，发挥市场机制在城乡土地资源配置中的决定性作用，政府应提升宏观层面上的土地空间分区和结构性配置。今后土地利用规划的功能定位要从原先承担的基本配置功能转变为市场配置的调控者、调节者。要通过城乡土地资源市场配置下的规划，调节城乡土地资源的总量利用、结构均衡、远景规划等。政府编制全国和区域、省级、地市级国土空间规划，指导和调控土地资源的开发、利用、整治、保护。另外，土地资源的市场配置模式下的指标管理，要从传统的指令性指标转变为指导性指标调控。规划要解决的核心问题是公共物品用地、负外部性生态建设、远景规划等。

在微观管制上，要着力解决与生态环境及环境污染等可能产生的负外部性问题的管制制度问题。可以借鉴市场经济国家土地分区制的用途管制规制，即对土地利用及使用方式的限制与负面清单管理，正确厘清政府与市场的关系。市县、乡镇级政府根据上级国土空间规划，编制土地分区规划，制定各分区的土地使用管制规则，企业和农村集体经济组织可以在自己的土地上，遵守分区的土地使用管制规则，自主编制土地利用规划，安排土地用途。政府要解决涉及公共物品的土地资源供给。纯公共物品用地如国防、国家安全、法律秩序等，是市场所不能提供的，必须由政府提供。政府要通过政策调控着力解决土地利用的负外部性问题，如生态环境和环境污染。市场经济条件下的土地管制是基于可能的"外部性"而产生，须通过政府合理的土地管制来弥补市场失灵，最终实现宏观土地资源在部门之间、区域间配置的均衡化。

六、代际"纵向"渐进式改革：农民市民化与宅基地房屋继承

（一）农村人口市民化进程中宅基地使用权继承的现实性

1997～2018 年，我国农村外出务工劳动力人数从 8300 万人增长至 2.7 亿人，其中相当一部分面临着是否进城落户的选择。当前学界考虑更多的是我国的城市户籍人口城市化率（42.35%）与常住人口的城镇化率（58.52%）的巨大差距，即如何将大部分"新市民"纳入城市当地的社会保障体系中来。但另一个问题是从农村的"转出"成本容易被忽视。这些转出成本主要

包括宅基地及房屋能否转让、进城落户宅基地房屋能否继承以及承包地能否转让。目前农村人口市民化进程中承包权的流转问题已基本理顺，宅基地及房屋能否转让目前看来难度依然很大，而笔者认为农村人口市民化进程中农村宅基地房屋的继承权问题可以成为现实的突破口。具体如表4-4所示。

表4-4 我国农村人口市民化与宅基地房屋继承

人口城市化进程与农村宅基地房屋继承情况分类	房屋现实的物理状态	继承人是否拥有修缮的权利	城市户籍人口是否具有宅基地的继承权	集体所有权人的行动	对应的农村集体组织
第一种情况	能够正常居住	/	房屋保持正常状态下可以继承	/	几乎所有农村集体组织
第二种情况	不能正常居住	没有修缮权	不能继承（房屋）	集体收回宅基地及房屋	保守型的集体组织
第三种情况	不能正常居住	可以简单修缮	可以继续继承（房屋）	/	包容型的集体组织
第四种情况	不能正常居住	可以大修	可以继续继承（房屋）	/	不存在

农村人口市民化进程中宅基地使用权的继承为什么具有改革现实性？一是宅基地使用权流转的主体相对"固定"。这部分主体不属于城里人到农村购宅基地的一般主体。这部分市民化人口与农村有着天然联系。农村是他们的"乡愁"，宅基地继承权的确立为新市民反哺农村、推进乡村振兴提供有力的支持。另外这部分人口相对固定，改革的涉及面相对可控。为城市人拥有农村宅基地提供了一条路径，也类似"集体经营性建设用地入市"这样的一条路径。二是宅基地上房屋所有权是这部分农民工市民化人口受法律保障的实实在在的财产权。如果否定了宅基地使用权的继承（放任房屋自然损害），不仅直接损害了农村转移人口在农村的房屋财产所有权，而且也会造成巨大的资源浪费。三是协调推进农村人口市民化进程中的宅基地使用权的继承与宅基地使用权的转让，可以加速推进我国新型城镇化特别是农民工市民化进程。随着农民工市民化，宅基地传统的居住保障功能逐步弱化，资

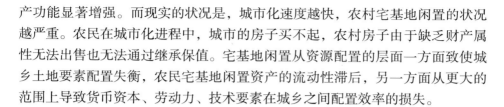

产功能显著增强。而现实的状况是，城市化速度越快，农村宅基地闲置的状况越严重。农民在城市化进程中，城市的房子买不起，农村房子由于缺乏财产属性无法出售也无法通过继承保值。宅基地闲置从资源配置的层面一方面致使城乡土地要素配置失衡，农民宅基地闲置资产的流动性滞后，另一方面从更大的范围上导致货币资本、劳动力、技术要素在城乡之间配置效率的损失。

（二）农村市民化进程中农村宅基地使用权继承的路径

1. 宅基地使用权继承路径Ⅰ：权利转换后继承

农村人口市民化进程中农村宅基地使用权继承，在房屋现实的物理状态需要修缮或大修时，将无限期的农村宅基地使用权转变为具有期间限定的农村经营性建设用地使用权后继续进行继承，可以将这种制度设计称为权利转换后继承。因为根据新的《土地管理法修正案》，在"土地利用总体规划确定为工矿仓储、商服等用途，并经依法登记的集体经营性建设用地"可以依法入市，集体经营性建设用地入市的制度障碍已经打通。只要将农村宅基地使用权转为农村经营性建设用地使用权，继承人就可以不受身份的限制。这种宅基地继承方式，也可以称为"借船出海"，将宅基地使用权转为集体经营性建设用地使用权，通过办理转权手续并交纳适当的土地出让金，通过平衡宅基地继承人与集体组织经济利益，实现宅基地有偿继承的权利转换模式。

2. 宅基地使用权继承路径Ⅱ：通过完善农村宅基地使用权物权建立城乡一体化的房地产市场

建立市场化的农村宅基地使用权用益物权制度，将农村人口市民化进程中农村房屋宅基地使用权继承与城市住房市场对接。对于继承人继承农村房屋宅基地使用权，可以参照城市住宅市场设定农村宅基地使用权的继承年限（如70年）。由于继承权的实现，使宅基地的使用突破了集体成员范围，新市民对农村宅基地使用权的继承需要支付一定的土地费用。从经济利益上，不仅动态平衡了集体组织与宅基地使用权人及继承人三者的利益，而且增加了农村集体经济组织的收入。

本文只在论述宅基地使用权一般的同时，着重论述了涉及群体相对固定、风险相对可控的宅基地使用权继承这一特殊问题，进而实现改革—试验—扩散的扩展模式。而在理论层面，农民宅基地使用权的转让问题依然是制度设计的核心。只有农民宅基地使用权的转让问题解决了，宅基地使用权的抵押、继承问题才能迎刃而解。

七、城乡"横向"渐进式改革：市民下乡与宅基地使用权交易试水

——贵州湄潭案例*

湄潭是全国农村宅基地制度改革试点县。根据国家《深化农村宅基地制度改革试点方案》要求，湄潭县大胆探索宅基地"三权分置"实现形式，建立由农村集体经济组织主导实施的有偿使用制度。该县先后出台了《湄潭县农村宅基地制度改革试点实施方案》《湄潭县农村非集体经济组织成员有偿取得宅基地使用权管理办法》。2021 年 10 月 14 日，湄潭县向姚某颁发了非集体经济组织成员"回乡"有偿使用宅基地首份《农村宅基地批准书》，这在全省尚属首例。姚某原籍为湄潭县石莲镇沿江村人，1983 年考入大学后户口迁出。1985 年大学毕业后分配工作转为城市户口一直留居城市。湄潭县农村宅基地制度改革试点后，离开家乡 36 年的姚某获得湄潭县非集体经济组织成员"回乡"有偿使用宅基地首份《农村宅基地批准书》。姚某作为已经迁出的非本集体经济组织成员，成功获得了 160 平方米宅基地的有偿使用权，使用期限 70 年。湄潭县的宅基地制度改革创新，为有效激活农村闲置宅基地和闲置农房，为乡村旅游、乡村民宿、休闲养老等产业在乡村落地提供了新路径，撬动金融和社会资本更多进入农村，解决城市资源流入农村渠道的难题。当然，须严格禁止城里人下乡利用农村宅基地建设别墅大院和私人会馆等。贵州湄潭案例为乡村振兴提供人才支持，为推进城乡融合发展、推动乡村全面振兴、实现城乡要素双向流动提供了方法和路径。

宅基地使用权流转城乡横向渐进式改革探索如表 4－5 所示。

表 4－5　　　　　宅基地使用权流转城乡横向渐进式改革探索

宅基地使用权	资源配置风险及路径创新	评价
①禁止流转的"静态"治理模式	资源无法合理配置	不符合乡村振兴与市场经济城乡要素流动的内在需求
②完全"放开"的动态治理模式	资源配置过度泡沫化	导致农村宅基地流转泡沫化风险，不利于乡村振兴

* 微美湄潭：https：//3g.163.com/s_x/article/GMD5FECK0534UVCU.html。

续表

宅基地使用权	资源配置风险及路径创新	评价
③宅基地"三权分置"下的城乡横向流转路径初探	①"转权"后的流转：宅基地使用权转换为集体经营性建设用地使用权后再流转	城乡横向流转，助力乡村振兴，提升集体经济实力
	②"赋权"后的流转：宅基地"三权分置"后宅基使用权的逐步市场化流转	宅基地使用权逐步跨村、跨乡、跨县市场化流转
④"市场＋监管"的模式	依托乡村振兴规划，以聚焦乡村振兴，聚焦乡村现代农业和实体经济发展为条件	分类审核，投资乡村振兴的个人可以购买宅基地；宅基地使用权跨城乡转让，也必须转让给符合条件的乡村振兴投资主体

八、余论：渐进性制度创新与乡村振兴

党的十八大以来，我国进入全面深化改革的新时期。农地三权分置后，2015 年进行了征地、农村宅基地、农村建设用地"三块地"的改革试点实验。宅基地制度毋庸置疑是推进乡村振兴战略的重要支撑性制度。乡村振兴产业落地需要宅基地制度改革，改善居住环境需要宅基地制度改革，增加农民收入需要宅基地制度改革，乡村治理能力提升也需要宅基地制度改革。在我国从"乡土中国"向"城乡中国"转变的过程中，宅基地使用权改革的路径方向、内涵边界、系统性及协调性等制度红利在相当大的程度上决定着我国是否能成功破解刘易斯二元经济结构，能否成功跨越中等收入陷阱迈入高收入国家行列。

宅基地产权改革不能孤立地脱离于我国乡村振兴与城市化战略。2020 年修订的《土地管理法》虽扫清了集体经营性用地入市的制度障碍，但改革力度及资源的影响效应有限。因为我国存量集体经营性建设用地的规模有限；反观之，大量闲置及粗放利用的农村宅基地却是严重制约城乡融合发展的关键。要将宅基地使用权市场化配置与集体经营性建设用地入市联动，实现乡村产业振兴。通过宅基地"三权分置"改革与农地"三权分置"联动，推进我国农业现代化。通过城市化与乡村振兴背景下的劳动力的双向流动与户籍制度改革，实现我国城市化与乡村振兴均衡发展。随着宅基地产权制度改革的深化，必然进一步与户籍制度、财税制度、金融制度进一步联动，最终实现城乡自由流动的要素市场与城乡融合的现代化经济体系。

第五章

宅基地"三权分置"使用权流转：
以浙江义乌为例

一、浙江共同富裕示范区与农村建设用地流转

2021 年 6 月，中共中央国务院通过《关于支持浙江高质量发展建设共同富裕示范区的意见》（以下简称《意见》），浙江高质量发展建设共同富裕示范区实施方案（2021~2025 年）获批。浙江城市化发展较为均衡，在发展中注重经济增长与缩小收入差距。与广东等沿海地区相比，浙江更注重内源型发展。民营经济占比大，县域经济实力较强。有 24 个全国百强县，在全国各省份中位居第一。《意见》要求，浙江在高质量发展建设共同富裕示范区过程中，要建成高质量发展的国土空间开发保护新格局，健全城乡一体、区域协调发展的体制机制，加快基本公共服务均等化，率先探索实现城乡区域协调发展的路径。对房价比较高、流动人口多的城市，探索如何利用集体建设用地和企事业单位自有闲置土地建设租赁住房，扩大保障性租赁住房的供给。

在 2015 年开始的"三块地"改革试点实验中，浙江的义乌市、德清市也同时被选为全国农村土地制度改革试点区。2016 年，义乌市出台了《关于推进农村宅基地制度试点工作的若干意见》，明确在确保宅基地集体所有产权的基础上，保障村民享有资格权的前提下，适度放活宅基地使用权的流转。义乌市在全国率先进行了宅基地"三权分置"实践探索。

浙江位于我国经济发达地区，经济与城市化进程的快速发展，扩大了建设用地的需求，由此导致在城市近郊农村地区，宅基地的资产属性凸显。而长期以来农村宅基地的居住保障功能，使宅基地使用权的流转高度受限。因而，在深化农村改革进程中，继农村承包地"三权分置"后，农村宅基地"三权分置"的制度改革探索应运而生。

宅基地"三权分置"下宅基地使用权的基本内涵。农村宅基地是农民基于集体组织成员身份从村集体经济组织无偿取得的建设住宅及其配套设施的建设用地。改革开放以来宅基地使用权分为两个阶段：第一个阶段是宅基地"两权分离"制度下，宅基地分为所有权和使用权。宅基地所有权归村集体组织所有，农户享有宅基地使用权，对宅基地依法享有占有和使用的权利。第二个阶段是宅基地"三权分置"提出后，宅基地分为所有权、资格权和使用权。宅基地所有权属于村集体组织，宅基地使用权进一步划分为资格权和使用权。资格权是新设立的权种，是一种成员资格权，是农户依法享有的从农村集体组织申请使用宅基地及其他相关福利的权利。宅基地"三权分置"在根本上使宅基地资格权和使用权分离，以更便利地实现市场经济条件下宅基地使用权依法流转①。

二、宅基地使用权流转的研究述评

（一）国外房地流转的理论研究

由于西方发达国家农村土地大都属于私有财产，缴纳特定的税赋即可自由流转。相比我国的农村宅基地，国外一般将农村住宅用地和城市住宅用地视为一体，研究流转问题也是将农村和城市住宅用地一起讨论。研究主要侧重于住宅用地供应政策、住宅用地发展规划②③、房地产价格的决定因素④、区位因素⑤、周边配套⑥等，研究文献可归纳为以下几个方面：

第一，农村宅基地流转决策分析。农村宅基地流转的决定性因素包括受让方的流转需要和转让方的出让原因两方面。从受让方的层面考虑，学者主要分析受让方选择农村房屋的主要原因：一是良好的居住体验。希利等

---

①　李凤章，赵杰. 农户宅基地资格权的规范分析［J］. 行政管理改革，2018（04）：39 - 44.

②　Healy R. G. , Short J. L. , The market for rural land. Washington，D C：Conservation Foundation，1981.

③　Daniels T. L. , Nelson A. C. , Is Oregon's far land preservation program working? Journal of the American Planning As sociation，1986，52：22 - 32.

④　Grether D. M. , Mieszkowski P. , Determinants of real estate values. Journal of Urban Economics，1974，1：127 - 145.

⑤　Cobb S. , The impact of site characteristics on housing cost estimates. Journal of Urban Economics，1984，15：26 - 46.

⑥　Diamond D. B. , Jr. , The relationship between amenities and urban land prices. Land Economics，1980，56：21 - 32.

（Healy et al.，1981）指出，一部分城市居民由于希望逃离城市里的诸多问题，比如居住空间狭窄、道路拥堵、空气污染等，而选择农村住宅；也有部分城市居民由于喜爱农村淳朴的文化而选择乡村住房。二是低廉的生活成本。达特等（Dutt et al.，1992）指出家庭成员的构成情况以及家庭收入和总开销都会影响居民是否选择农村住宅，单亲家庭或是低收入家庭可能会由于农村相对城市较低的生活成本而选择农村住宅[1]。三是就近居住便于工作。切尔韦罗（Cervero，1984）通过研究分析得出，城市居民选择居住在农村很大程度上是由于越来越多的企业在城市郊区设立办公地点[2]。有些居民把购买农村住宅看作是一项房产投资，投资的决策也定会遵循风险投资理论。还有学者对农村宅基地流转转出方的态度与决策动机做出探讨。沙克斯密斯（Shucksmith，1990）调研了拥有农村宅基地及住宅的农户对农村住宅发展趋势的态度，并了解到这其中可能存在的动机[3]。福里斯特等（Forrest et al.，1992）的分析结论表明农村住宅的建筑情况、转出方的家庭构成等具体特征都会对家庭决策者是否转出住宅产生影响[4]。

第二，农村宅基地流转的区位分析。农村宅基地流转的区位偏好主要表现在农村与城区的距离和交通便捷程度的差异。城市近郊地区由于地理位置的优越性，作为城乡地区交流和发展的纽带地区，对城市的社会人文、社会经济、信息科技等传播到农村地区有很大的帮助作用，成为专家学者研究的焦点地区。纳尔逊（Nelson，1986）分析了农村宅基地价格受农村地理位置的影响[5]。克洛克等（Cloke et al.，1986）通过调研英国英格兰和威尔士的农村地区，发现城市郊区交通较为发达地区的农村宅基地的流转程度高于偏远农村[6]。福里斯特等分析指出英国的农村宅基地流转发生的区位差异表现在：城市郊区农村住宅受到较大欢迎。希利等研究表明，城市郊区的农户为了满足城市居民对近郊农村具有乡村风格的住宅小屋的需求，将自己的农村

---

① Dutt A. K.，Achmatowicz-Otok A.，Mukhopadhyay A.，et al.，Urban and rural housing characteristics of Poland. Landscape and Urban Planning，1992，22（2-4）：153-160.

② Cervero R.，Managing the traffic impacts of suburban office growth. Transportation Quarterly，1984，38：533-550.

③ Shucksmith M.，House building in Britain's countryside. London：Routledge，1990.

④ Forrest R.，Murie A.，Change on a rural council estate：An analysis of dwelling histories. Journal of Rural Studies，1992，8（1）：53-65.

⑤ Nelson A. C.，Towards a theory of the American rural residential land market. Journal of Rural Studies，1986，2（4）：309-319.

⑥ Cloke P. J.，Edwards G.，Rurality in England and Wales 1981：A replication of the 1971 index. Regional Studies，1986，20（4）：289-306.

房屋进行改造，以便出租给城市居民。

第三，住宅流转与经济文化冲突。20世纪60年代以来，英国、美国等相继出现城市移民向农村大量涌入的现象，此现象对农村的社会文化、经济发展和人口数量及生态环境造成一定的影响，农村宅基地也经历着此种变化带来的挑战①。学界广泛关注城市移民大量涌向农村的现象为农村社会经济的发展带来的积极影响与碰撞，其中农村宅基地流转给农村带来的发展与冲突成为研究的焦点。纽比等（Newby et al.，1980）研究指出从外地流入乡村住宅的居民分两种类型：一是外来的农村居民，二是城市居民②。克洛克等（Cloke et al.，1990）通过对英国农村中不同阶级居民的调查发现，传统的本地原住民与外来移民之间的文化冲突越来越严重③。同时其他学者则认为农村的外来居民可能对乡村发展带来积极影响④。朗斯代尔等（Lonsdale et al.，1979）的研究发现，村民生产生活方式显著趋向于城市化，带动大城市郊区宅基地及住房市场的快速发展，同时也有效地带动了农村的就业率增长⑤。罗斯曼（Rothman，1978）通过分析发现，虽然外来度假居住者对当地居民的生活造成了一定的扰动，但却为农村房地产的发展带来了积极的影响⑥。

（二）国内宅基地流转的理论研究

1. 农村宅基地产权权能的研究

韩文龙等（2018）从权能方面提出宅基地"三权分置"面临着所有权主体虚置和处分权缺失、资格权界定和退出机制不健全、使用权流转范围受限等权能困境，并指出落实所有权需要实现给予所有权主体处分权；放活使用权实现内部流转、租赁和入股⑦。徐忠国等（2018）从经济学和法理方面阐

① Hoggart K.，Paniagua A.，What rural restructuring? Journal of Rural Studies，2001，17：41 – 62.

② Newby H.，Urbanisation and the rural class structure：Reflections on a case study//Butte F，Newby H. The Rural Sociology of the Advanced Societies. London：Croom Helm，1980.

③ Cloke P.，Thrift N.，Class and change in rural Britain// Marsden T.，Lowe P.，Whatmore S.，Rural Restructuring：Global Processes and Their Responses. London：David Fulton，1990.

④ Murdoch J.，Marsden T.，Reconstituting rurality：Class，community and power in the development process. London：UCL Press，1994.

⑤ Lonsdale R. E.，Seyler H. L.，Non-metropolitan industrialization. New York：John Wiley，1979.

⑥ Rothman R. A.，Residents and transients：Community reaction to seasonal visitors. Journal of Travel Research，1978，16（3）：8 – 13.

⑦ 韩文龙，谢璐. 宅基地"三权分置"的权能困境与实现 [J]. 农业经济问题，2018（05）：60 – 69.

述了宅基地"三权分置"符合土地权利组合和转移的经济学原理，也符合大陆法物权生成的法理，是实现公平和效率的好方法，应当上升为法律，为实现宅基地对应的产权权能提供法律依据①。朱明芬（2018）从农村宅基地所有权、资格权和使用权"三权分置"视角分析了允许宅基地使用权流转能够拓展农村宅基地产权权能，使宅基地的使用权、占有权、收益权、处置权等权利能得以发挥。但是，也存在权能拓展不充分的问题，需要加快相关法律衔接，规避适度放活风险②。龙开胜（2016）基于宅基地使用权产权权能、政府管制和市场交易的相互促进和制约关系，提出了丰富宅基地用益物权权能，承认并合法化现有制度创新等改革路径③。

2. 农村宅基地使用权退出的研究

于伟等（2016）提出农户退出宅基地使用权对提高土地利用效率、推进城镇化进程具有重要意义；基于山东省的农户问卷调查数据，研究得出在给予退出补偿的前提下，大部分农户是愿意进城落户的，"退有所居"是进城落户农民退出宅基地时关注的核心问题④。朱新华（2014）研究发现我国目前的户籍制度对居民子女的入学、养老等权利配置功能有重要影响，主要影响农民是否自愿退出宅基地使用权；建议构建农民宅基地的退出机制并使农民享有城镇居民的公共服务，加大户籍制度改革力度⑤。杨玉珍（2015）从行为经济学视角，通过对河南省农户调研，发现农户年龄负向影响宅基地退出，农户兼业程度、受教育程度正向影响宅基地退出；农户的现状偏见、不确定性厌恶、关注负面事件的锚定心理负向影响宅基地退出⑥。

3. 关于农村宅基地使用权抵押的研究

学术界对农村宅基地使用权能否抵押的争论一直未曾停歇。针对现行法律对宅基地使用权流转的限制性规定，部分学者认为理应限制农民的宅基地

---

① 徐忠国，卓跃飞，吴次芳，李冠. 农村宅基地"三权分置"的经济解释与法理演绎 [J]. 中国土地科学，2018，32（08）：16 – 22.

② 朱明芬. 农村宅基地产权权能拓展与规范研究——基于浙江义乌宅基地"三权分置"的改革实践 [J]. 浙江农业学报，2018，30（11）：1972 – 1980.

③ 龙开胜. 宅基地使用权制度改革的现实逻辑与路径选择 [J]. 社会科学家，2016（02）：10 – 15.

④ 于伟，刘本城，宋金平. 城镇化进程中农户宅基地退出的决策行为及影响因素 [J]. 地理研究，2016，35（03）：551 – 560.

⑤ 朱新华. 户籍制度对农户宅基地退出意愿的影响 [J]. 中国人口·资源与环境，2014，24（10）：129 – 134.

⑥ 杨玉珍. 农户闲置宅基地退出的影响因素及政策衔接——行为经济学视角 [J]. 经济地理，2015，35（07）：140 – 147.

抵押。孟勤国（2005）认为必须要禁止农村宅基地交易。允许农村宅基地使用权的抵押，就是开禁农村宅基地交易。宅基地作为稀缺资源，且具有廉价性特征，一旦交易开禁，就会形成大规模剥夺农民的浪潮①。也有一些支持宅基地使用权可以抵押的学者，陈霄等（2010）认为突破现行农村宅基地使用权限制流转的有效做法是试行宅基地抵押，需通过加强农村社保制度建设和创新宅基地使用权抵押等综合改革来推行②。衣昊翰等（2014）研究指出为了推进宅基地抵押需建立农村土地价值评估制度体系，建立抵押风险补偿基金，引入担保公司来减少风险，从而实现宅基地使用权抵押融资③。吕军书等（2014）根据对新乡农户的抽样调查指出，农户对宅基地使用权抵押意愿强烈，政府应该积极推动宅基地使用权抵押流转的试点④。高海（2017）认为农民住房抵押以有限抵押为基本理念，在试点地区，宜坚持"房地一体"抵押、合理取舍地方实践之有限抵押的设计，并完善宅基地使用权的主体限定、增值收益分配以及非本集体成员受让地权的登记、期限限制等配套制度⑤。刘鑫等（2019）认为没有科学、合理的农村住房财产权抵押贷款定价体系是限制农村住房财产权抵押贷款发展的主要障碍之一，要想推动农村住房财产权抵押贷款，需要科学合理的构建农村住房抵押贷款定价体系⑥。

4. 农村宅基地使用权流转的研究

基于农村宅基地所有权为集体所有的性质，国家目前是限制农村宅基地自由流转的。但是由于我国正处于快速发展的城镇化进程中，大量的农村宅基地处于闲置状态，造成了极大的浪费。黄善明（2010）以市场经济发展为研究角度，提出应在坚持宅基地对农户的保障制度前提下，着重提高其资产属性和流转速度⑦。马立新（2010）认为我国在城镇化不断发展的背景下，应当建立农村宅基地市场，重新构建宅基地制度，以宅基地依法流转为目标进行改革⑧。翟全军等（2016）认为在城镇化发展的背景下，应当实行宅基

① 孟勤国. 物权法开禁农村宅基地交易之辩［J］. 法学评论，2005（04）：25 – 30.
② 陈霄，鲍家伟. 农村宅基地抵押问题调查研究［J］. 经济纵横，2010（08）：88 – 91.
③ 衣昊翰，葆青. 发展农村宅基地抵押贷款的困境与对策［J］. 城乡建设，2014（03）：64 – 66，5.
④ 吕军书，豆芳芳. 农村宅基地使用权抵押流转的路径选择——基于河南省新乡市 190 家农户的调查［J］. 吉首大学学报（社会科学版），2014，35（02）：88 – 92.
⑤ 高海. 论农民住房有限抵押［J］. 中国农村观察，2017（02）：27 – 40.
⑥ 刘鑫，董继刚. 农村住房财产权抵押贷款定价研究［J］. 武汉金融，2019（08）：76 – 80.
⑦ 黄善明. 市场经济条件下农村宅基地制度的改革思考［J］. 农村经济，2010（05）：12 – 15.
⑧ 马立新. 农村宅基地若干问题探讨［J］. 中国国土资源经济，2010，23（08）：20 – 24，55.

地使用权的有条件流转，长远来看应当允许宅基地使用权自由流转①。程世勇等（2009）认为农村建设用地的流转，一方面能解决城市化工业化进程中城市的用地需求，打破城乡用地不平衡的状态，能更有效地整合城乡土地资源，推动社会经济发展；另一方面充分实现了农村土地资产的货币化②。朱从谋等（2017）从宅基地流转功能损失角度，探寻基于土地发展权的宅基地流转增值收益分配方法，认为在基准地价基础上，应以建立兼顾国家、集体、个人的土地增值收益分配机制为改革方向③。李勇坚（2014）通过对我国宅基地改革试点方案深入研究，提出"宅基地指标化"模式，是解决宅基地问题的一种较为理想的方案④。陈红霞等（2016）基于宁波市农村宅基地使用权流转的调研，探索宁波宅基地使用权流转实践中的有益做法，认为采用宅基地使用权抵押等多样化的宅基地使用权流转形式，可以提高农民的收入水平⑤。

三、农村宅基地使用权流转的两难困境

（一）历史沿革视角下宅基地使用权流转限制

中华人民共和国成立后，在完成三大改造和建设社会主义过程中，宅基地的权属和流转也经历了几个阶段的转变，如表5－1所示。这一方面源于宏观的国家所有制结构和特定经济体制，另一方面也基于当时特定的农业社会阶段性特征。在乡土中国发展阶段，当然会有宅基地使用权流转交易需求，但总的说来这种流转的频次不高、社会影响也不广泛。究其根源，一定是人口的流动规模决定着宅基地使用权的流转，而人口的流动规模又由城市化进程和工业化进程的客观现实决定。因此，从"乡土中国"向"城乡中国"转型的大趋势出发，研究宅基地使用权的流转才有意义。

---

① 翟全军，卞辉. 城镇化深入发展背景下农村宅基地流转问题研究［J］. 农村经济，2016（10）：10－17.

② 程世勇，李伟群. 城市化进程中农村建设用地地权交易绩效分析［J］. 中国特色社会主义研究，2009（04）：83－87.

③ 朱从谋，苑韶峰，李胜男，夏浩. 基于发展权与功能损失的农村宅基地流转增值收益分配研究——以义乌市"集地券"为例［J］. 中国土地科学，2017，31（07）：37－44.

④ 李勇坚. 我国农村宅基地使用权制度创新研究［J］. 经济研究参考，2014（43）：3－19.

⑤ 陈红霞，赵振宇，李俊乐. 农村宅基地使用权流转实践与探索——基于宁波市的分析［J］. 农业现代化研究，2016，37（01）：96－101.

表 5 - 1　　　　　　　　　　宅基地使用权流转模式梳理

时　间	阶段特征	宅基地权属关系	宅基地使用权流转状态
1949～1958 年	自由流转	所有权和使用权两权合一	农民私有宅基地，可自由流转
1958～1978 年	变相流转	所有权和使用权两权分离	宅基地归集体所有，农民享有使用权，地随房变相流转，未限制城市居民购买农房
1978～2000 年	限制流转	所有权和使用权两权分离	法律和政策两方面限制流转，不得转让出租用于非农建设，不得抵押，禁止向城市居民流转，流转范围只允许在本集体内部

　　在历史沿革中，宅基地的流转经历了所有权和使用权两权合一阶段的自由流转时期、所有权和使用权两权分离模式下农村内部的隐形流转时期、所有权和使用权两权分离模式下的城乡限制流转时期①。我国现行的宅基地制度对宅基地使用权流转的高度限制性主要表现在四个方面：一是《土地管理法》规定农村宅基地使用权不得出租用于非农建设。二是宅基地使用权不得跨集体组织进行流转。《物权法》规定宅基地使用权人具有身份上的限制，要求权利受让主体只能是集体经济组织内部成员。三是禁止宅基地使用权及住宅向城镇居民流转。四是《担保法》规定了宅基地不得抵押，对宅基地使用权的抵押融资进行了严格限制。

（二）农村宅基地的社会保障职能与非货币化属性

　　半商品经济是我国农村长期以来的典型特征。农村与城市的货币购买力有显著差异，特别是农村集体经济如宅基地、小菜园等特殊的制度性保障，使乡土中国形态下的城乡福利很难进行货币化度量。我国宅基地所有权归集体所有，满足宅基地申请条件的集体成员，可以申请无偿获得宅基地，来满足建设住房及生活辅助设施的需求，这就是农村宅基地典型的住房保障功能。农村的宅基地和城市的保障房，虽然属于不同的物质形态，但根本都在于保障。由于农村宅基地的社会保障职能，农民仅享有宅基地的使用权，限制流转，导致我国宅基地使用权长期处于有地无价的去商品化形态。由于宅基地

---

　　①　董新辉. 新中国 70 年宅基地使用权流转：制度变迁、现实困境、改革方向 [J]. 中国农村经济，2019（06）：2 - 27.

使用权具有福利保障功能，只允许在本集体经济组织内部流转，所以宅基地使用权价格属于非完全市场价格。农村宅基地使用权的取得、使用和管理以村为基本单位，村集体作为变动较小、相对稳定的管理单元，且流动性较小①，使得宅基地使用权的社会保障功能得以实现。而"乡土中国"向"城乡中国"转型的大变革，也必然会影响农村宅基地使用权制度，农村宅基地使用权从福利属性转变为福利属性与资源配置效率兼顾。在城市化进程中，宅基地使用权制度当初设计的福利性，在人口城市化动态转移中逐步受限。而在资源配置的层面，城市国有建设用地资源不足，促使农村宅基地使用权的财产价格属性逐步显现。

（三）宅基地使用权流转限制与隐性流转的冲突

宅基地使用权流转受限下的隐性流转，首先直接表现为传统乡土中国视域下农村内部的宅基地使用权交易。这部分交易量总体规模不大。但随着经济的快速发展，工业化城市化的不断深入，在利益的驱动下，由土地增值及供求双方的需要带来的宅基地使用权交易量也在不断增加。由于近年来宅基地使用权隐性交易乱象丛生，纠纷案件数量呈上升趋势。同时由于宅基地使用权的严格限制流转，导致宅基地使用权的资产属性难以得到发挥，致使宅基地的总量逐年递增。我国现行的宅基地产权制度对宅基地使用权流转的高度限制极大地削弱了城乡土地要素的流动性。随着城市化建设不断发展，靠近城区的农村宅基地与房屋价值也在不断攀升。农民跨集体组织转让或者转让给城镇居民的房屋由于有悖于法律规定而不能在土地管理部门登记，也不能进行过户，受让方也得不到不动产权证，此种宅基地使用权及农房的私下隐蔽交易行为使相关的权利方不能受到法律保护。例如北京市通州区宋庄镇"画家村"由村民私下转让宅基地使用权及房屋给城镇居民后又反悔导致的诉讼案。② 无序的交易使农村社会不稳定因素增加。无论是宅基地使用权流转的阻滞导致宅基地大量闲置，还是流转制度不健全导致大量的隐性交易，都没有达到宅基地资源的最优配置目标。

---

① 岳永兵，刘向敏. 区域层面宅基地价格影响因素研究——以浙江省义乌市为例 [J]. 价格月刊，2018（04）：40－45.

② 王卫国，朱庆育. 宅基地如何进入市场？——以画家村房屋买卖案为切入点 [J]. 政法论坛，2014，32（03）：92－99.

（四） 宅基地流转限制下的资产抵押不足与农村金融短缺

由于社会经济多元化发展，农民的收入来源也呈现出多元化趋势。在非农领域，对资金的需求量较大，充足的资金保障是相关产业启动和不断发展的必要条件①。宅基地使用权作为农民的主要财产，其流转性受到法律的严格限制。由于农村宅基地使用权禁止抵押，即使法律规定农民宅基地上的房屋是农民的私有财产，也和城市居民的私有房屋存在显著差异。根据房地一体原则，虽然宅基地上的房屋是农民最重要的财产，但金融机构依然认为农民房屋无法用来抵押贷款。"无物可抵"可能是大多数农民面临的现实状况。农民房屋抵押不畅导致农村资本流动受限，非农部门的资金无法顺利地流入农村。西方小额信贷"穷人银行"创始人、孟加拉国小额信贷之父尤努斯，由于致力于给穷人贷款被授予诺贝尔和平奖；而我国"十三五"脱贫攻坚决胜期，通过农村扶贫金融创新，精准扶贫贷款发放 9.2 万亿元，信贷总额是尤努斯的 100 多倍，扶贫再贷款累计发放 6688 亿元。此外，金融扶贫"530"计划，对于贫困家庭，没有收入门槛，没有抵押物门槛，每户可以授信 5 万元，3 年 0 利率。不仅有效解决了农村贫困地区资金短缺难题，而且将坏账比例控制在了 1% 以内。随着后脱贫攻坚时期乡村振兴的全面推进，农村的金融需求总量更大。特别是东部沿海经济较为发达地区的农民，有发展非农产业来提高收入水平的强烈愿望。而禁止抵押宅基地房屋导致农村金融业发展受限，影响了城乡均衡发展。

四、宅基地"三权分置"与浙江义乌
宅基地使用权流转模式

（一） 宅基地使用权的商业租赁形式

浙江义乌是我国民营经济较发达的地区。国际小商品市场不仅吸引着国内商户和企业来这里发展，还吸引着大量的海外企业来义乌投资。虽然宅基地产权制度对宅基地使用权流转有严格限制和禁锢，但是现行法律法规并没

---

① 李义楷. 农村宅基地使用权流转法律问题研究 ［D］. 山西财经大学，2017.

有限制农宅出租。在政策的支持下，义乌市探索并开启了宅基地使用权及农房的商业租赁模式。

义乌市依托电商和物流等产业优势，充分盘活农房资源，大力推进"百村电商"工程。义乌有淘宝村超过 110 个，是全国最大的淘宝村集群地[①]。随着义乌城市化进程的加快及电子商务的发展带动，义乌农村的宅基地价值也越来越高。根据村里规划，农民大都建起了三四层的小楼。不仅可以满足基本的居住保障，剩余的房屋还可以作为公寓、写字楼等用于商业化租赁。农房商业化租赁给农户带来了显著的商业价值，义乌西张村，农户年租金收益近 20 万元，已经超过当地的普通城市家庭收入。

义乌市农房商业租赁，拓展了宅基地使用权的使用范围。传统的宅基地仅仅立足于满足农村居民的居住功能，而宅基地使用权的商业租赁将宅基地的使用权拓展至商业、服务业等新的业态。义乌市为监管农村住房租赁，编制了《义乌市住房租赁市场发展规划（2018—2022）》，为宅基地使用权的租赁市场发展提供了法律保障。通过引导农民创新租赁方式，整合存量房源；并充分利用住房租赁监管平台，开展信息化管理，在流动人口超过 1000 人的农村设立出租房屋管理站，并实行网格化管理，实现了管理服务更加便民化、更加智能化。政府的创新化监管模式起到调节的外部性治理作用，提高了市场在土地要素资源配置中发挥的作用，使城乡要素能够自由流动，对城乡的融合发展起到积极作用。

（二）宅基地使用权"跨"集体转让模式

宅基地使用权"跨"集体转让，多年来一直是改革的难点。"跨"的越大，人地流转的极差系数越大，收益和风险也就越大。义乌市宅基地制度改革试点以来实施的农村宅基地使用权转让规定，对于完成新农村建设的村庄，宅基地使用权可跨集体经济组织转让，转让范围限制在全义乌市行政区域范围内，并且前提是转让方必须拥有合法的不动产权证，且保证转让后仍然拥有人均 15 平方米的自住面积。从转让方流转后需保证人均 15 平方米的自住面积规定可看出，虽然义乌市的宅基地使用权流转范围得到扩大，但是依然要求保证其对农户最基本的住房保障，不能让转让方失去其最基本的居住属

---

① "淘宝村集群"指的是由 10 个或以上淘宝村连片发展构成的集群，网商、服务商、政府、协会等密切联系、相互作用，电子商务交易额达到或超过 1 亿元。若相邻的淘宝村数量达到或超过 30 个，则成为"大型淘宝村集群"。

性，是对宅基地使用权流转中矛盾冲突的特色化破解方式。

义乌市规定宅基地使用权允许通过买卖或其他合法方式跨集体经济组织流转。受让人在使用年限内对宅基地使用权及地上房屋及附属设施，享有使用、收益、处分权利。同时，还规定了跨集体转让宅基地使用权的年限，跨集体流转使用年限最高为 70 年。规定跨集体转让年限的做法避免了外来农户无期限使用宅基地，有利于规避转让年限模糊不清带来的各种纠纷。截至 2018 年底，义乌市办理宅基地使用权转让登记 311 宗，集体经济组织内转让占比约 88%。跨集体组织转让宗数也有明显增加，达到 37 宗。如表 5−2 所示。

表 5−2　　　　　　　　2018 年义乌市宅基地使用权转让统计

名称	数量（宗）	百分比（%）
义乌宅基地使用权集体组织内部转让	274	88
义乌宅基地使用权跨集体转让	37	12
合计	311	100

跨集体流转宅基地使用权的收益不只归农户个人，集体经济组织也要参与相应的收益分配。按规定受让人应与村集体签订宅基地有偿使用合同，并应按规定向村集体缴纳一定比例的土地所有权收益，一般不低于宅基地基准地价的 20%。宅基地使用权转让可协商转让，跨集体转让的可在政府指定的平台公开转让。未实施或正在实施新农村建设的农村，宅基地使用权转让范围只能在本集体内部，同时转让后受让人的宅基地面积不得大于按户控制面积 140 平方米。义乌市农村宅基地跨集体使用权流转模式，探索了一户一宅农村宅基地公平分配、宅基地使用权流转中的住房保障风险防控、宅基地使用权资产价值的实现与集体、农户间均衡化的利益分配、宅基地资源在更大空间流转的价格形成机制。具体如表 5−3 所示。

表 5−3　　　　　　　　义乌市宅基地使用权转让相关要素

名称	义乌市宅基地使用权转让相关要素
转让方	转让后仍拥有合法住宅
	转让后不得再重新申请宅基地
	集体经济组织成员资格不改变
受让方	义乌行政区域范围内农村户籍村民
	跨集体转让，享有 70 年宅基地使用权

名称	义乌市宅基地使用权转让相关要素
转让后 宅基地	不改变土地用途
	不改变集体土地所有权性质
交易场所	义乌市产权交易所
转让范围	新农村建设农村：可在义乌行政区域内跨集体组织转让
	未经新农村建设农村：本村集体组织内部转让

（三）宅基地使用权的资本化抵押融资模式

义乌市民营经济发展迅猛，贷款需求以及周转资金需求较大。其中有不少兼业经商农户，都迫切希望自家宅基地使用权及农房能实现抵押融资。农民最重要的资产是农房。义乌市自 2015 年开始土地改革的试点起，根据"能发尽发、赋权让利"的原则，全面实施农村宅基地登记制度，颁发宅基地产权证。截至 2018 年，义乌市开展不动产登记权籍调查的村庄有 278 个①，累计发放房屋不动产权证书 5 万多宗。具体如表 5-4 所示。

表 5-4　　　　　　2018 年义乌市不动产权证登记及发放统计

名称	权籍调查村庄数	已测绘宗数	累计发放不动产权证
义乌市不动 产权证登记	278 个	5 万余宗	53600 宗

据调查，义乌市约 80% 的农户希望农房可以用来抵押，约 30% 的农户有抵押农房贷款的现实需要。基于宅基地使用权禁止抵押与当地农户强烈的抵押需求的矛盾，义乌市借力宅基地制度改革试点的政策优势，大胆探索宅基地使用权及农房抵押融资，发展农村金融市场，弥补农村金融短缺。2015 年 12 月，义乌农商银行依法发放全国农村宅基地抵押贷款第一单。黄杨梅村村民季某，以其农村宅基地住房为抵押，从义乌农商银行获得 30 万元的贷款，月息 4.5 厘，年利率 5.4%，此贷款利率大大降低了农村的融资成本。

据估计，义乌全市共有宅基地 20 余万宗，按照平均每宗贷款 30 万 ~ 50

---

① 汪明进，赵兴泉，黄娟. 农村宅基地"三权分置"改革的经验与启示——基于浙江省义乌市的实践视角［J］. 世界农业，2019（08）：104-108.

万元推算，理论上可实现义乌农村 600 亿~1000 亿元资产的盘活。为此，义乌市出台了《义乌市农民住房财产权抵押贷款管理办法》。义乌试点在确保农户抵押后仍有人均 15 平方米合法住宅的前提下，允许持有本市宅基地使用权不动产权证书的权利人，以不动产作为抵押物申请办理贷款。办理抵押贷款的前提条件为：一是不动产登记，即确权登记颁证，提供《集体土地使用证》《房屋所有权证》、村集体盖章证明，并向国土部门申请"农村宅基地抵押权"登记；二是转让方须承诺房屋处置后仍有人均建筑面积不少于 15 平方米的合法住房。农村宅基地使用权资本化抵押融资，促进了农村金融产品的创新，提高了农民融资的便利性，大大缓解和降低了农村长期以来的金融短缺和融资成本。截至 2018 年底，27 家金融机构累计发放农民住房抵押贷款金额 79.86 亿元[①]。据官方统计，2017 年义乌全市 732 个村的集体经济年收入全部在 10 万元以上，农民人均收入从实施宅基地制度改革前的 2.6 万元增加到 3.32 万元；新增各类经济主体 20 余万户[②]。

义乌市 2018 年房屋抵押贷款利率如表 5 – 5 所示。

表 5 – 5　　　　　　　　2018 年房屋贷款年利率　　　　　　　　单位：%

贷款性质	一年以下（含）	一至五年（含）	五年以上
经营性贷款	5.22	5.7	5.88
消费性贷款	4.785	5.225	5.39
义乌市农房贷款	5.4		

五、浙江义乌宅基地使用权流转绩效评价

（一）体制与机制创新

1. 宅基地使用权跨集体在市域农户间转让的制度尝试

我国长期以来对宅基地使用权流转有严格的限定，宅基地使用权只允许

①　汪明进，赵兴泉，黄娟. 农村宅基地"三权分置"改革的经验与启示——基于浙江省义乌市的实践视角［J］. 世界农业，2019（08）：104 – 108.

②　义乌市人民政府. 义乌农村土地制度改革助力乡村振兴［OL］.（2018 – 01 – 15）［2019 – 03 – 18］. http://www.jhdlr.gov.cn/xwdt/zxdt/201801/t20180118_1895383_1.html.

在本村集体经济组织内部转让，转让范围受到很大程度的束缚，义乌宅基地改革试点过程中，大胆突破这一限制，进行了宅基地使用权在全市域范围内农户内部跨集体转让的制度尝试。基于试点，允许其农村宅基地使用权在义乌市行政区域范围内跨集体经济组织转让，即只要是义乌市农村户籍的农民，即使不在同一村庄，不在同一乡镇，也可以跨集体有偿流转宅基地使用权。通过一定程度地扩大转让范围，本质上扩大了土地要素流动的范围，从而扩大土地要素在资源配置中的流转范围，提升了土地要素配置效率，间接地破除了阻碍土地要素自由流动的障碍，打破了农村集体组织的封闭性，适度放活了宅基地使用权，优化了农村宅基地土地资源的合理配置。这一大突破，有利于盘活农民宅基地这一资产，提高闲置宅基地的利用效率。

2. 宅基地使用权资产配置形式的多元化

随着我国市场经济的不断发展，新农村的快速发展不满足于传统的单一的宅基地使用权流转形式。义乌通过实践经验拓宽了宅基地使用权流转形式，充分发挥了市场在资源配置中的决定性作用。既有基于电子商务发展下的宅基地使用权和农房商业租赁模式，也有证券化的宅基地使用权退出"集地券"跨空间流转形式。既有宅基地使用权跨集体转让，使闲置的农房可以得到更快速的产权流转形式，也有宅基地使用权入股集体经济组织的实体经济合营模式。赤岸镇杨盆村，农户将老房拿来参与联营项目，与企业共同开发休闲旅游小镇项目①，由村集体统筹发展民宿等项目，创造了由企业、村集体、农民共同受益的流转模式，实现了三方共享宅基地增值收益的目标。义乌宅基地使用权的多重流转模式，提高了试点地区土地配置的利用效率，通过宅基地"三权分置"的产权制度改革，有效破除阻碍城乡要素流动的障碍，通过土地要素的流动，推动资本和劳动力的流动，从而推动城乡一体化发展。

3. 宅基地使用权流转交易流程规范化

土地作为不动产，交易流程规范化是要素流动的内在要求。相较于其他地区农村宅基地流转打制度"擦边球"、过度依赖隐形市场等现象，义乌宅基地使用权转让交易流程更加规范化。义乌市于1994年成立了产权交易所，是经浙江省人民政府批准设立的产权交易机构。经过20多年的发展完善，产权交易所已经具备产权挂牌、网络竞价、拍卖、招投标等交易功能，并且建

---

① 张黎明. 义乌市农村土地制度改革与乡村振兴的十大契合点 [J]. 浙江国土资源，2019 (01)：8-12.

立了一整套较为全面的交易规范和较为完善的内部运营规则。根据义乌市关于建立农村产权流转交易市场的工作要求，农村产权交易部负责农村产权交易平台的建设以及系统的管理运行工作，配合国土局、农林局等相关部门做好农村宅基地制度改革试点工作中的宅基地流转及"集地券"挂牌交易，聚焦农村集体资产使用权出让、旧村改造承接、宅基地有偿调剂、挂牌交易、现场竞价等工作。打开官网，即可清晰地看到农村产权板块里面义乌市各个街道以及乡镇农村的房屋招租公告、土地流转公告，以及成交公告及成交价格等信息。有招租及土地流转需求的村集体，通过村民委员会、村股份经济合作社委托义乌产权交易所公开招租及公开土地流转，根据义乌产权交易所网站公开标的物的基本情况、竞租人条件、底价、保证金、报名时间、报名地点、竞价时间和网址、联系方式等详细内容，核实竞租人是否符合条件，审核资质通过后，有意愿的村民可自行在平台上进行交易。充分体现了宅基地使用权流转方式的公开化与规范化。

4. 宅基地民房抵押融资的制度尝试

义乌市在宅基地改革中，探索在确保"户有所居"的前提下，逐步放开宅基地使用权抵押融资的制度尝试。义乌市从限制宅基地使用权抵押贷款，逐步放开宅基地使用权抵押融资的制度尝试，是义乌市宅基地改革中的大胆突破，是宅基地使用权多元化流转的重要组成部分。义乌开展的农村不动产登记颁证，为宅基地使用权抵押贷款奠定了坚实的基础。在此基础上，义乌多家试点银行均已制定了相关的抵押贷款细则，在贷款利率、风险控制、贷款额度等方面提供政策支持。义乌在开展农村宅基地抵押贷款工作中，坚守宅基地集体所有性质、确保农民利益的底线，保障农民在宅基地使用权抵押贷款中的知情权、参与权和受益权。为了农户的居住保障功能，农户在抵押农房及宅基地使用权后仍需留有人均 15 平方米的合法住宅。以此为基础，持有本市农村不动产证书的农户可以向银行申请贷款。农房抵押有利于盘活农户的静态资产，满足农户生产经营、创业创新方面的资金需求，充分释放宅基地使用权资本化抵押融资的改革红利，同时也为全国其他地区宅基地改革树立了宅基地使用权抵押融资的"义乌样本"。

（二）宅基地"三权分置"待破解的体制难题

1. 宅基地使用权跨集体转让还是"借船出海"转权流转

虽然义乌市在宅基地使用权多元化流转过程中取得了突破性的经验，为城乡融合发展、其他地区农村宅基地使用权流转提供了可借鉴的经验，但仍有局限。在国家现行法律及政策对农村宅基地使用权跨集体转让的高度限制下，义乌市借助宅基地制度改革试点地区暂时停止相关法律规定的条件，对宅基地使用权的转让范围进行了扩大。义乌市规定了宅基地使用权跨集体转让范围扩大到全义乌市域范围内，不同村集体之间的村民可以跨集体转让宅基地使用权，在一定程度上放开了宅基地使用权流转的范围，使农村宅基地制度改革向前跨了一步。虽然义乌市在宅基地使用权上突破了转让主体的限制，但是受让主体依然限制为义乌市域范围的农村居民，依然对义乌市以外的农村区域有严格的限制性，而且没有放开城镇居民作为受让主体的限制。在城乡要素流动视角下，要素的流动范围虽然得到了进一步的扩大，但是依然不能充分自由地在全省范围内甚至全国范围内流动。

从集体土地的产权关系上，《物权法》第六十条规定：（1）属于村农民集体所有的，由村集体经济组织或者村民委员会代表集体行使所有权；（2）分别属于村内两个以上农民集体所有的，由村内各集体经济组织或者村民小组代表集体行使所有权；（3）属于乡镇农民集体所有的，由乡镇集体经济组织代表集体行使所有权。宅基地农民集体所有权的边界是非常清楚的。身份属性的所有权主体依然延续着"三级所有，队为基础"的产权属性。同质性的农民集体，既不是总有，也不是按份共有。

从宅基地使用权的流转和交易层面来看，《土地管理法》第六十二条规定："农村居民出卖、出租住房后，再申请宅基地的，不予批准。"可见，法律并没有明确禁止宅基地使用权的转让，而且集体内部的转让在制度上一直都是允许的。《物权法》第一百五十三条规定："宅基地使用权的取得、行使和转让，适用《土地管理法》等法律和国家有关规定。"这里的国家有关规定，即宅基地的使用权人想要转让宅基地的使用权，除了遵守《土地管理法》等法律外，还要遵守国家有关规定。2004年《国务院关于深化改革严格土地管理的决定》规定："改革和完善农村宅基地审批制度，加强农村宅基地管理，禁止城镇居民在农村购置宅基地。"2004年国土资源部《关于加强农村宅基地管理的意见》，严禁城镇居民在农村购置宅基地，严禁为城镇居民在农村购买和违法建造的住宅发放土地使用证。下一步的制度突破，旨在探究是否可以"借船出海"转权流转，通过宅基地使用权转换为集体经营性建设用地使用权之后，再按照新《土地管理法》有关规定，在城乡建设用地二级市场上无差异的转让。

2. 宅基地房屋代际继承仍存在制度的不确定性

本书认为，宅基地使用权代际间的继承可以分为两种主要的继承关系：

一种是传统的继承关系，即继承人属于集体内部组织成员。另一种是非传统的继承关系，即继承人不属于集体内部组织成员。传统的继承关系，是比较常见的乡土社会中的继承，继承人是世世代代都生活在村集体的内部成员，由于受世代的较为封闭的生产关系和生活状态的影响，农民家庭内部人员流动较小，集体对这种继承关系完全认可。唯一不足的是继承子女如果已经申请了新的宅基地建造了房屋，再继承上一代的宅基地，可能会违反"一户一宅"原则，但现实中这种继承现象却十分普遍。另一种非传统的继承关系则是继承人是集体内部成员的子女，但是由于升学、就业、参军、提干等情况落户城市，户籍由原集体内部迁出，继承时继承人已经不属于集体内部成员。但是其又是本集体原住居民，户籍原本也属于集体内部。这样的继承关系比较特殊，是随着城市化的发展而产生的一种新型的继承关系，这样的特殊的继承人也享有继承权，但是法律依然没有明确的继承办法。

关于农村宅基地使用权能否在代际间被继承，我国现行的《土地管理法》等法律法规中没有明文规定。我国《宪法》规定"国家保护公民的私有财产权和继承权"。《中华人民共和国继承法》也规定了房屋可以作为遗产继承。但由于集体成员权问题以及由此衍生的房地关系复杂性，宅基地房屋下的宅基地使用权能否继承法律并未明确。义乌市作为全国33个宅基地改革试点地区，在农村宅基地改革试点过程中，也没有明晰宅基地房屋代际间的继承问题，造成宅基地房屋的代际继承仍存在制度的不确定性。具体如表5-6所示。

表5-6　　　　　　　　宅基地使用权及农房的继承关系汇总

继承物	传统的继承 （集体内部继承）	非传统的继承 （非集体内部继承）	备注
农民房屋	所有权归农民，完全物权，可继承	所有权归农民，完全物权，可继承	"房地一体"，宅基地使用权及农房的继承是理论上的争议点
宅基地使用权	使用权归农民，集体内部继承，违反"一户一宅"规定	继承人是原集体内部居民，后因升学、就业等原因落户城市，继承时无村集体户籍。与城镇居民存在一定差异。能否确权登记？有限制性条件？	

3. 宅基地使用权"地价"机制和抵押物"处置"尚待理顺

2020年，中共中央、国务院印发《关于构建更加完善的要素市场化配置体制机制的意见》，对土地、劳动力、资本等要素的市场化配置提出了指导性意见。义乌市为完善城乡地价体系，建立城乡统一的建设用地市场，建立了全国首个农村宅基地地价体系，为释放宅基地的财富效应、深化农村宅基地制度改革做了初步尝试。虽然宅基地地价体系的建立为一定程度上保护农民的利益提供了支撑，但是义乌市宅基地地价体系的定价机制仍然存在问题。首先，宅基地地价体系的确立不仅和区域相关，而且和土地的用途有高度的相关性。由于不同的土地用途产生不同的级差地租，不同的级差地租又会导致不同的土地价格。同样的一块农村土地，在任何其他区位、建筑等条件都不变的情形下，将会由于土地用途的不同而产生不同的级差地租，进而导致截然不同的土地价格。其次，目前的义乌市的宅基地地价体系是在城乡依然分隔的状态下单独为农村宅基地做的定价，农村宅基地地价体系的建立，应当依托城乡要素市场的充分流动，以城乡融合的视角来为农村宅基地地价体系定价，而不是在城乡分隔的状态下建立宅基地地价体系。

在宅基地使用权及农房抵押融资方面，尽管义乌市出台了《义乌市农民住房财产权抵押贷款试点实施办法》，规定抵押人在抵押合同到期不能偿还贷款的抵押物处置办法，但是由于农村宅基地集体产权属性，抵押物的处置仍存在"堵点"。抵押物处置条款规定，抵押权人能以拍卖抵押物的方式来偿贷，但却忽略了宅基地集体产权的特殊性。拍卖宅基地及农房（抵押物）本身属于农村宅基地使用权及农房的再次流转，不同于城市国有土地及城市房屋，农村宅基地及农房在拍卖过程中会存在对买方的一些限制性规定，导致抵押权人（金融机构）在抵押物处置及变现过程中存在标的物的对冲困难。对于宅基地使用权抵押物的处置机制的理顺，可以参考借鉴我国传统地权市场中的"绝卖"和"活卖"的资产配置方式。

六、宅基地使用权市场化流转的政策建议

（一）宅基地"三权分置"下宅基地使用权用益物权制度建设

随着我国城镇化进程的加快，宅基地的保障功能已经逐渐弱化，得益于宅基地"三权分置"的逐步推广，农村宅基地承载的保障功能逐渐由资格权代替，宅基地使用权的流转将更加市场化和多样化。从我国修改《土地管理法》对集体经营性建设用地入市的放开可以看出，国家层面正在逐步地放开对集体土地入市的制度性规制。因而，宅基地"三权分置"改革，从资源配置的层面即通过明晰的宅基地所有权、资格权和使用权产权制度，让宅基地

使用权逐步实现其物权属性，持续完善宅基地使用权物权化流转机制，实现更充分的多层次流转。一是通过"赋权让利"的方式，进一步科学合理地设立宅基地使用权跨集体转让范围，既满足农民的转让需求，又要符合中国特色的经济治理模式，既要放得开，又要收得住。

二是"借船出海"模式。以2020年《土地管理法》集体经营性建设用地用益物权为核心，将农户宅基地使用权转为集体经营性建设用地，之后再进行流转。依托这种形式，农民集体作为产权主体，通过宅基地使用权退出、回购、再分配机制，实现围绕集体经营性建设用地市场体系建设的一级市场与二级市场的联动。规避宅基地制度改革过程中的跨集体转让受让人的限制，城镇居民和城市资本也可以积极参与乡村振兴。

（二）完善与人口城市化进程动态匹配的宅基地房屋继承制度

宅基地使用权代际间的继承作为我国农村宅基地使用权流转中的一种特殊方式，在宅基地使用权流转中占了较大的比例。在人口城市化加速过程中，大量农民的子女外出求学就业，导致宅基地房屋出现继承人户籍已转出的城市化进程中成员权剥离后的身份冲突。对于这种非传统的继承关系，学界有争论。一部分学者认为继承子女不具有村集体成员身份，且已落户城市，属于城市居民，法律上规定农村宅基地使用权不能流转给城市居民，所以这类新型的继承关系应不予承认。而另一部分学者认为，虽然继承子女的户籍已经迁出村集体，但其又是本村集体的原住民，与普通城镇居民购买农村宅基地房屋性质有本质上的区别。并且继承子女有继承父母农房的继承权。鉴于房地一体无法分割的事实，建议非传统继承子女缴纳一定的土地使用费后，认定继承人可以继承农房及连带的宅基地使用权，并予以确权登记。或者将宅基地使用权转为集体经营性建设用地后再进行继承。

（三）完善宅基地房屋抵押与农村资本融通机制

随着城乡融合进程的加速，城乡之间的要素流动更加频繁。经济的发展带来农户对闲置农房的资产属性的多样化需求，义乌市通过开启资本化的宅基地农房抵押融资，拓展了农民的融资渠道，弥补了农村金融市场的短缺，带动了农村产业发展。针对义乌市在宅基地使用权抵押融资中抵押物处置，即宅基地使用权在拍卖过程中由于宅基地集体产权的原因存在的一定的拍卖困难问题，建议通过以下两个方面来解决：第一，建立宅基地使用权抵押风险基金。在严格审查农民申请宅基地抵押融资贷款用途及偿还能力的前提条件下，从源头上尽量避免偿还贷款困难现象发生的同时，政府应当设立宅基地使用权抵押风险基金，一旦出现抵押人无法偿还贷款的情况，首先由抵押风险基金偿还一部分贷款，来分担抵押贷款的风险，进而政府再通过回购宅基地使用权等方式来变现，用以补偿风险基金。第二，建议政府设立农村宅基地使用权及农房拍卖平台，筛选符合条件的村民参与拍卖，并且可以适度允许城镇低收入无房家庭参与拍卖。通过完善宅基地房屋抵押与农村资本融通机制，充分发挥市场在资源配置中的决定性作用，发挥市场主导和政府调节相结合的制度优势。

（四）宅基地"三权分置"与乡村产业振兴良性互动

宅基地使用权流转，带动了城乡间资本的流动。城乡间资本的流动，为乡村产业振兴带来了巨大的内生动力。宅基地使用权及农房的商业租赁，吸引大量产业和劳动力入驻农村，带动农村电商和物流业的快速发展。宅基地使用权的跨集体转让，能带来巨大的资本流入，为乡村经济的发展提供支持。宅基地房屋的代际继承，可以带动更多的城市资本回乡创业。而在传统物权体系中的所有权与使用权的"两权分置"下，担心宅基地流转威胁农村土地集体产权制度，客观上是逻辑自洽的。宅基地属于农村集体产权性质的土地，而集体产权又属于公有制的重要实现形式。农村集体组织由于拥有封闭性和身份性两个典型特征而区别于股份制和股份合作制这两种财产的组织模式。集体产权中的"集体"是农村基于特定生产关系而形成的一个相对稳定并且同质的抽象化的组织结构。禁止农村宅基地向集体以外成员或者城市流转，就能保证农村集体组织固有的内部结构。农村集体土地的所有权，归农民集体所有。而允许农村宅基地使用权流转，城市居民或者其他和原集体不相关的法人和自然人就可能进入集体组织并成为集体组织的成员。而集体组织成员身份和来源的多元化必然与长期以来所坚持的集体组织成员的同质化二者发生矛盾。因此，宅基地"三权分置"探索了集体产权新的实现形式。这种集体产权新的实现形式无疑会通过制度创新加速乡村产业振兴，最终实现宅基地使用权和乡村产业振兴的良性互动。

第六章

政府与集体主导型的宅基地
退出与城市融入模式

一、人口城市化进程与城乡
建设用地空间配置需求

城市化的发展在西方发达国家已有百年的历史，而在我国的城市化与工业化进程中依然是一个新生事物。而若要追溯城市化进程，其在西方商业文明史上已经有500多年的历史。因而，无论是城市化进程还是城市群的发展，其作为市场经济一般特征的内在经济规律及空间自然演化机理，在大国崛起的进程中不仅具有规律性的路径特征，同时在很大程度上决定着一国最终的竞争优势。正如J·弗里德曼所言，评价一个城市群的地位和作用，已不在于人口规模，而在于该城市群在全球经济活动中的地位、支配资本和信息的能力。关于城市群与国家竞争力，我们可以拿资本主义全球化进程中300年间三个重要的国家做一对比：英国伦敦城市群仅占国土面积的18.4%，而其经济集聚度达到了80%；美国东北部城市群仅占国土面积的1.5%，经济集聚度达到了24%；日本太平洋城市群占国土面积的26.5%，经济集聚度达到了74%。消除人口与土地要素流动的错配，不仅是单向的人口城市化流动，而是双向的人口与土地的空间配置过程。

（一）逻辑起点：20世纪中叶我国以工业化为先导的城市化模式

根据康德拉季耶夫长周期理论，中国作为一个大国在起始的发展路径上与其他国家就有显著的差异性。巴西、阿根廷、印度、墨西哥这些发展中国家，其城市化水平，即城市化率要明显超前于国家的工业化水平。而我国从

20 世纪中叶起，城市化水平是严重滞后于工业化的。一是由我国的发展战略所决定。1956 年的《论十大关系》，首位的国家战略就是正确处理重工业和轻工业、农业的关系，也就是工业化是重点，要优先发展生产资料生产。1954 年的第一届全国人民代表大会，就提出了工业、农业、交通运输和国防的四个现代化任务。1964 年 12 月，周恩来总理在第三届全国人大一次会议上提出，在不太长的历史时期内，把我国建设成一个具有现代农业、现代工业化、现代国防和现代科学技术的社会主义强国。二是由于阻止城乡间劳动力流动的户籍制度所致。1958 年《中华人民共和国户口登记条例》的颁布，城乡之间劳动力和人口自由迁徙的通道被阻塞，标志着城乡二元户籍制度及城乡分割的制度体系基本建立。而在此之前，1957 年 12 月，中共中央和国务院还颁布了一个《关于制止农村人口盲目外流的指示》指出：农业人口大量外流，不仅使农业劳动力减少，妨碍农业生产发展，而且也给城市各方面工作带来了不少困难。在城乡人口自由流动及户籍制度弱管制时期，我国的城市化率从 1949 年的 10.64% 增长至 1960 年的 19.75%，10 年间增长了 9 个百分点。但在户口登记条例颁布以后的强管制时期，我国的城市化率在 1960 ~ 1980 年的 20 年间，竟然从 1960 年的 19.75% 下降至 1978 年 17.92%，近 20 年间城市化水平是负增长，如图 6 - 1 所示。而 60 年代和 70 年代正是东亚经济体日本、韩国的强势崛起时期。由于没有处理好资源配置的微观激励机制，农业产出效率低下持续的粮食短缺导致工业化进程受阻，最终农业现代化、工业化和城市化三者的关系失衡。在 1978 年开始改革开放时，人均 GDP 为 241 美元，而 25 年后 2013 年，人均 GDP 已经达到 6700 美元，25 年增长了 28 倍。三是相比工业化战略，我国城镇化政策出台的滞后性。正是这种城市工业化优先发展的战略，只到 20 世纪 80 年代，伴随着农村经济改革与乡镇

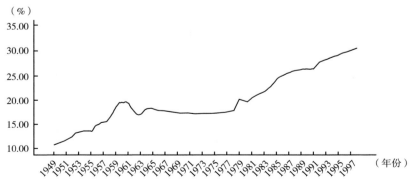

图 6 - 1　1998 ~ 2018 年我国城镇化率增长曲线

企业发展，费孝通先生才率先提出中国的城镇化模式。1998 年，中共中央在《关于农业和农村若干重大问题的决定》中提出"小城镇、大战略"问题。1999 年中央经济工作会议也特别强调"发展小城镇是一个大战略"。直至2002 年党的十六大，才最终在国家战略上确立了"走中国特色的城镇化道路"。可以看出，我国的城镇化政策滞后于工业化 30 多年。相比美欧发达国家，面对我国相对滞后的城市化进程，只能实施快速赶超战略。

（二）市场演进与政府推动：我国城市化赶超战略

随着我国城镇化战略的提出，劳动力在城乡之间的流动日趋活跃。市场机制下逐渐形成农村剩余劳动力向城市配置的刘易斯拐点效应及随之而来的农业剩余人口的大量转出。其一，农村剩余劳动力向城市自发的市场化配置加速推进了我国城市化进程。根据夏海勇[①]的推算，1997～2000 年，我国农村外出务工劳动力人数从 8315 万人增长至 11340 万人。2018 年，我国农村外出务工劳动力为 2.7 亿人，是 2000 年外出务工人数的 2 倍多。作为农村劳动力流出大省的河南、安徽、湖南、江西、四川、江苏、重庆、贵州、辽宁和湖北，每年的外出务工劳动力达到 1000 万人次以上。我国 2.7 亿人的农村外出务工劳动力总量，根据 1000 万以上人口的超大城市标准，可以形成 27 个超大城市，如果加上家庭人口迁移，规模则更可观。1988 年我国城镇化率仅为 25.81%，到 2012 年我国城镇化率已经快速增长至 52.57%，25 年间，城市化率年均提高 1.14 个百分点，到 2018 年我国的城镇化率水平已经接近60%，平均每年 1000 万农村人口流向城市，如图 6-2 所示。据统计，2020年中国 23 个城市群创造了 80.49% 的地区生产总值。我国两大城市群长三角和珠三角的产值占到了全国 GDP 总量的 1/3。而长三角城市群、海峡西岸城市群、辽中南城市群、成渝城市群、宁夏沿黄城市群、京津冀城市群、珠三角城市群等经济总量占所在省份的比重已经超过了 80%。

其二，政府主动作为对城市化与城市群的统筹推进。2012 年，党的十八大提出新型城镇化道路，要从空间的城市化进程向人口的城市化进程转型。党的十八大以后，国务院出台《关于进一步推进户籍制度改革的意见》，在宏观政策上通过推进户籍制度改革，促进大中小城市的农村转移人口市民化进程。2014 年，中共中央和国务院又印发了《国家新型城镇化规划》（2014～2020

---

① 夏海勇. 透视民工荒 [J]. 市场与人口分析，2005，11（04）.

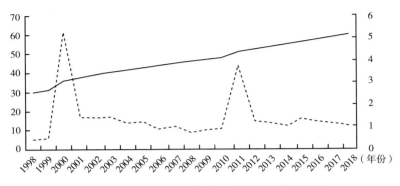

图 6 - 2　1998 ~ 2018 年我国城镇化率增长曲线

年），提出将城市发展作为重点工作，同时进一步明确今后要以"城市群"为主体形态，推动大中小城市和小城镇协调发展，全面提高城镇化的质量与"人"的城镇化进程。另外，进行点线面多层次的城市群的宏观区域政策建构。确立北京、上海、广州、深圳等 15 个城市为国家级中心城市，通过国家级中心城市建设实现宏观区域四大板块的协调发展。2015 年，国务院批复了《长江中游城市群发展规划》，培育横贯我国东中西三大板块的长江经济带战略。2016 ~ 2018 年，国家在京津冀城市群、长三角城市群、珠三角城市群的基础上，又规划确立了长江中游城市群、哈长城市群、成渝城市群、中原城市群、北部湾城市群、关中平原城市群、辽中南城市群、山东半岛城市群、呼包鄂城市群十个国家级城市群，城市群将成为支撑我国区域经济增长与经济结构调整升级的新引擎。党的十九大报告首次提出"实施区域协调发展"战略，要创新和完善宏观调控，发挥国家发展规划的战略指导作用，健全财政、货币、产业、区域等经济政策协调机制，重点聚焦疏解北京非首都功能推动京津冀协调发展，高起点规划和建设雄安新区。可以看出，城市群发展模式已经成为我国经济迈向中高端的客观经济规律，在特定发展阶段实现结构升级、协调发展的必然战略选择。

（三）我国城市化进程中面临的问题：跨越中等收入陷阱的制度路径

党的十九大提出，以城市群为主体构建大中小城市和小城镇协调发展的城镇格局，加快农业转移人口市民化。根据《国家新型城镇化规划》，2020 年我国已经实现常住人口城镇化率超过 60%，户籍人口城镇化率超过 45%。

"十四五"时期，还要转移1亿人左右的增量农业人口转移城镇化。而同时，进入城市的2.3亿农民工仍然处于"半市民化"状态，因而，无论从增量还是从存量上核算，实现城镇化的目标以及消除人口与户籍人口城镇化"剪刀差"的任务非常艰巨。与之相对应的是传统的宅基地管理方式所导致的农户宅基地利用粗放、退出不畅等问题。

我国正处于城市化进程的加速阶段，我国2.7亿人左右的农民工每年大约有1000万人要转为城市户籍。而城市化进程中由于农村宅基地的闲置，导致人口与宅基地的空间错配，土地市场的发育显著滞后于劳动力与资本市场。固化的宅基地使用权内部转让制度在户一宅政策限制、宅基地房屋继承性、农村劳动力转移因素影响下产生了宅基地退出的需求阻滞，致使宅基地及房屋的资产价值不能有效实现，而另一方面宅基地退出相关经济补偿制度的缺失导致宅基地退出也呈现"用脚投票"的供给阻滞。

与城市住房改革国有土地使用权的有偿使用相反，长期以来我国农村宅基地使用权是"无偿的"取得的。宅基地无偿取得的前提一是要满足农村"分户"条件，二是必须是本集体成员。宅基地无偿的福利分配，导致人口扩张推动的粗放型宅基地刚性增长模式，大量占用农村集体土地资源，形成类似"公地悲剧"效应。农村宅基地的"无偿"取得制度、代际继承等历史原因以及宅基地的内部流转机制，导致难以实现"一户一宅"的目标。一些欠发达地区普遍存在宅基地超标、"一户多宅"等现象；而经济发达地区则表现为宅基地短缺与一户多宅现象并存。因此，完善宅基地权益保障，探索农民住房保障在不同区域"户有所居"的多种形式，对因历史原因形成超标准占用宅基地和"一户多宅"等情况，探索实行有偿使用。探索进城落户农民在本集体经济组织内部自愿有偿退出或转让宅基地，消除人口流动与土地要素的空间错配。

二、农村宅基地退出的相关理论研究动态

国内外学者围绕我国农村宅基地退出及经济补偿与人口城市化进程的研究，可以归纳为三个方面。

（一）农村宅基地退出的价值分析

首先，是农村宅基地的功能定位。杨宝勤等（2015）认为，集农民财

产、住房保障及生产功能于一体的农村宅基地长久以来始终是农民的核心权益。而随着农民工向城市流动，宅基地的住房保障及生产性功能下降的同时资产功能已显著增强（朱道林，2015）。其次，农村宅基地是否闲置的研究争议。王艳霞（2016）指出，由于我国城市化进程及宅基地退出机制的缺失，我国已有相当数量的农村宅基地处于闲置状态。李剑阁（2007）估计，我国农村宅基地的闲置比例约10.4%；党国英（2015）测算的结果是我国非季节性的常年闲置、隐性闲置宅基地比例不低于20%并仍有增长的趋势。但也有相反的观点。贺雪峰（2014a）认为，农村宅基地当前仍属于"相对"闲置而非"绝对"的闲置。"闲置"宅基地是重要且不可或缺的农民工返乡避险的"减压池"。刘锐（2013）指出，城乡二元经济结构及国际分工体系形塑出的半工半农的小农家计模式，宅基地退出会引发诸多的政策风险。

我国宅基地退出背后的农村宅基地物权制度缺失与福利风险。一是宅基地用益物权中收益权的缺失。龙开胜（2016）指出，宅基地使用权虽归为用益物权，但具体到宅基地部分，却只涉及依法享有占有和使用的权利，并没有明确规定农户宅基地的收益权。汪应宏（2016）指出，宅基地使用权在法律体系中仅是一种特殊的用益物权，其完善程度明显比农户承包经营权的物权滞后。宅基地用益物权的受限还体现在国家对宅基地转让权有着严格的政策限制（孔东菊，2014）。对宅基地退出及农民利益损失的关注。胡芬（2015）认为，宅基地退出是一个利益相关者的博弈关系。地方政府的补偿策略集支付函数与农户的退出策略集成本函数是否达到均衡状态是宅基地退出的核心问题。孙秋鹏（2013）认为，地方政府在土地市场的双边垄断格局可能导致宅基地退出过程中忽视农民意愿、土地财产收益分享困难及农民丧失保障等风险。二是宅基地征收补偿的利益缺失研究。我国土地征收主要是从农地征收的角度来规范的，《土地管理法》将宅基地的征收补偿仅以"其他土地"对待。宅基地的征收补偿基本上处于无法可依的境况（梁亚荣，2014）。《土地管理法》规定，征收"其他土地"的土地补偿费和安置费补助标准由省市自治区参照征用"耕地"的土地补偿标准和安置补助费标准。因而，宅基地的征用实质上处于无法可依的状态。三是宅基地与房屋的权属关系松紧不一致。宅基地与房屋作为标的物本质上是一体的，但我国在法律制度上却是房地分离的。在土地相对价格升值的城市化背景下，宅基地权利界定不清，导致无序发展中的租值耗散（张凤荣，2016）。高胜平（2016）、王卫国（2015）提出基于渐进的制度变革模式，可采取日韩等国和中国台湾地区推定租赁的模式，即引入法定租赁权模式推动我国农村宅基地的市场化转让。但这种渐进式的改革思路正如日本学者藤井俊二（2006）所指出的，日本将建筑物和土地视为两种独立的不动产是日本土地制度设计中最大的败笔。这也为我国处于残缺状态下的宅基地用益物权的设定及制度演进提供了参照与借鉴。

而众多学者从土地发展权空间配置的宏观理论层面支持农村宅基地退出。宋戈（2016）认为，农村宅基地退出有利于解决城乡建设用地空间结构整合与宏观土地资源的配置效率。陆铭（2010）基于人地互动的视角认为农村宅基地退出有利于我国的人口城市化进程。而同时，农村宅基地退出有利于农民土地财产权利的资本化（刘守英，2014）。巴里（Barry C. Field，1975）首次从宏观上论证了区域间土地发展权"指标"交易能增进社会总福利。之后，卢博夫斯基（Ruben N. Lubowski，2002）建构了一个标准化的两区域间土地复垦与指标交易的市场模型。琳达和弗吉尼亚（Linda & Virginia McConnell，2006）基于微观土地收益分配的视角认为土地发展权的权利归属是收益分配的核心，而在发展权清晰界定的情况下，土地发展权交易（TDR）就是纯粹的财产权交易及财产的货币化过程。穆向丽（2014）研究了国内建设用地指标增减挂钩中宅基地增资收益形成路径，指出土地用途与区位是土地增值收益形成的核心要素。周其仁（2010）认为，即便存在制度缺失，城乡建设用地指标交易已经使农民部分地参与了城市化进程。

（二）政府主导的农村宅基地退出模式与市场化模式

一是宅基地市场化流转退出模式。周其仁（2014）认为，农户宅基地流转是城市化进程中要素基于机会成本与比较优势原则进行配置的权利。文贯中（2014）基于"外部性"与宅基地管制的关系，指出市场经济条件下的土地用途管制是基于可能发生的"外部性"而产生，而不是基于所有权的歧视性管制。蔡继明（2015）认为，我国农村宅基地房地与城市住房管理制度并轨实现同地同权入市，能最大限度地保护农民的财产性收入及推动人口的城市化进程。

二是政府主导或集体组织主导的农户宅基地退出模式。此种路径的合理性，彭小霞（2016）从总体绩效的角度，认为这种路径能保障农民财产权益与城乡土地资源配置效率的统一。宅基地市场化自由流转在我国当前的城市化进程中会产生大量的"逆"城市化问题，不利于城乡土地资源的调控（宋志红，2016）。但政府主导的宅基地退出也存在利益分割失衡的风险。因而，宅基地退出必须以保障农民财产权为核心，在财产性权利与社会保障功能两者间找到最优的博弈均衡点（陈景春，2015）。正如桂华（2014）所言，农村宅基地物权制度的受限决定了宅基地使用权不具有纯粹私权性，不具备完全市场化流转的产权制度基础。同时，农村宅基地资产功能以外还具有住房保障功能，完全市场化的流转势必造成部分农民破产后的住房保障风险（贺雪峰，2014b）。汪莉（2015）指出，当前宅基地退出中缺少对土地发展权权属的确定及合理的利益分配结构，应通过确立农民及集体对宅基地退出新增建设用地指标的物权制度形成有效的宅基体退出激励机制。基于两种路径的综合风险考量，在政府公平界定农村宅基地权利结构的前提下，政府主导的农户宅基地自愿退出在社会总福利上会优于宅基地市场自由流转。

（三）农村宅基地退出的微观路径与决策

一是以天津为代表的"宅基地换房"模式。曲福田（2014）指出，天津的"宅基地换房"通过宅基地的退出与"农民上楼"宏观上优化了城乡建设用地结构，同时促发了农民居住方式的转变及城市化意识。二是"地票"及建设用地指标交易模式。陈利根（2012）认为，作为农民宅基地退出的建设用地指标交易模式，通过市场定价与货币补偿的方式强化了农户宅基地所具有财产性功能意识。当然，也有学者认为，城乡建设用地指标交易并没有从根本上改善土地利益的分配结构（罗必良，2010）。三是成都的"双放弃、三保障"模式。刁其怀（2015）认为，这种模式的特点在于农民宅基地退出与承包权流转两项物权联动，同时将农户城市化进程中的住房保障、就业与城市社保连为一体，降低了农户宅基地退出后的城市融入风险。四是浙江的"两分两换"模式。王艳霞（2016）认为，相比较成都以"保障权"置换为特征的宅基地退出模式，浙江的"两分两换"更突出了宅基地和农户承包经营权的资产功能。五是苏州的"三置换、三集中"模式。楚德江（2016）指出，该模式的特点突出了农户宅基地退出过程中承包地、宅基地、集体资产三项资产的财产性权益，并在资产等额置换的基础上，实现城乡社会保障与公共服务的对接。

梳理各地的农户宅基地退出模式及路径演进，可以得出：（1）宅基地退出从起初的宅基地换城市住房这种单要素模式不断向就业与社保等多要素联动模式转变。（2）农民宅基地的退出从原初的保障房置换逐步向资产性住房置换演进。（3）宅基地退出方式从原初自上而下的"运动式"逐步向农户自主性选择演变。（4）再分配环节农户宅基地退出的社会保障从原初城乡分割的运作模式逐步向城乡协同的模式演变。基于政府与农民对农户土地资产的双向认知，政府主导的宅基地退出较之完全的市场化自由流转，将具备更优的福利效果。

从微观决策层面，对农户宅基地退出意愿进行量化分析。前期的 Logistic 农户个体决策模型，在解释变量的选取上不仅选取了农户的个体特征、农民的家庭特征、宅基地禀赋及区位等静态指标，还涉及供给侧的宅基地补偿、房屋补偿、培训和就业、社会保障、城市融入等动态的政策变量。诸培新（2016）验证了户主的年龄、受教育程度、职业特征和兼业程度、技能状况等变量对农户宅基地退出意愿的影响。研究表明：拥有人力资本的农户更倾向退出宅基地。钱文荣（2016）验证了农户家庭非农收入比重、家庭年纯收入、家庭总人口与家庭参保人数对农户宅基地退出意愿的影响。研究表明：家庭年纯收入与非农收入比重对宅基地退出意愿呈正向影响；而家庭总人口与家庭参保人数则对宅基地退出意愿呈负向影响。杨玉珍（2015）验证了城镇是否购房、宅基地块数及面积对农户宅基地的退出的影响。研究表明：两变量都正向影响农户宅基地的退出意愿。李伯华（2015）验证了农村居住环境满意度、农户对现有住房满意度、区位交通环境、住房的现值和重置成本等变量宅基地退出的影响。研究表明：以上四个主要解释变量都显著地负向影响农户宅基地的退出意愿。张安录（2016）还验证了农地是否已流转及农户基地退出收益分配比例对退出意愿的影响。研究表明：农地流转对宅基地退出意愿呈正向影响；而农户基地退出收益分配比例对宅基地退出呈负向影响。村集体获取收益所占的比重越大，越会阻碍农户宅基地的退出意愿。而通过宅基地补偿制度的渐变触发基于农户个体选择的"内生"化的宅基地退出及城市融入路径则更有助于社会福利的最优化。

三、经济较发达地区"集地券"宅基地退出模式

（一）首个宅基地使用权地价体系的建立

我国农村宅基地使用权地价长期处于模糊状态，长期以来被低估，为农户带来不同程度的经济损失。为完善城乡地价体系，深化义乌市农村宅基地制度改革，建立城乡统一的建设用地市场，2016 年，义乌市与中国国土资源

经济研究院合作，共同开始研究农村宅基地基准地价课题项目。课题项目不仅从宅基地价值构成、宅基地价格、影响因素等理论层面开展了宅基地使用权地价的研究，而且在集体建设用地地价评估实践方面进行了研究，地价体系的科学性体现在其根据区位、交通、距离城市中心的远近、村庄的发展状况以及市场的行情，探索并建立了覆盖全市每个村庄的宅基地基准地价体系，为建立城乡统一的建设用地市场奠定了一定基础。

结合义乌农村实际情况，经过一年的宅基地使用权地价的理论研究，义乌市于2017年公布了全国首个农村宅基地基准地价体系。该体系共分九大均质区片，区片地价最高为25870元/平方米，最低为2870元/平方米。最高价格位于市中心，逐步向周围的郊区和乡镇递减。

义乌市农村宅基地基准地价体系，是国内率先开展宅基地基准地价评估的探索，具有一定的创新性；测算结果符合义乌实际，有较好的实用性，为义乌市宅基地使用权流转提供了数字化的估值依据，便于银行等金融机构估算村民的抵押物价值。同时也为农户之间直接流转宅基地使用权及其房屋提供了更加明确的流转标准和依据，避免了农户宅基地及其房屋被低估价值的可能性。义乌市建立了农村宅基地地价体系之后，宅基地使用权流转的交易量主要体现在宅基地使用权及农房的商业租赁、跨集体转让以及抵押融资等方面，一般单独进行宅基地使用权地块的交易行为较少，交易的数据分别体现在以上义乌宅基地使用权多元化流转方式内容中。农村的宅基地也与城市的国有土地有了类似的地块价值，为缩小城乡二元体制作出了一定贡献，向城乡土地一体化更近了一步，为土地要素流动带动资本要素流动提供了要素价格的基础，为加快城市化建设提供有利条件，为义乌市宅基地使用权多元化流转奠定了基础。

（二）经济较发达地区证券化的宅基地退出模式："集地券"

"集地券"是宅基地使用权退出后形成的证券化的金融产品。义乌市在探索宅基地使用权自愿退出机制中，探索建立的统一城乡建设用地市场，将全市范围内废弃或闲置的低效碎片化的农村建设用地复垦为耕地，经过政府等相关部门验收合格后计算得出的建设用地指标，就称为"集地券"。义乌市通过"集地券"制度，将全市范围内复垦、自愿退出的农村建设用地指标和耕地指标在全市统筹使用，从而形成证券化的金融产品。"集地券"是一种宅基地使用权的新型流转方式，它的来源主要包括农户自愿退出宅基地进行复垦、农村因实施更新改造等新农村建设①退出的宅基地进行复垦、农村集体土地的废弃工厂等用地进行复垦、城乡新社区集聚建设退出的宅基地进行复垦等。根据"集地券"产生前的土地权属关系,"集地券"的归属权也不同,分别属于农户、村集体和政府所有。"集地券"是一种证券化的金融产品,可以在市场上流动。持有"集地券"的宅基地使用权人可通过政府搭建的平台公开交易,当然也可以申请政府回购。正是因为有政府的回购政策,义乌市的"集地券"相较于重庆宅基地改革模式的"地票"②制度来说,是一种升级版,是宅基地使用权跨空间流转的一种形式,是义乌市宅基地使用权流转的一个特色,更加有利于保障农民的权益。

义乌市在实践过程中,每年根据"集地券"的取得成本等因素确定"集地券"指导价格,2017年政府回购指导价为40万元/亩。按每亩20万元/亩价格收购归政府的"集地券"。村集体和农户将持有的"集地券"交易后,镇(街道)扣除管理等费用后,再按照下列规则支付给权利人"集地券"价款:第一,村集体持有的"集地券"首次流转所获得的收益,归村集体所有;第二,农户持有的"集地券"首次流转获得的收益,归农户所有,村集体同时获得市政府4万元/亩的奖励资金;第三,各镇(街道)持有的"集地券",市政府给予新增建设用地计划指标奖励,奖励的标准为总量的40%。从2016年12月义乌市颁发全国首本"集地券"证书,到2017年底义乌市宅基地使用权退出复垦为"集地券"1953.65亩。③

"集地券"的金融属性。一是"集地券"可抵押贷款。"集地券"持有人可以将"集地券"作为抵押物向银行申请抵押贷款。而且,在政府规定的平台,"集地券"还可以通过拍卖的方式进行交易。体现出"集地券"市场化流转程度高以及"集地券"的证券化及金融属性。二是"集地券"存入收储制度。政府设立统一的"集地券"存入和预支管理平台,也就是"集地券"持有人除了可以将"集地券"在交易平台直接交易外,还可以同现金存入银行一样存入平台,由平台根据存入时的指导价格支付银行存款利息。"集地券"收储制度使"集地券"有更多的流转方式,让"集地券"在土地

---

① 新农村建设:包含更新改造、旧村改造、"空心村"改造、"异地奔小康"工程。

② 地票,是指将闲置的农村宅基地及其附属设施用地/乡镇企业用地/农村公共设施和农村公益事业用地等农村集体建设用地进行复垦,变成符合栽种农作物要求的耕地,经严格验收后腾退出来的建设用地指标,由市国土房管部门发给等量面积建设用地指标凭证。这个凭证就称为"地票"。

③ 浙江新闻. 多项成果全国第一! 义乌市农村土地制度改革结硕果 [OL]. (2018 – 01 – 10) [2019 – 06 – 06]. https: //zj. zjol. com. cn/news. html? id = 846740。

要素配置中更好地发挥其金融属性的作用。①各镇（街道）范围内产生"集地券"，市政府按照形成总量的40%给予新增建设用地计划指标奖励。

为了使证券化的"集地券"制度可以顺利推行，义乌市相继制定了关于"集地券"的管理办法及交易细则等相关配套文件，探索出了具有义乌特色的宅基地退出模式，破解了城乡建设用地紧缺的难题，为我国经济发达地区宅基地制度改革提供了一定借鉴意义。

（三）宅基地使用权指标证券化复垦退出的经验

第一，基准地价原则。宅基地作为农民三大财产权的核心，在今后的供给侧结构性改革中，应构建产权明晰、农户与集体经济组织利益关系均衡并适应市场经济的宅基地用益物权制度。一是基于渐进式的制度与政策。二是在保障农户宅基地占有与使用权的基础上，强化收益权，为农户宅基地退出经济补偿提供政策基础。三是"转让权"的限定与城乡土地资源的结构动态优化。农户退出宅基地，须将宅基地转让给集体经济组织或者国家，转让须以公允的市场价格为前提。2020年修订的《土地管理法》征求意见稿第六十三条，设定集体土地所有权人在一级市场上可以通过出让、租赁、作价出资及入股等形式配置土地资源，同时，集体经营性建设用地使用权也可以在二级市场上进行转让、出租、抵押等市场化配置。因而，建立城乡统一的建设用地区域阶梯型基准地价，有助于农村集体经营性建设用地使用权资产价格机制的形成。2017年，浙江义乌率先进行了建立宅基地基准地价体系的探索试验。义乌的宅基地基准地价将全市宅基地分成价格差异化的九个区片，基准地价依次从2870元/平方米到25870元/平方米。义乌宅基地基准地价的建立，为正在试点的宅基地使用权抵押贷款提供了准确的资产价值标准。在今后的宅基地"三权分置"改革试点中，可以探索建立城乡同地同权同价的阶梯型基准地价体系，不仅有助于维护农民土地权益，而且也能最大限度地降低宅基地等用益物权的交易成本。

第二，在实践中贯彻宅基地初始分配起点公平原则。要严格按照"一户一宅"、面积法定的原则进行确权发证，发挥集体组织在农村宅基地使用权流转中坚守社会公平。对于由代际继承等历史原因形成的宅基地超标、"一户多宅"等现象，超占部分应按有偿使用标准向村集体缴纳费用或申请有偿

① 鲍建平. 义乌"集地券"管理制度的探索与实践 [J]. 中国土地，2018（03）：41-43.

退出。对于其他类型的宅基地违法侵占行为要进行地籍调查、权属识别并由村集体统一收储。基于起点公平原则的农户宅基地使用权确权，不仅有助于避免集体土地"公地悲剧"，缓解部分宅基地超标使用与增量宅基地刚性需求之间的矛盾，也有助于在宅基地"三权分置"改革中探索通过农村集体经营性建设用地入市，在盘活闲置资源过程中形成良性的收入分配格局。

第三，构筑政府主导的宅基地收储双边市场平台。基于宅基地物权制度改革的利益分割思路，借鉴怀特和阿姆斯特朗（Wright & Armstrong，2007）提出的双边市场理论，构建农户、市场、政府三方协同的宅基地收储的平台。一是建立农户与地方政府关于宅基地退出激励相容的农地物权体系。需要通过研究宅基地物权的演进与制度改革的路径，寻求地方政府利益函数与农户—集体经济组织收益函数的稳定均衡点。相对于宅基地的市场化流转，政府主导的宅基地退出双边市场模式容易引发地方政府与农户间对宅基地的性质功能的认知差异及利益冲突。农户更倾向于宅基地财产权功能的实现，而地方政府往往更偏重农民退出宅基地之后的福利保障替代。二是"化零为整"，盘活零散宅基地促进城乡建设用地资源的结构优化与集约利用。三是依托双边交易平台实现多主体收益最大化：集体经济组织作为土地所有权主体收回复垦后农地规模化经营、农户获得宅基地用益物权的资产价值及房屋补偿、地方政府获得建设用地指标发展经济、中央政府实现耕地保护与城乡建设用地的优化配置。平台不仅可以进行农村宅基地退出的实物交易，还可以进行指标交易，甚至还可以异地交易。四是农户宅基地退出双边市场平台的资金平衡。无论是实物补偿还是货币补偿，最终都必须进行成本收益核算以平衡资产负债。因而，中央政府要创设良性的土地宏观调整政策环境，为宅基地的退出及指标价值的实现营造市场条件。地方政府要通过多种途径弥补农村宅基地退出的资金缺口。

第四，农业转移人口宅基地退出与城市融入保障机制兜底原则。农村转移人口的社会保障及相关福利是关系我国人口城市化进程的核心问题。宅基地退出后农民向市民的转换，农户从传统的宅基地兼具"成员权"保障功能与"物权"财产功能的结合体，大部分转变为分立的财产权及享有的城镇居民公共服务与社会保障的市民阶层。农民的这种城市融入依托的是产权界定——宅基地退出——平台交易——利益分配——配套衔接——城市融入的联动机制。只有城乡协同才能有效满足城乡建设用地结构优化所形成的人口城市化进程加速产生的就业、培训、住房、教育、医疗、养老等各层级的公共服务及社会保障需求。

随着我国人口老龄化进程的加速，农业转出人口城市养老的形势更加严峻。然而，只有切实推进人口城市化进程，才能助力农业多种形式的适度规模经营。近年来，地方政府通过土地财政拓展城市空间，为人口城市化进程提供了条件。2014 年，国务院又发布了《关于进一步推进户籍制度改革的意见》，推动阶梯式放开城市落户限制，引导农业转出人口及其配偶、未成年子女、父母等在当地申请常住户口。同时明确指出，农业转出人口城市落户不得侵犯土地承包权，不得以退出土地承包经营权、宅基地使用权、集体收益分配权作为农民进城落户的条件。另外，保障逐步全面化，即把进城落户农民完全纳入城镇社会保障体系。建立财政转移支付同农业转移人口市民化双向挂钩的财政政策支持。除此之外，还需要从体制衔接的角度做好长期在城市打工的农业转出人口城市养老保障的立户、城市间的转移及接续。基于当前我国养老金个人账户与统筹账户的双账户管理特征，农业转出人口城市间养老金的转移接续不仅涉及制度规范，更涉及城市之间利益分配的协调。只有进行城乡联动的彻底体制改革，才能有序引导农业人口流出。

四、深度贫困区政府主导的易地扶贫搬迁模式

（一）大规模易地扶贫搬迁：政策演进与典型案例[①]

易地扶贫搬迁在国外语境下主要特指生态移民或是环境移民，指的是"由于干旱、土壤侵蚀、荒漠化、过度砍伐森林等问题而导致的贫困及其相关治理"。与之相关的理论，如生态贫困与可持续发展理论。迈克尔·P·托达罗指出造成贫困落后地区经济社会难以发展的重要原因是贫困与生态环境退化的恶性循环。[②] 另外，还有经济关系调整视角下的易地扶贫搬迁理论。阿玛蒂亚·森从贫困应视为基本可行能力的被剥夺，而不仅仅是从收入低的视角来研究贫困治理。资源与利益的分配贯穿于整个移民搬迁的始终。为了有效避免各种行动主体之间的利益冲突，摆脱各种社会排斥现象的发生，就必须改变贫困群体的生存环境，并在新的生存环境中赋予贫困群体应有的权利，增强其经济发展能力和社会适应能力，实现内源式发展。[③] 国外与易地

---

① 来源：首都师范大学赵新峰教授的调研案例。
② 迈克尔·P·托达罗. 经济发展与第三世界 [M]. 北京：中国经济出版社，1992：102 – 103.
③ 叶青，苏海. 政策实践与资本重置：贵州易地扶贫搬迁的经验表达 [J]. 中国农业大学学报（社会科学版），2016，33（05）：64 – 70.

扶贫搬迁相关的理论都是从不同层面和不同视角下的局部理论建构。不论是生态移民，还是人口区位迁移视角下的贫困治理，其核心仍然是西方以市场经济为主导的大市场小社会的贫困治理路径。

虽然生态移民理论发轫于国外，但我国幅员辽阔，东西部地理差异和发展阶段差异极大，大部分深度贫困区处于我国生态安全前沿地带，易地扶贫搬迁有内生化的政策需求。易地扶贫搬迁脱贫战略的演进可以划分为以下三个阶段：

易地扶贫搬迁第一阶段：易地扶贫搬迁在我国最早开始于1983年的"三西"（甘肃的定西、河西和宁夏的西海固地区）扶贫。鉴于"就地扶贫"成本高、缺乏可持续性、政策效益日益递减，用搬迁扶贫替代就地脱贫逐渐成为政策选择。对我国中西部欠发达地区中"一方水土养不起一方人"的区域，由于长期贫困与环境恶化不断交织，引导贫困人口进行整体搬迁能长效脱贫。易地扶贫搬迁工程就是"帮助居住在生态环境严重恶化地区的贫困农户脱贫致富，并逐步改善和恢复生态环境的初衷与目的"。[①] "易地扶贫搬迁"在国外被称作"生态移民"，作为解决区域性整体贫困的重大举措，易地扶贫搬迁凸显了我国贫困治理的制度优势。到20世纪90年代末和21世纪初，易地扶贫搬迁模式逐渐铺开。

易地扶贫搬迁第二阶段：我国自2001年开始至2015年的探索阶段，在全国进行易地扶贫搬迁的试点，陆续实施了扶贫移民[②]、生态移民[③]等多种形式的移民搬迁工程。从2001年开始，国家发展和改革委员会安排专项资金，在全国范围内组织开展易地扶贫搬迁试点工程。2015年10月，习近平在减贫与发展高层论坛上正式明确了易地扶贫搬迁的重要性，"各地要通过深入调查研究，尽快搞清楚现有贫困人口中，哪些是居住在'一方水土养不起一方人'的地方、需要通过易地搬迁实现脱贫的等等"，要提出分类施测的具体办法。[④] 2015年11月，习近平总书记在《中央扶贫开发工作会议上的讲话》讲到："生存条件恶劣、自然灾害频发的地方，通水、通路、通电的成本很高，贫困人口很难实现就地脱贫，需要实施易地搬迁。"[⑤] 同时，要有序

① 李高，蔡万桥. 铜仁市碧江区易地扶贫搬迁探讨 [J]. 合作经济与科技，2019（13）：158 – 159.

② 施国庆，郑瑞强. 扶贫移民：一种扶贫工作新思路 [J]. 甘肃行政学院学报，2010（04）：68 – 75，127 – 128.

③ 包智明. 关于生态移民的定义、分类及若干问题 [J]. 中央民族大学学报，2006（01）：27 – 31.

④ 习近平. 习近平扶贫论述摘编 [M]. 北京：中央文献出版社，2018：60.

⑤ 习近平. 习近平扶贫论述摘编 [M]. 北京：中央文献出版社，2018：65 – 67.

推进易地搬迁扶贫，让搬迁群众搬得出、留得下、能致富，真正融入新的生活环境①。

易地扶贫搬迁第三个阶段："十三五"时期从 2016 年至 2020 年的大规模易地扶贫搬迁阶段。2016 年，经国务院批准，国家发展和改革委员会印发了《全国"十三五"易地扶贫搬迁规划》，计划五年内对近 1000 万建档立卡贫困人口实施易地扶贫搬迁。随着脱贫攻坚的持续推进，贫困人口总量虽然在不断减少，但农村剩余贫困人口越来越集中于环境极端恶劣地区，② 特别是居住在深山、高寒、荒漠化、水土流失严重等生存环境恶劣、不具备基本发展条件地区贫困人口的脱贫任务更加艰巨。党中央国务院和各级政府部门高度重视易地扶贫搬迁，但由于现实中的问题和困难重重，易地扶贫搬迁也面临诸多挑战。一是深度贫困地区，如山地、高原、荒漠、生态脆弱区域占比高，适宜安置的水土资源匹配条件、选址空间在城镇化加速推进的过程中整体迁移的条件日益受限。二是在易地扶贫搬迁和安置的过程中，要考虑社会资源承载力，要进行迁出地的生态修复，工程实施政策要求高、难度大。三是要使搬迁群众能够享有安置地就业、就学、就医、交通等社会公共服务、配套水电路气网等基础设施，公共资源有限。四是算好"经济账、子孙账、健康账"，彻底改善搬迁群众生计保障和后续发展环境，全面提升搬迁群众长远福祉，还要通过易地扶贫搬迁，促进多民族地区民族团结、文化融合、社会进步，这使易地扶贫搬迁涉及面广、政策性强，是一项复杂的系统工程。

（二）易地扶贫搬迁整体性贫困治理模式的多维联动

1. 跨区域布局的整体性治理

易地扶贫搬迁根植于我国减贫治理的政治优势和制度优势。坚持顶层设计，是脱贫攻坚成功的政治优势。坚持垂直治理与横向联动，政府专项扶、行业扶、社会扶多元联动的大扶贫格局是我国减贫治理的制度优势。作为联动型制度变迁过程的易地搬迁实践，必然对我国生态脆弱区、边疆少数民族聚集区、革命老区、经济发展滞后区农村贫困人口及低收入群体收入的持续增长及促进区域平衡具有重要意义。

"十三五"期间，贵州省铜仁市出台了《铜仁市跨区县行政区域易地扶

---

① 习近平. 习近平扶贫论述摘编［M］. 北京：中央文献出版社，2018：82.

② Liu Y., Liu J., Zhou Y. Spatio-temporal patterns of rural poverty in China and targeted poverty alleviation strategies［J］. Journal of Rural Studies，2017，52：66 – 75.

贫搬迁指导意见》《铜仁市跨区县行政区域易地扶贫搬迁工作实施方案》，跨中心村、乡镇集镇、县城搬迁安置，实施跨区县易地扶贫搬迁。以"搬得出、住得下、稳得住、能发展"为目标，"十三五"期间将铜仁市西部沿河、德江、印江、思南、石阡 5 个县和东部松桃县 12.5 万人贫困群众搬迁到铜仁市中心城区的碧江区、万山区和省级经济开发区的大龙开发区、铜仁高新区四个新的区域安置。跨区县易地扶贫搬迁安置规模占全市易地扶贫搬迁安置总规模的 42.6％，占全省跨区县搬迁规模的 54.3％。跨区县易地扶贫搬迁工程的实施，阻断了贫困代际传递，极大推动打赢脱贫攻坚战和促进东西部区县经济社会协同发展。① 贵州铜仁易地扶贫搬迁，供给侧和需求侧联动，坚持扶贫方式的迭代优化，探索出了中国特色的贫困治理模式。

2. 跨区县协作的协同治理

整体性治理的核心是区域间协作与政府间协同。跨区县协作是跨区域布局整体性治理的具体实施路径。铜仁市跨区县易地扶贫搬迁：一是建立跨区县联席领导小组，研究解决跨区县搬迁工作中遇到的难点、堵点，协同推进跨区县搬迁各项工作，形成迁出地、迁入地政府共商、共建跨区县易地扶贫搬迁的体制机制。二是建立派驻干部制度。为了帮助搬迁群众克服入住初期生活习惯差异等困难，衔接就学、低保、医保、养老保险等工作，迁出地派驻干部配合迁入地加强搬迁群众过渡期管理。三是建立支教制度。搬迁户的大量搬迁入住，为解决安置地教师紧缺，迁出迁入区县协调，增加支教教师。四是建立搬迁户信息衔接制度。实施搬迁户"一户一档"，为搬迁入住衔接就学、就医、就业、低保、养老保险等方面工作做好充分准备。同时，就安置地区位、小区规划、户型设施、就业、就学、就医、出行等情况，充分尊重搬迁群众的知情权、参与权、监督权。

3. 跨部门多元联动创新

整体性的协同治理，需要搬迁过程中统一协调。铜仁市跨区县易地扶贫搬迁中的跨部门联动主要包括：一是设立"一站式"服务窗口。安置地的教育、卫计、民政、人社、公安等职能部门派驻干部进驻移民安置小区，设置"一站式"便民服务窗口，快捷办理搬迁群众就学、就医、低保、养老保险等民生事项。二是各部门衔接落实搬迁户社会保障与公共服务供给。铜仁市建档立卡户享受子女教育兜底资助政策。市卫计委编制《铜仁市跨区县易地扶贫搬迁医疗卫生配套工作方案》，在迁入地实行健康扶贫医疗保障救助等

---

① 贵州省易地扶贫搬迁材料：《经验总结：铜仁市易地扶贫搬迁工作推进情况》。

福利政策，采取医保转移自愿，实现医保无缝衔接。三是民政保障。市民政局出台《关于进一步做好跨区县易地扶贫搬迁户社会救助工作》，保障搬迁群众各项民政优惠政策得到落实。通过打通脱贫搬迁最后一公里公共服务供给，建全公共服务体系。四是跨部门协调联动。如建立协调会制度、信息共享制度，形成齐抓共管的合力，通过跨区域、跨部门基层治理的协同，助力铜仁农村易地扶贫搬迁。

4. 农民变市民城乡观念转型协同

要快速融入城镇化进程，首先是跨越农民向市民生产和生活方式的转变。一是消除农民市民化进程中的"失地"顾虑。对贫困人口迁出地"三块地"重新颁证，搬迁进程有土地流转租金和股金分红，让搬迁群众吃下"定心丸"。二是严守保障底线。对符合城乡低保和医疗救助政策对象，全部纳入低保、医疗救助、临时救助范围，做到应救尽救。三是延续熟人社会，加速城市融入。尽量把同乡、同村、同组迁出的群众安置在同一安置点、同一栋楼、同一单元，重建熟人"圈子"。四是开展各种活动增强情感融入。通过组织春节灯会、龙舟赛、中秋晚会等活动，拉近搬迁群众之间与当地群众之间的距离；在安置地修建乡愁馆，在移民安置区建立"微田园"，让搬迁群众延续农耕生活，回忆乡愁。

（三）贵州铜仁易地扶贫搬迁整体性治理绩效

1. 易地搬迁脱贫加速城镇化进程实现新居新业

"挪出穷窝，搬进新居。"贵州铜仁用 3 年时间完成搬迁 29.33 万人，其中跨区县搬迁安置 12.55 万人，占全市易地扶贫搬迁安置规模的 42.7%，占全省跨区县搬迁安置规模的 57.3%。2017～2019 年，易地搬迁 202241 人，其中跨区县搬迁贫困群众 7.3 万人。2019～2020 年底，剩余 9 万多人也彻底完成易地扶贫搬迁。贵州省在易地扶贫搬迁工作中实施了差别化补助和奖励政策，让贫困户因搬迁而负债。建档立卡贫困人口人均住房补助 2 万元，同步搬迁人口人均住房补助 1.2 万元，旧房拆除人均奖励 1.5 万元。通过易地搬迁，碧江区、万山区城市人口增加了 9 万人，人口增幅达到 35%；增加了大龙开发区、铜仁高新区新增劳动力约 1.4 万人。巨大的人口红利，实现了当地企业发展劳动力供需平衡，助推了铜仁"一区五地"可持续发展。为积极推动搬迁户创业就业，铜仁市还出台《关于做好易地扶贫搬迁工程就业工作》等政策，完善"党建＋就业"扶贫机制，确保搬迁户每户至少就业 1 人

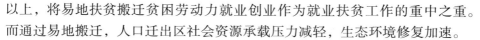

以上，将易地扶贫搬迁贫困劳动力就业创业作为就业扶贫工作的重中之重。而通过易地搬迁，人口迁出区社会资源承载压力减轻，生态环境修复加速。

2. 易地搬迁城乡医保养老等公共服务无缝衔接

易地扶贫搬迁，不仅在城乡财富的初次分配层面通过新居新业改善了搬迁群众的生计保障及后续发展环境，同时在城乡医保养老等再分配领域实现公共服务的提升。铜仁市通过易地搬迁脱贫"四重"医疗保障、"一站式结算"服务、大病专项救治、"先看病后付费"政策，最大限度地减轻易地搬迁贫困户的就医负担，通过迁出地与迁入地城乡医保服务无缝衔接，提高易地搬迁户健康保障水平与长远福祉。在养老服务环节，做好易地扶贫搬迁户养老保险，助力扶贫攻坚。切实保障每一位符合条件的易地扶贫搬迁群众享受到相应的优惠政策。铜仁市碧江区还开设了搬迁安置点居家养老护理、卧床老人护理、病人康复训练培训班，将易地搬迁养老服务做实做细。通过加速城乡医保养老公共服务的无缝衔接，引导搬迁群众算好"经济账、子孙账、健康账"，主动易地脱贫搬迁。

3. 聚焦教育脱贫整合，从根本上消除代际贫困

在易地扶贫搬迁过程中，全力抓好控辍保学，保障适龄孩子上学权利。落实《义务教育法》，全力做好教育保障。铜仁市同步制定《铜仁市跨区县易地扶贫搬迁教职工调配方案》，切实完成教职工调配工作，保障师资力量，全方位保障和解决易地搬迁群众子女的教育问题，确保孩子"出了家门就到校门"。针对迁入地建好易地扶贫搬迁安置点学校，确保随迁随读。全市有144个易地扶贫搬迁安置点（22个跨区域安置点），安置规模29.33万人（跨区域安置12.6万人），共有易地扶贫搬迁学龄学生约6.7万人（跨区域安置3.5万人），调配教师4128人，新建及改扩建学校66所，让搬迁百姓家庭的孩子"能上学、好上学、上好学"，有效阻断贫困代际传递[①]。村级、乡级、县级、市（州）级设立"四本台账"，建立义务教育阶段整班移交、辍学劝返复学"三项制度"，防止建档立卡贫困家庭义务教育阶段适龄学生失学辍学。

4. 通过易地搬迁，实现深度贫困地区文化振兴产业振兴

贵州铜仁民族文化多样，铜仁市通过大力推进农旅结合，搬迁户依托旅游产业获得显著收益。同时，借助贵州大数据的优势，打造就业创业大数据

---

① 贵州省易地扶贫搬迁材料：《铜仁构建"六大保障体系"保障搬迁群众子女"有学上、上好学"》。

平台。依托大数据大力推进电商扶贫，铜仁市已建成农村淘宝运营中心8个，铜仁市被称为阿里巴巴全国第一个农村淘宝试点市，也是国家扶贫办电商扶贫试点地区。依托电商扶贫，铜仁市持续提升品牌优势和核心竞争力，实施了万元山、万元田、人均万元收入工程。通过大数据平台，实现易地扶贫搬迁劳动力就业、就业与创业、培训与管理服务全覆盖，最终高质量脱贫。另外，依托易地搬迁，集中收藏苗族、土家族、侗族等传统农耕农具、民族服饰等老旧物品并建立乡愁馆，促进了铜仁东西部区县民族特色与时代精神的结合、取长补短，推进了民族团结、加速了民族融合。

（四）易地扶贫搬迁整体性治理的经验

1. 易地扶贫搬迁坚持顶层设计，发挥社会主义贫困治理的制度优势

大规模的易地扶贫搬迁脱贫不是地方政府单方面能够完成的，需要通盘统筹规划，必须依托整体性治理所构建大扶贫格局，动员和发挥社会方方面面力量，形成合力，从整体上协同推进这项工作。只有注重"顶层"设计与央地措施联动，才能保证扶贫进度及各类扶贫项目、资金、人力形成合力，避免"九龙"治水。只有强化"顶层"设计与措施联动，才能最大限度地避免扶贫公共财政资源的"碎片"化使用，进而发挥好公共资金的规模效应、"乘数"效应与再分配效应。后脱贫攻坚期在"十四五"规划和2035远景目标规划中，提出要继续巩固和拓展脱贫攻坚成果。巩固拓展脱贫攻坚成果，就是坚决防止发生规模性返贫现象。2020年中央经济工作会议再次强调要做好脱贫攻坚与乡村振兴的有效衔接。在政策过渡期内，易地扶贫搬迁的整体性治理理念将为衔接乡村振兴及后脱贫攻坚期、全面推进乡村振兴提供制度和政策借鉴。

2. 通过坚持城镇化集中安置，加快城乡融合进程

马克思在论述城乡一体化与乡村振兴时曾指出，社会的经济发展、人口的增加与集中，使得大规模的耕种土地，比在小块的和分散的土地上经营农业优越得多。长期的农村人口内生化脱贫路径必然是与新型城镇化内在关联的。只有消除了农村劳动力转移的制度障碍、成本约束，才能形成"内生化"的脱贫模式。城乡融合与农业的适度规模经营是我国现代化的必由之路。作为贵州脱贫实践模式创新的城镇化集中安置，坚持以经济要素集聚功能强、创业就业机会多、人口承载容量大的市（州）政府所在城市和县城为主对搬迁贫困村进行城镇化集中安置，破解"人多地少"的资源困境。传统的农村劳动力"析出效应"不足，主要是因为被动型搬迁中的城乡户籍及保障制度限制。而新修改的土地承包法已经明确规定，"国家保护进程农户的土地承包经营权。不得以退出土地承包经营权作为农户进程落户的条件"。另外，新修改的土地管理法还规定，国家允许进城落户的农村村民依法自愿有偿退出宅基地。因此，长期来看，制度、习俗及成本所形成的劳动力资源的移动障碍、劳动力需求区域与就业岗位的信息不对称、要素移动中交易单位的不完全可分性这些影响农村贫困人口福利的因素都可以在政府与市场的双向互动下逐步克服，乡村振兴与城镇化双向联动的"内生化"脱贫模式。

3. 坚持整体搬迁扶贫的宅基地退出模式

坚持大格局扶贫战略，避免了过去安置项目由乡镇实施，点多、面广、分散，制约资源集约化配置的不可持续的脱贫模式。通过整体搬迁扶贫，科学高效地实现了区域的可持续发展。在村民宅基地退出和区位转移中，通过土地流转制度创新，即对贫困人口迁出地"三块地"重新颁证确定用益物权与集体股份，土地流转有租金、股份分红有股金，彻底消除农民市民化进程中的财产损失与失地顾虑。同时，深度贫困地区拥有丰富的资源，在资源变资产、资产变资本的市场化进程中，农村集体经济不仅不能缺位，而且需要做大做强，形成福利外溢效应。整体性搬迁，农村集体组织不变，乡村熟人社会及社会网络得到延续。对于熟人社会，庇古曾指出，在合作组织或熟人社会中，相比较资本主义完全对抗性的雇佣关系，劳动会更加愉快。因为，在他看来，"集体精神及对企业财产的共同利益，及在热情诚挚的雇主雇员体制中，能够激励劳动者，它除了能导致财富生产的增加外，其本身就是福利的增加"①。通过自然村寨整体搬迁，也能进一步发展和壮大集体经济，进而在脱贫攻坚中形成国家有支持、集体有保障、个人有信心的长效脱贫路径。

4. 宅基地退出与推进产业振兴并举，实现长效脱贫

围绕脱贫抓搬迁，做到"挪穷窝"与"换穷业"并举。通过激发贫困地区和贫困人口自身的积极性和创造力，使其走上自我发展之路。② 事实上基于扶贫实践，人们"发现光输血不行，还要造血，要培养贫困农户的生产能力才能让他们更好地摆脱贫困"③。在当前全球贸易摩擦与贸易保护主义背景下，精准扶贫所依赖的经济增长面临的不确定性波动频率逐渐增加。消费＋

---

① 庇古. 福利经济学（上册）［M］. 北京：商务印书馆，2000：22.

② 刘溢海. 新时期农村贫困问题的调查与思考［J］. 中州学刊，2007，（2）：65.

③ 赵曦. 21世纪中国扶贫战略研究［J］. 财经科学，2002，（6）：95.

投资 + 净出口 = 物耗成本 + 工资 + 利润 + 税收的贸易流与资金流双向实现机制，由于国际贸易保护主义对我国经济的扰动很大。因此，要深刻认识人力资本，即知识、技能、经验、理念、健康等人力资本对经济发展的决定作用与外溢效应，依靠技能与创新驱动经济增长。将传统的具有短期效应的劳动技能培训、就业创业、劳务输出、小区扶贫车间、集体经济组织、购买公益性岗位等就业方式向长效的乡村产业振兴转型。一是坚持着力培育产业主体。二是推进产业融合。三是依托大数据大力推进电商扶贫。多措并举增就业，搭建平台帮创业，拓宽渠道助择业。推进我国农村脱贫劳动力向人力资源、人力资本型劳动力转型，即从传统增长模式下的人口数量红利向人口质量红利的转型，形成人力资本与社会资本对利贫增长的联动效应，发挥我国在解决贫困问题方面的后发赶超优势。

第七章

恩格斯《论住宅问题》
与住房贫困治理

一、农民工住房贫困与恩格斯《论住宅问题》

19 世纪中叶特别是普法战后，德国工业化和城市化进程发展迅速，大量的农村劳动力涌向城市。从 1870 年到 1900 年的 30 年间，德国城市人口占比从 36.1% 上升到 54.4%，城市化率年平均增长 0.6 个百分点。当时有 4300 多万人口的德国，一方面，随着统一的国内大市场形成、基础设施的迅速发展、工业化的快速推进，工业和服务业占国内总产值的比重，从 1870 年的约 60% 增长至 1900 年的 80%[①]。但另一方面，工业化进程中大量的农村劳动力流入城市，住房需求急剧扩张。城市传统的工人居住区，不断的拆迁和改造，工人的住房状况更加恶化。当时的住房问题成了整个德国社会问题的焦点。恩格斯说，当时"最污秽的猪圈也经常能找到租赁者"。[②]

当然，德国当时农村劳动力城市化的规模和我国当前城市化进程中 1.7 亿的外出农民工的规模完全不能相提并论。但即使如此，当时德国面临的城市房价和住房短缺问题，不仅影响到工人阶级，而且直接影响到中产阶级和小市民阶层的利益，各种解决住房贫困的"药方"也接踵而来。恩格斯从 1872 年 5 月到 1873 年 2 月写作的三篇文章形成的《论住宅问题》，每一篇都是恩格斯在反对资产阶级的和小资产阶级解决住宅问题方案的尖锐论战过程中产生的。正如恩格斯所说的，对于一些重大的现实问题，必须采用论战的形式即在反对其他种种错误观点的过程中，来叙述我们的观点。这些理论

---

① 肖辉英. 德国的城市化、人口流动与经济发展 [J]. 世界历史，1997 (5).
② 马克思恩格斯选集（第 2 卷）[M]. 北京：人民出版社，1972：495.

观点，不仅丰富了当代贫困治理理论，而且也为当前我国城市农民工相对贫困治理提供了借鉴和启示。

二、工业化进程中的大城市高房价与城市地租

（一）高房租高房价背后的城市地租

对于当时德国的住房贫困，恩格斯是这样界定的："今天所说的住房短缺，是指工人的恶劣住房条件因人口突然涌进大城市而特别恶化；房租大幅度提高，每所住房更加拥挤，有些人根本找不到栖身之处。"[1] 城市高房租和住房短缺，不仅影响到了工人阶级的利益，而且更是直接影响到城市小资产阶级的切身利益。小资产阶级社会主义者米尔伯格紧紧地抓住了这一问题。他从公平正义的角度指出，城市房租上涨到租金总和已经超过原房屋成本价的 5 倍、10 倍甚至更多，严重有违社会公平。因此，废除这种"不公平"的房屋租赁价格，通过住房"分期"赎买的方式，让劳动者阶层在大城市都能拥有完全的住房所有权，就是最优的解决对策。

恩格斯认为，既然城市无产阶级已经无法负担大城市的高房租，又如何能负担得起当时的城市高房价呢？根本问题是米尔伯格并不懂城市住房短缺现象背后隐藏的经济范畴和规律。城市地租才是支配大城市高房租背后的经济范畴，城市地租的上涨才是推动城市房租上涨的根本因素。而"地租"这个马克思主义分析资本主义现实经济关系最重要的范畴在以米尔伯格为代表的蒲鲁东主义那里从来没有被提到。城市房租上涨到租流的总和已经超过原先房屋成本价的 5 倍、10 倍的所谓"不公平"差额，实质上是在扣除了房屋折旧、修缮费用及成本利息后，全部归功于"地租"的上涨。马克思在《资本论》中曾指出，房地产投资的主要对象永远都是城市"地租"，而不是土地上的"房屋"。故而，米尔伯格所发现的所谓"不公平"，背后隐藏着一个最客观的经济关系。由于不懂城市地租，因而他对"文明"世界中的城市高房价只能进行基于道德和法律"表象"层面的"说教"和"哀诉"。

城市地租从微观结构上主要由三部分构成。一是由土地所有权的垄断形成的城市绝对地租。马克思说："不论什么地方，都要为使用地皮（工厂建

---

① 恩格斯. 论住宅问题［M］. 北京：人民出版社，2019：16.

筑物、作坊等所占的地皮）付地租"①。城市绝对地租与城市周边农地的单位面积地租大体相当，在单位地租总量中所占的比重并不大。二是城市级差地租。由城市商圈位置对城市级差地租具有决定性的影响。恩格斯指出："租金的这种巨大增加，发生在迅速发展的城市中，而绝不是发生在乡下某个地方，因为在那里建筑地皮上的地租几乎是始终不变的。"② 随着工商业、金融服务业越向城市集中及城市基础设施的投入，城市中心区、次中心区，住宅区、工业区形成不同的区位优势。这些城市区位直接决定着资本的周转速度、物流成本及商品和服务的价格。因此，城市级差地租就是企业基于区位优势所形成的超额利润在利润平均化之前以级差地租的形式进行扣除并归土地所有者的部分。工人在城市中心的老式住宅以"欧斯曼"方式不断地被拆迁，取而代之的是"豪华的大厦""大商场""公共建筑物"，只会导致一种结果，就是越拆房租越涨，这正是城市级差地租规律的客观作用。三是城市住房供给严重不足条件下形成的城市垄断地租。在城市住房供求平衡条件下，只有城市绝对地租和级差地租决定城市地租（价）。但在城市住房供给严重不足条件下，城市地租还会在均衡级差地租的基础上形成垄断地租，进一步推高房租。德国当时正满足这个条件。一方面是工人城市住房需求的快速增长。另一方面是工人住房供给和投资的严重不足。所以，级差地租和垄断地租在决定城市房租中的影响更大。德国工业的集中、资本的扩张、产业的空间集聚，三种叠加的城市地租和房租的传导关系，正是资本主义经济规律的客观表现。

（二）大城市房屋租赁合约的经济解释

米尔伯格对城市高房租背后的房屋租赁关系，即工人作为承租人和房主的关系，直接定义为资本家和雇佣工人之间的剥削和被剥削关系。是这样的吗？恩格斯认为，房屋租赁关系本质上不是任何的剥削关系。即使在高房租背景下，承租人（租户）和出租人（房主）的关系，完全是作为供需双方在住房租赁市场上即流通环节完全正常的商品交易。虽然在房屋租赁过程中偶尔会存在价格"欺诈"，但这种交易是按照调节一般商品买卖以及"土地占有权"这一商品买卖的经济规律进行的，并不是工人和资本家之间的关系。

---

① 马克思恩格斯全集（第三十四卷）[M].北京：人民出版社，2008：34.
② 马克思恩格斯选集（第2卷）[M].北京：人民出版社，1972：532.

高房租是对房屋需求主体购买力、工资及其支付能力的抵扣，根本与剥削无关。房租主要由工人作为消费者从工资收入中支付，与其支付能力高度相关，实质上构成其生活成本的一部分。虽然马克思在《资本论》中说过，"贫民对于房租，是一个比波托西银矿对于西班牙，更为富饶的源泉"①。但将城市高房租看作剥削，本质上是不了解资本和剩余价值的生产过程。当然，如果将工人的住房消费和生产联系起来分析，城市房租的上升必然提高工人生活成本的上升，工人必然要求提高工资，这直接或间接地压缩了城市产业资本家和商业资本家的利润空间。

米尔伯格尤其偏好住宅所有权，主张废除城市住房租赁，实现彻底而完全的房屋所有权。这是否符合经济规律？恩格斯认为，房屋的买卖和租赁这两种市场行为背后的经济规律是一致的。城市住房用地地租高，必然房租高；房租高，必然房价高。虽然房屋的出租和出售在法律合约上有差异，但从政治经济学的视角分析，土地价格就是地租的资本化。房租高必然房价高，无论地租还是地价、房租还是房价，都是要遵循这个经济规律。同时，地租是土地所有权的经济实现形式。即使无产阶级废除了土地私有制，也并不能消灭地租，而是在土地国有的条件下把地租交给国家和社会。即使在社会主义社会，也必然不会排除房租的租赁这种正常的经济交易形式。在资本主义经济关系中，既然城市无产阶级无法支付高房租，那么就更难以负担买断房屋所有权开支。当然，城市地价的变动在实现中还受其他因素的影响：在地租不变的情况下，土地价格由于利率的下降可能上升。同时，取消城市住房租赁后，住房消费的替代效应减弱，地价和房价将会更高。

三、资本主义雇佣劳动制度是大城市住房贫困的根源

（一）雇佣劳动制度导致城市工人消费不足

德国工业化和城市化进程中的高房租与住房贫困，米尔伯格紧紧停留在通过废除住房租赁而获得住宅所有权的不切实际的怀旧与幻想中。恩格斯则认为，住房贫困的本质是资本主义雇佣劳动制度下无产阶级消费能力的不足。

---

① 马克思恩格斯选集（第2卷）[M]. 北京：人民出版社，1995：572.

在资本主义雇佣劳动这种剩余价值的生产制度，决定了工人工资仅仅是维系劳动力再生产及延续后代所必需的生产资料的价值。这种工资性质和致贫式的资本劳动关系决定了城市工人拥有住宅本身就是一种奢望。

当时德国处于后发工业化赶超阶段，资本与劳动的分配份额更加不平衡。恩格斯说，统一后的德国商品在进入世界市场的初期，既难以从品质上和英国商品竞争，又难以在品牌上与法国商品竞争，只能以"太低劣的商品挤进世界市场①"。这和 20 世纪后的德国"制造"形成了强烈的反差。当时，便宜而拙劣的德国商品要想赢得竞争力，"资本的全部利润都用扣除正常工资的方式榨取出来，而全部剩余价值则可以白送给买主。这就是大部分德国商品价格低廉得令人吃惊的秘密。"② 即一方面要通过资本家主动给对方让渡一部分（平均）利润，另一方面就是要极力地压低工人工资而不断降低成本。因而，德国工人的工资水平和生活水平，在西欧各国工人中都是最低的。恩格斯说，"任何地方……的工资都不象德国家庭工业中的工资那样低到了可耻的地步。"③ 这种资本与劳动的分配格局与价值的纵向转移，导致城市工人消费能力严重不足。

（二） 失业和流动性使城市工人阶级难以拥有住房

大量劳动者在工业化浪潮下涌入城市，作为低技能的雇佣工人，流动和失业则成为城市无产阶级就业的典型特征。技术革命引领的大机器生产及资本有机构成的提高致使工人经常失业，产业周期波动会导致大量工人失业，产业转型会诱发结构性的失业，小农经济和家庭手工业的破产会持续增加农村劳动力向城市转移的数量和规模。由于无法实现充分的高质量就业，其结果是，城市工人阶级不仅会陷入持续的相对贫困，甚至会大概率地陷入绝对贫困。因而，在这样的社会转型中，住宅缺乏并不是孤立的偶然事件，它是一连串的必然现象。

恩格斯认为，米尔伯格主张通过"分期付款"的方式使工人获得住宅的所有权，这种田园诗般的理想，对于小资产阶级可能是可行的。然而，对于经常受失业困扰、经常性地在不同城市间漂移流动的城市工人阶级来说，这种获取住宅的所有权的"分期付款"不会比租赁住房有任何福利的提升。恩格斯举了一个例子：假定皮特是一个在柏林工作了一年的工人，按照分期付

---

①②③ 马克思恩格斯选集（第 2 卷）［M］. 北京：人民出版社，1972：466.

款原则获得了柏林一栋房子 1/15 的所有权；后来他失业了，搬到了汉诺威并在此工作了 5 个月，因而获得了此地某一住宅 5/36 的所有权；突然一次罢工把它抛到慕尼黑，迫使他在那里逗留并工作了 11 个月，从而获得当地某一住房 11/180 的所有权，这样经常流动就业的皮特，如何整合这些零碎住宅所有权呢？因而，即使不考虑工资水平，这种策略在理论和现实层面也都不可行。分期付款购房的策略也仅仅是为城市小资产阶级服务的。

（三）　城市无产阶级即使拥有住房也难以彻底摆脱贫困

在资本主义社会制度内部解决住房贫困，让城市无产阶级上升为有产阶级，是米尔伯格与大资产阶级代表人物艾米尔·扎克斯的共识。扎克斯认为，工人拥有住房不仅是一项"资产"，还能体现高度的经济独立，即在失业和丧失劳动能力的时候通过不动产的抵押而获得信用。

恩格斯认为，拥有住宅并不能使工人成为人格化的"资本家"。首先，资本的本质属性是为对他人无偿劳动的占有。工人即使有自己的一套房屋，也不会变成资本，"只有当工人的房屋租给第三者，并以租金的形式攫取这第三者的一部分劳动产品时，他的小屋才成为资本"。即便工人满足一切条件，从住房的承租人变成房屋的所有权人，工人并不会因为拥有一套住房而成为资本家。这也根本不能触动资本主义经济关系。其次，让无产者上升为有产阶级本身就是矛盾的。资本主义社会制度之所以存在必不可少的先决条件就是要存在真正的无产阶级。即使工人拥有了住房，只能使他们重新束缚在特定城市的土地上，只会削弱他们反抗工厂主压低工资的力量。最后，拥有住宅实现经济独立本身就是一种假象。无论是城市工人阶级独立的住房，还是小农经济条件下的小块土地所有制，在资本和雇佣劳动制度下，轻易就成为资本狩猎的对象。恩格斯说，"让扎克斯先生去仔细看一看法国的和我们莱茵河流域的小农吧；他们的房屋和田地都由于抵押而变成最沉重的负担，他们的庄稼在收割以前就已经属于债主，可以独立自主地支配他们'地产'的不是他们自己，而是高利贷者、律师和法警。"[1] 因而，流入城市的无产阶级即便拥有了属于自己的住宅，在资本主义制度下，也难以彻底摆脱贫困。

---

[1]　马克思恩格斯选集（第 2 卷）[M]．北京：人民出版社，1972：499．

四、资本主义国家干预能否消除住房贫困

（一）企业为主体的工人租赁住宅供给

扎克斯作为大资产阶级利益的代表，竭力鼓励企业主给工人提供租赁住宅。一是通过这种劳资利益协调的形式，能留住有竞争力的工人，二是企业提供租赁住宅仍然可以获得稳定的收益。但根据恩格斯的调查，企业租赁住宅的供给严重不足。大城市市区的高额地租，使得企业在城市中心或郊区为工人提供住房保障或建立工人移民区是不可能的。而只有厂区在偏远农村的工业企业，才有可能为工人提供租赁住宅，因为"只要被自己的生产条件……束缚在一定的乡村地方，而又没有现成的工人住宅，都不得不为自己的工人修建住宅。"[①]

即使企业能够在偏远的农村厂区为工人提供住宅，这种动机也不是出于资本主义对工人行慈善的行为，实际上工人面临着双头的垄断定价与剥夺。一是在内部的租赁住房市场，资本家可以无情地榨取高房租，工人"不仅在于他们必须为房屋付出垄断价格，因为厂主没有竞争者"[②]。二是在内部的劳动力市场上，即使工人不用支付房租，资本家为工人提供住宅，即降低了劳动力生活费，就可以进一步压低工资，更便利地榨取工人的无偿劳动。因此，从货币福利上看，工人并未享受到工厂主供给住房带来的福利保障，只不过房租以前以货币形式交给房东，而现在则是以无酬劳动的形式转移给了工厂主。三是合约优势方的"敲竹杠"风险。每一次罢工的时候，工人立刻就"无家可归""不经任何预告就可以随时被抛到街头"，资本家由此获得了更便捷的压迫工人的物质条件。

（二）合作社模式下的工人住宅供给

合作社自 19 世纪初就自发地作为抗衡资本无序扩张的一种制度模式在欧洲得到快速发展。扎克斯基于工人住房贫困和劳资协调的立场，也是工人住

---

① 马克思恩格斯选集（第2卷）[M]. 北京：人民出版社，1972：506.
② 马克思恩格斯选集（第2卷）[M]. 北京：人民出版社，1972：505.

161

房"合作社"模式的坚定支持者。他主张通过工人联合建立住房合作社，购买建筑"地皮"，工人自己联合起来进行住宅的建造和分配。这种模式摆脱了开发商的层层盘剥，不仅可以解决了工人住宅问题，而且分配后的剩余住宅还可以在大城市地租不断上涨、房价快速攀升的情况下获得财产收益和成员分红。然而，对于这种理论上可行的办法，就连扎克斯自己也不得不承认很难实现。一是在当时的欧洲大陆，这种住房合作社模式，在大城市会受到住房投资资本和利益集团的掣肘。即使在英国，也只能在"极有限"的范围内实行。二是住宅合作社倒是可以在农村实行，但农村的工人还没有"启蒙"到能实行合作社的程度。三是住房合作社的成员必须要有进行股份投入的工资性和财产性收入。城市工人作为低收入群体，收入微薄且不稳定。最重要的这点，却难以实现。所以，住房合作社服务的对象"说的根本不是工人，而是小资产者和那些想要成为并且能够成为小资产者的人"①。

（三）资本主义国家的住房干预机制

普法战争胜利后，随着德国工业化进程的加速，国内工人运动日益高涨。当时的"铁血首相"俾斯麦就提出，"社会弊病的医治，一定不能仅仅依靠对社会民主党进行过火的镇压，同时也要积极促进工人的福利"。德国是世界上最早建立工伤、疾病保险制度的国家。资本主义国家住房干预机制，即是主张通过间接或直接的国家干预来缓解工人住房贫困。一是通过国家税收减免的间接干预形式，鼓励具有慈善性质的建筑公司为工人提供住房。二是通过直接国家公共工程拨款，为工人建造住宅。但在恩格斯所处的时代，德国这种国家层面的住房保障供给，确实是少得可怜，甚至微不足道。1894年，恩格斯在《英国工人阶级状况》德文版第二版序言中写道，即使当前英国作为欧洲工业的中心，"在工人住宅方面并没有任何重大的改善，这一点从1885年皇家委员会《关于穷人的居住条件》的报告中可以得到充分的证明。"② 需要指出的是，即使100多年后，进入20世纪80年代以来，德国城市住房自有率仍然相对较低。据统计，截至2016年，德国的住房自有率只有51.9%③。但积极的一面是，德国从住房保障的层面对大城市租房市场进行了深度的国家干预，出台了《住房租赁法》等一系列控制租价、保障租户权

---

① 马克思恩格斯选集（第2卷）[M]. 北京：人民出版社，1972：514.
② 马克思恩格斯选集（第4卷）[M]. 北京：人民出版社，1995：422.
③ 裴凌罡. 德国政府对房地产市场的宏观调控政策研究 [J]. 全国商情，2016（29）.

利的法律法规，城市住房保障有了长足的发展。根据德国联邦统计局数据，德国城市居民的租赁比例高达 54.5%，而核心城市柏林租赁比率高达 85.8%，汉堡为 77.4%[①]，德国房价和租房市场持续平稳。当然，前后对比，这也和德国不同时期所处的发展阶段密切相关。

五、恩格斯住房贫困治理的整体架构

（一）城市住房贫困与社会多维贫困的高度相关性

虽然恩格斯通篇就城市无产阶级住房贫困问题进行论战，但他却始终坚持贫困治理的整体架构，即认为无产阶级贫困不是一维的住宅贫困，而是社会多维贫困，不是表象贫困，而是制度性贫困。不是住房贫困的解决进而解决无产阶级社会贫困，相反，只有系统性地解决了城市无产阶级的社会贫困，才能彻底解决具体的住房贫困。只有无产阶级取得政权，才能从根本上发挥贫困治理的制度优势。正如马克思 1865 年在《工资、价格和利润》中指出的，即使工人阶级为提高工资的日常斗争有了效果，但也仅仅是服用了止痛剂，而并不能祛除病根。给他们带来一切贫困的病根就是现代资本主义制度。当然，也可以以今天美国的贫富差距为例。1929 年大萧条时期，美国 0.1% 的最高收入阶层占有社会 25% 的财富。随着凯恩斯主义国家干预，这一比率曾一度降到了 7%。但随着 80 年代后的新自由主义与自由市场，这一群体的社会财富占比在 2010 年以后，又重新回到 20% 的关口，呈现出明显的"U形"回归趋势。

因而，贫困的整体治理，就是从人的全面发展出发，彻底废除资本主义生产方式以及由此相适应的剥削关系，使无产阶级彻底摆脱社会性贫困，实现真正的平等。"并不是住宅问题的解决同时就会导致社会问题的解决，而只是由于社会问题的解决，即由于资本主义生产方式的废除，才同时使得解决住宅问题成为可能。"[②] 这种平等不是"单个"劳动者成为某一住宅、某一块土地的所有者，而是"全体"劳动人民作为自由人联合体成为"全部"住宅及全部生产资料的所有者。因此，只有社会主义制度下实现了劳动人民当

---

① 德国住房数据：https：//tradingeconomics.com/germany/home-ownership-rate。
② 马克思恩格斯选集（第 2 卷）[M]．北京：人民出版社，1972：503.

家作主，才能充分发挥贫困治理的制度优势，彻底解决住房贫困及其他一切社会问题，为共同富裕提供制度基础。

（二）废除雇佣劳动，实现按劳分配消除收入差距

米尔伯格虽然很关心住房贫困，但是对雇佣劳动制度这一资本主义财富生产和分配最核心的范畴却只字不提。事实是，产业利润、商业利润、地租、资本利息、税收等剩余价值的各种具体表现形式，恰恰都源于雇佣劳动制度。雇佣劳动制度下资本主义的贫困规律必然表现为一边是财富的积累，一边是贫困的积累。米尔伯格特别主张通过强制性的法律把资本的"利率"降到最低限度，达到彻底"驯服"资本的目的。当前，发达国家"利率"中的"名义"利率已非常低，有些国家利率甚至已经接近于零，大部分的"实际"利率已经明显为负。而"驯服"利率就能消除收入差距吗？显然没有。正如恩格斯所说，降低以至于最后废除利率决不会把资本的"双角"加以"驯服"。降低利率不是保证工人比资本家获得更多的利益而脱贫，而是保证了工业资本家比金融资本家获得了更多的利益和实惠。它最终仅仅只是影响了剩余价值总量在资本家集团之间的分配比例。只有废除雇佣劳动制度，实现按劳分配，才能消除无产阶级贫困化。

按劳分配，即在生产资料归国家所有的条件下，让"劳动"成为初次分配环节唯一的尺度。按劳分配虽然也会产生收入差距，即由于劳动者的劳动禀赋及能力差异所产生的差距，但这种差距与资本与雇佣劳动制度下的收入差距，在性质上、幅度上是完全不同的。而在社会"再分配"环节，能够矫正初次分配环节的收入差距，实现均衡发展。马克思在《哥达纲领批判》中明确指出，由劳动者联合体所组成的未来社会，劳动所形成的社会总产品，在按劳分配之前，必须先要进行社会保障性的"福利扣除"。通过完善的社会保障和公共服务供给来满足劳动者的需求和以能力为核心的全面自由发展。一是养老保障和社会救助，即"为丧失劳动能力的人等等设立的基金，总之，就是现在属于所谓官办济贫事业的部分。"[①] 二是教育、医疗卫生公共服务。这部分，即"用来满足共同需要的部分，如学校、保健设施等"将会随着新社会的发展而显著增加。三是地租交给社会统筹。消灭土地私有制后，地租的构成和量会发生变化。绝对地租仍然存在，但级差地租和垄断地租的

---

① 马列著作选读（政治经济学）[M]．北京：人民出版社，1988：357．

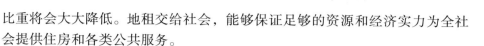

比重将会大大降低。地租交给社会，能够保证足够的资源和经济实力为全社会提供住房和各类公共服务。

（三）消除城乡对立，城乡协调发展消除住房贫困

资本主义生产方式，不仅表现为劳动和资本的对立，而且还突出表现为城乡的对立。马克思恩格斯很早就指出，城乡的分离随着资本主义生产方式在城市的扩张并没有促进人的自由和全面发展，反而呈现出中心和边缘的特征、呈现出失业与贫困化和乡村愚昧化并存的异化特征、呈现出乡村衰落和城市病态的特征。这种城乡关系异化，是通过城市工业资本为了实现超额利润而压榨和剥夺农村实现的。消除城乡对立，正如消除劳动和资本的对立一样，是社会和谐发展的必然需求。首先，在恩格斯看来，城乡对立与城市高房价有着必然的因果关系。在资本主义社会由于不能消除城乡对立，大量人口、资本向少数大城市聚集，城乡级差地租不断上涨。其次，大量的货币资本脱离实体经济，不断追逐地产，使城市土地的垄断地租不断提高。高地价形成高房价，高房价进一步助推高地价，由此形成一个恶性循环，土地所有者阶层日益攫取了社会财富的巨大份额。这种极端的城乡对立，不仅导致工人住宅贫困问题无法解决，同时也对实体经济中的工商业资本家的利益造成了侵害。

如何实现城乡均衡发展？恩格斯认为，"只有使人口尽可能地平均分布于全国，只有使工业生产和农业生产发生密切的内部联系，并使交通工具随着由此产生的需要扩充起来……才能使农村人口从他们千年来几乎一成不变地栖息在里面的那种孤立和愚昧的状态中挣脱出来。"① 因此，消除城乡对立，一是要调整城乡人口分布，而不是农村人口一味地向城市和大城市集聚。二是工农业之间的生产力发展水平要平衡。城乡生产力的均衡发展，不仅要求有现代化的城市工业，还要有现代化的农业。因而，必须要实施农业和农村的现代化。三是基础设施要城乡联动。城乡之间便捷的基础设施，使乡村彻底从孤立和愚昧的状态中挣脱出来。四是城乡之间的均衡发展，人口、产业和资本分布的调整，流通成本和交易成本显著降低，也会使城乡之间的地租水平日益均衡化，大大缓解了城市住房短缺难题。

---

① 马克思恩格斯选集（第2卷）[M]．北京：人民出版社，1972：543．

六、我国城市农民工住房短缺及相对贫困治理

(一) 农民工保障性租赁房供给与多维民生保障

我国拥有世界上规模最大的农民工群体，农民工城市住房短缺问题也十分突出。根据农民工群体的流动性特征及收入状况，一是要通过大量建设租赁住房，为城市农民工群体提供更加完善的住房保障。农民工聚集度高的城市，要多增加租赁性质的保障性住房用地供给，城镇新增建设用地规模要与农业转移人口规模相挂钩。二是要逐步落实房屋"租购"同权，使租赁住房主体在城市基本公共服务上享有同等的权利，特别是随迁农民工子女受教育的权利。三是解决农民工住房贫困更不能忽略农民工城市社会保险制度的完善。由于农民工的流动性，社保制度要破除区域固化，完善与农民工城—城之间流动相匹配的工伤、医疗、养老等社会保险转移接续制度，建立更加动态均衡的农民工社会保障体系。四是农民工城市化进程中要保障好农民工农村财产权益，探索"资源变资产、资金变股金、农民变股民"的利益实现机制，逐步缩减农民工城市融入中的收入差距。

(二) 农民工"能力域"拓展与人力资本提升

强化以"能力域"为核心的职业技能培训，提升农民工技能素质和市场竞争力，实现农民工从就业优先向提升劳动力技能的转变。当前数字经济方兴未艾，传统的索罗增长模型已经很难驱动经济的可持续增长，取而代之的是以人力资本、知识外溢和技术为特征的新经济增长模式。舒尔茨曾指出，注重人力资本投资有助于消除和减少社会收入分配的失衡。致力于贫困问题研究的阿玛提亚·森也认为，相对贫困人口个体能力即基于健康及差异化人力资本的竞争力提升是内生化脱贫不可或缺的条件。通过财政补贴，引导企业积极提升农民工人力资本。对于开展农民工职业技能培训的企业，政府要通过财政补贴引导企业提升职工就业技能和人力资本，消除能力贫困。通过人力资本投资，实现从传统人口数量红利向人口质量红利的转型，提高农民工劳动报酬在初次分配中的比重，促进共同富裕，形成人力资本、家庭资本和社会资本对利贫增长的联动效应。中国特色的农民工相对贫困治理，要实

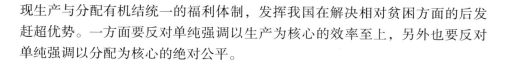

现生产与分配有机结统一的福利体制，发挥我国在解决相对贫困方面的后发赶超优势。一方面要反对单纯强调以生产为核心的效率至上，另外也要反对单纯强调以分配为核心的绝对公平。

（三）大城市房地产调控与实体经济转型升级

在城市化加速阶段，我国大城市也面临高房租、高房价问题。特别是在国际资本过剩背景下，国际游资通过债权、股权等各种渠道向我国输出资本，一方面助推房价，另一方面提高了城市的地租率，形成对低收入群体的逆向再分配效应。因而，引导大城市房地产与实体经济协调发展，一是始终坚持房住不炒，避免虚实错配掏空实体经济。通过精准调控，将社会总投资引向实体经济，实现产业高质量发展和技术跨越，提升产业的利润率和国际竞争力。这不仅有助于持续提升就业率和工资率，还能促进城乡产业、区域产业优化升级，缩小地区差距，更快跨越中等收入陷阱。二是进一步深化税收调控，抑制大城市房价。在保持流通环节房屋交易税赋的基础上，要重点推进多套存量房房产税的征收。房产税作为重要的直接税，已经成为世界发达国家治理房地产泡沫的重要手段。通过税收调控，压缩地产泡沫，稳定工资—房价比，将经济增长转化为城市低收入阶层实实在在的福利。

（四）城市农民工相对贫困治理与乡村振兴同步

随着我国贫困治理从农村绝对贫困治理向城乡相对贫困治理的重心转移，城市农民工相对贫困也越发不可忽视。我国超过60%的农民工在京津冀、长三角、珠三角等区域的超大和特大城市就业，城市常住人口和户籍人口的城镇化率相差较大，短期内难以解决大规模的农民工城市融入问题。因此，民工贫困治理一方面要坚持"城—城融合"。推进区域协调发展和新型城镇化，实施大中小城市协调发展的城市化战略，引导城市农民工向三四线城市有序转移。只有尽量避免一城"独大"，实现城市空间格局均衡发展的新机制，才能为农民工落户提供新的平台，最终实现常住人口城市化率与户籍人口城市化率相一致。在当前国家推进户籍制度改革的新的制度框架下，三四线城市要着力解决农民工在城市落户问题。另外，要通过乡村振兴战略的全面实施和"三农"工作重心的历史性转移的契机，推进农民工从城到乡的"返乡融合"。随着农村的基础设施、公共服务、体制机制的提升，农民工返乡兴业将比城市有更多的机遇。在城市均衡发展和乡村振兴双引擎的推动下，形成以工补农、以城带乡、工农互促、城乡互补、共同繁荣的新型工农城乡关系。

七、余　　论

恩格斯《论住宅问题》以德国工业化进程中大城市住房短缺为研究对象，在阐释高房价背后的城市地租及城市垄断地租的基础上，指出雇佣劳动制度是工人阶级住房贫困的直接根源。因此，大城市工人阶级住房贫困治理必须坚持系统性、整体性治理架构。这种系统性的治理架构，即工人阶级住房贫困不能"单一性"治理，而应该"多维"整体性治理；不能基于资本劳动冲突模式下的调和式治理，而应遵从以按劳分配为原则的制度性治理；不能采取城乡空间分割式治理，而应城乡融合协同治理。基于这种系统性的治理架构，一方面蕴含了后绝对贫困治理时代我国解决大城市农民工相对贫困的制度优势，另一方面也为我国构建中国特色的反贫困理论及农民工相对贫困治理路径提供理论启示。

第八章

集体建设用地入市背景下的我国粮食安全与城乡联动供给侧改革

一、乡村振兴战略背景下我国农地适度规模经营的理论依据

当前我国乡村振兴战略已逐步展开，城乡融合体制机制下现代经济体系的建立是我国经济体制改革的总目标。现代经济体系需要城市化、工业化、信息化与农业现代化四化同步发展。而长期以来我国农业的发展无法与城市化、工业化同步。如果在相当长的时期农业无法实现现代化，那么城市化、工业化与信息化最终也无法彻底完成。第一阶段的家庭联产承包责任制，最大限度地实现了我国经济起飞阶段农业的增产增收。党的十九大以来，随着农地"三权分置"改革的逐步深化，第二阶段的农业现代化发展需求已经成为乡村振兴战略的重要内容。因而，从"乡村"中国向"城乡"中国转型的视角探讨我国农业适度规模经营及与乡村振兴的内在关联性，已经成为重大而迫切的现实课题。

马克思恩格斯在创立科学社会主义时，高度重视新的社会形态下农业与农地规模经营问题。"社会的经济发展、人口的增加与集中，使得大规模的耕种土地，比在小块的和分散的土地上经营农业优越得多"。农地规模化经营是实现农业现代化的必由之路。同时，一些国家特别是发达国家农业现代化的发展成果已经充分检验了马克思对农地规模化经营论断的科学性。在当前乡村振兴的新时期，有必要进一步深化对农地规模化经营问题的认识。

第一，农地适度规模经营是以特定的经济发展阶段为前提。社会经济的发展、人口加速向城市集中是农地的适度规模经营的前提。20 世纪 80 年代

的家庭联产承包责任制，以家庭为单位的小户分散化的经营模式完成了处在贫困陷阱边缘的个体农户期初的家庭资本积累。随着我国城乡经济的快速发展，已经为农业的适度规模化经营提供了物质条件。2016 年，我国粮食总产量为 61623.9 万吨，虽然比 2015 年略有下降，但我国农业粮食产量已连续 10 多年增产，这就是农地适度规模经营的物质条件。① 2016 年底，中央召开农村工作会议，发布了《关于引导农村土地经营权有序流转发展农业适度规模经营的意见》。在经济新常态下，农业也必须从传统落后封闭的生产模式向城乡要素深度融合的开放型现代农业发展模式转型。党的十九大报告不仅提出要大力发展多种形式的农业适度规模经营，而且将其列入贯彻新发展理念。马克思恩格斯在深度解剖资本主义小农生产方式的基础上，特别强调以释放生产力为特征的农业的规模经营与未来社会农业现代经营模式的选择。这从理论上为中国特色社会主义进入新时代的农业适度规模经营及农业现代经济体系培育指明了方向。

第二，农地适度规模经营要比在小块和分散土地上经营农业优越得多。18 世纪英国工业革命为欧洲农业生产方式的优劣对比提供了天然的舞台。对于德法农地的小块耕作制及由此造成的低效，马克思认为它与现代科技背道而驰。德国与法国的生产方式特别是法德的小块土地的农民所有制以及由此造成的把土地分成小块耕种的方式，排斥了采用现代农业改良措施的任何可能性。② 19 世纪下半叶，恩格斯基于马克思的农地规模化经营理论，深刻批驳了主张将所有的田庄都分割成为小农生产方式经营的蒲鲁东小资产阶级思想。恩格斯指出，按照蒲鲁东的理论，所有这些田庄都应给分割成为细小农户，这种办法在现有的农业科学状况下并且在已经有法国和德国西部施行小块土地所有制的经验之后，乃是一种完全反动的措施。③ 小农经营与农地规模经营在生产效率上差异巨大。以国际小麦价格为例，2016 年国际市场均价约为 0.8 元/千克，而我国国内小麦的价格约 1.6 元/千克。传统的小农经济生产模式很难实现持续的农业利润与产业竞争力。农业生产方式的出路在哪里？恩格斯认为与蒲鲁东主张的小农生产方式相反，"现存的大土地所有制将给我们提供一个良好的基础来由组合工作者经营大规模的农业，只有在这种巨大规模下，才能应用一切现代辅助工具、机器等等，从而使小农明显地

---

① 根据 2017 年《中国统计年鉴》全国粮食总产量数据整理而成。

② 马克思恩格斯选集（第 2 卷）［M］. 北京：人民出版社，1972：453.

③ 马克思恩格斯选集（第 2 卷）［M］. 北京：人民出版社，1972：547.

看到基于组合原则的大规模经济的优越性。"①

第三，小农经营是导致农民收入低下最为深刻的体制根源。马克思指出，农民被束缚在土地上，为了获得相当少的一点收入，他必须把他的全部精力投在土地上，……农民由此陷入了极其不幸的境地。即使近年来为了保证国家粮食安全，我国涉农财政补贴支出数量可观，但小块土地的家庭经营模式显然无法实现农业纯收入显著增长。刘易斯也佐证了马克思的论断：发展中国家传统落后的农业部门与城市现代工业部门作为两个异质性部门，传统落后的农业部门大量劳动力被束缚在农村，劳动所得是极低的生存工资。2016年，我国城乡居民人均收入差距为 2.71 倍，如果扣除劳动力城乡流动所获得务工收入，这个差距将十分巨大。这个扣除的额度将会有多大呢？根据华中师范大学中国农村研究院发布的《中国农民经济状况报告》，农村收入最高的 20% 外出务工样本农户与收入最低的单纯务农的 20% 的样本农户，两个群体的平均收入相差约 10 倍。农地适度规模经营是解决我国农民收入长期在低水平收入陷阱徘徊的内在制度需求。

可见，农业规模化经营是马克思恩格斯论述农业问题的核心意涵。探寻适合中国国情的农业适度规模经营之路已经成为新时代乡村振兴战略的重要内容。针对我国当前农业适度规模经营面临的问题，从城乡融合的视角，跳出农村看农业。加快推进中小城市户籍制度改革，建构农业转出人口更加黏性的城市社会保障制度，实现农民土地保障向城市社会保障的体制转型。同时，赋予农民更稳健的土地承包权及其他土地权益，城乡"双向"加力加速农业人口转出及农地适度规模经营。只有基于城乡联动的供给侧结构性改革，才能最终实现农地适度规模经营。

二、我国农地适度规模经营面临的问题及内部原因分析

（一）现阶段农地适度规模经营的难点

1. 农地地租上涨与农地规模化经营流转费用攀升

舒尔茨基于美国 1900～1970 年工资与地租比的研究，认为农地的租金成

---

① 马克思恩格斯选集（第 2 卷）［M］．北京：人民出版社，1972：547.

本长期必然呈下降趋势。这一结论是基于这70年间美国的人均工资收入与国民收入的占比从55%上升到75%，而农地租金收入的国民收入占比从9%下降到3%。但我国近几年，农地土地租金的涨幅却十分明显。新疆、黑龙江等农业大省，2008年以前普通耕地租金一般都在500元/亩以内。2015年以来，黑龙江某些县市的农地租金已经涨到1000元/亩，新疆北部农业区一般耕地每亩租金也普遍超过600元。湖南、山东、河南等产粮大县，2008年以前农地每亩租金扣除补贴平均每亩300元左右。2016年湖南宁乡、湘乡农地的流转价格已经超过1000元/亩，河南省夏邑、濮阳、郸城等县的农地流转价格已经超过800元/亩。河北省大名县、宁晋县、辛集市肥力较差的旱地流转价格已经超过1000元/亩。北京市密云区十里堡镇，农户把土地直接流转给集体，2010年最初的标准为450元/人，2016年补偿标准已提高至每人800元/月。上海市崇明县的土地流转租金高达2990元/亩。① 农地租金上涨显著增加了农地适度规模经营的成本。当前我国农地地租上涨不仅有别于新古典学者舒尔茨对美国农地租金的趋势性分析，也有别于古典经济学家李嘉图对19世纪英国全球崛起期间由于工业发展导致农产品需求上涨，进而引起农产品价格与地租的持续上涨。

2. 农村留守老人小块耕作模式使农地适度规模经营滞后

随着大量的农村劳动力向城市转移，我国城乡的人口年龄结构差异十分显著。这种现象也阻碍了农地的适度规模经营。截至2016年，我国农村外出农民工为1.69亿人次②。而留守在农村的大多数老人仍在以传统的方式经营农地。2016年，我国农地流转面积占比为35.1%，虽然有较快增长，但与农村外出农民工的占比相比仍然相对滞后。而且，在流转总量中，占比最大的是农户之间的流转。发达国家城市化与农业的现代化二者是同步的，城市化以人口集聚为特征，农业以土地集聚规模化经营为特征，属于典型的同步"并联"模式。而我国城市化进程与农业现代化具有明显的前后"串联"特征。根据马克思的工资理论，劳动力商品的价值即是由生产和再生产劳动力这种特殊商品所需要的社会必要劳动时间决定的，并且这种劳动力的价值还受历史或社会因素，如抚养后代或赡养老人而使工资具有较大的伸缩性。刘易斯的二元经济模型也指出，随着大量的农村剩余劳动力向城市流动，城乡经济形态将从"非均衡"向"均衡"演变，最终实现农业的现代化与城乡人

---

① 数据根据土流网"我国各地土地流转租金是多少？"整理而成。https：//www.tuliu.com/read－62323－2.html。

② 根据2017年《中国统计年鉴》农村劳动力人口数据整理而成。

口的均衡发展。但刘易斯的城乡农村劳动力流动与工业化和农业现代化的理论模型，在我国现阶段并没有形成这种"自我"的实现机制。突出表现在农地流转的速度与规模显著滞后于农村劳动力流出规模，农民工在城市务工实现了劳动力的城市化，但老人与子女的人口城市化进程滞后，这导致农村土地的碎片化经营问题依然突出。

3. 与农地适度规模经营的相关的土地权利契约关系不稳定

早在封建社会，我国土地市场上就出现了田面权、田低权、绝卖、活卖等丰富而多层次的地权交易形态。随着现代市场经济体制分工及交易形式的日趋复杂，债权、股权、信托等多样化的资产形态构成了企业的资产负债表。当前，我国农村承包地的流转形式仍然主要以中短期的土地租赁为主，以农户之间的流转这种熟人租赁形式为主，与市场经济相匹配的长期债权、股权、信托、抵押等的形式的流转发育相对滞后。据农业部的抽样，"黑龙江省2254万亩耕地中，签订流转合同期限为1年的占71%，2~3年占16%，3~5年占7%，5~10年占2%，10年以上占4%。浙江省德清县流转期在5年以下占81.2%，5~10年占11.2%，10年以上占7.6%"[①]。短期传统债权形式的流转占主导，土地入股、信托、长期转让等现代资本配置机制相对匮乏。农地资产缺乏多层级配置及充分的资产收益与风险的衔接机制。而农地企业的治理效率从来都是与农地市场的权利契约形态具有高度的相关性。农地市场的权利及契约关系的发育，也是培育农业企业家的制度基础。2016年，财政部5800亿元的农业补贴，扣除1000亿元左右的粮食直补，农业合作社及现代农业企业则是剩余的80%财政补贴的直接获益者。农业合作社要通过知识与技术的外溢及基础设施的共享，形成现代农业发展市场结构中个体农户、家庭农场与农业合作社良性竞争的格局，防止出现过度追逐财政补贴及产业政策倾斜的短期套利型企业。

4. 农地农用用途管制刚性不足影响农地适度规模经营

在现代市场经济条件下，等量资本获取等量利润的原则与农地基于市场失灵的用途管制并不矛盾。企业私人净边际产品与社会净边际产品的背离产生了外部性。外部性内在的要求对农地实施严格的用途管制。管制的目的在于提升农业的核心竞争力。而在市场短期逐利动机下，农地的非农化已经成为当前我国农地适度规模化经营中的一个突出问题。根据我国四省区的抽样

---

①　引用网络数据：中国农业部课题组黄延信、张海阳、李伟毅、刘强的农业抽样数据。http：//www.360doc.com/content/12/0209/20/6894217_185387372.shtml。

173

调查显示，样本农户共流转土地 6777.1 亩，其中 4140.7 亩用于种植非粮作物或者进行非农建设，农地流转"非粮化率"达 61.1%。农地非农化违反国家土地用途管制，攫取违法超额收益，其严重影响了我国耕地保护及国家粮食安全。我国《土地管理法》明确规定，禁止占用基本农田发展林果业和挖塘养鱼，违者应当承担相应的法律责任。国务院《关于坚决制止占用基本农田进行植树等行为的紧急通知》强调实行最严格的耕地保护制度，切实保护基本农田。有些农地通过"以租代征"用于非农建设。以"现代农业设施用地"之名进行农地非农化，建开发区、乡间别墅、私人会所、旅游度假村等非农用途的开发。工商业资本下乡，等量资本获取等量利润，这是市场经济的基本法则，我国农业现代化必须培养和依靠创新型的农业企业家。

（二）阻滞农地适度规模经营的国内因素分析

1. 农地的养老保障功能及农户对土地承包权的福利依赖

家庭联产承包经营责任制改革以来，我国传统的农村集体土地所有权发生了深刻的变革，土地从"一权"独有变为"两权"分离。当前又在深入推进"三权"分置。这些深刻的农村土地制度变革无疑将农户的承包经营权作为一项重要的财产性权利通过《农村土地承包法》和《物权法》这种正式的法律制度进行强化。然而这种分立的制度常常忽略了农户对土地承包经营权根本属性的认知。在城乡二元既定的福利格局下，当前农地的社会保障功能要远超出农地市场化流转的经济收益。特别是在我国人口老龄化进程加速背景下，农地的社会保障功能更加凸显。其主要体现在：一是养老保障功能。由于农民工主要在城市非正规部门就业，城市非正规部门的特征及层级分割的劳动力市场结构使农民工及家庭很难融入城市社保体系。农村土地保障就成为现代养老保障的重要替代。二是附带的住房保障功能。当前我国城市保障房的配租对象还很难覆盖农民工。农民工及家庭进入城市必须要负担高昂的住房支出，而农地和附属的宅基地则能很好地承担住房保障功能。三是通货膨胀与价格对冲功能。在通货膨胀及现行农地产权关系背景下，小块农地的使用价值要显著大于其财富价值，农地客观上发挥着农民工城乡流动"减压池"的功能。

2. 农业转出人口城市化进程中城市社会保障的缺失

近年来以土地财政为核心的城市化发展模式大大拓展了我国的空间城市化进程。地方政府通过土地征用大规模招商引资，推动了固定资产投资及劳动力需求。另外，通过土地出让、土地税收与土地融资，实现了地方基础设施建设与城市发展大提速。然而，空间城市化与人口城市化进程的矛盾依然突出。一是地方政府间 GDP 竞标赛实现了以生产性人口即个体劳动者为特征的劳动力的城市化，但以劳动者家庭为单位的"依赖型"人口的人口城市化进程显著滞后，滞留在农村的依赖型人口经营着碎片化的农地，这种非劳动力人口参与农业生产客观上这阻碍了农业的现代化与农村土地适度规模经营。二是即使部分家庭依赖型人口随农民工迁入城市，外来务工人员在城市医疗、养老、住房等社保制度方面缺失和滞后。户籍制度与城市管理制度造成农民工劳动力市场与一级劳动力市场的严重分割，社会保障缺失的城市非正规部门成为吸纳农民工的主力。这种分割的体制及分割的福利导致农民工对城市化进程缺乏兴趣。而且，从长期看，这种动态的循环直接导致处于二级劳动力市场上的农民工对自身及子女的人力资本投资的动力不足。当前我国农村剩余劳动力人数约 2.4 亿左右，长期以来以兼业或潮汐就业的形式在城市和农村之间进行流转，不仅不利于城市的可持续发展，更不利于中国农业的现代化进程。

3. 农户承包权仍然在现代中国城乡架构中缺乏稳定性

从乡土中国向城乡中国的转变，虽然农户承包经营权已经有《土地承包法》与《物权法》的特定物权保障，但现代市场经济体制下基于财产权与物权一般性特征的稳定性仍然不足。首先，从所有权的层面上，虽然集体土地所有权的权利主体属于"农民集体"，但农民集体作为集合概念，在外部利益的驱动下其主体权益容易发生位移，蜕变为行政权力或对代理人对农民土地权利的侵占。其次，成员权与农户承包经营权物权化二者间仍然存在矛盾。根据陶然（2013）对中国 6 个省 59 个乡镇 119 个村庄的 2200 多个农户的大样本数据，土地随机调整的发生率比 1998 年（第二轮土地承包）整整减少了 42%，特别是 2002 年以来《土地承包法》的实施，承包权的物权化趋势得到了法律保障，以成员权身份、户籍为特征的集体所有权均分土地的冲动得到了有效的遏制。党的十七届三中全会提出农民土地承包权长久不变，党的十九大将第二轮承包权到期后继续再延长 30 年，然而这些仍然依赖正式法律制度的确认方才有效。三是城乡制度冲突。现行的《土地承包法》（第二十六条）规定，"承包期内，承包方全家迁入设区的市，转为非农业户口的，应当将承包的耕地交回发包方。承包方不交回的，发包方可以收回承包权"。可见，处于上位的集体所有权仍然随时制约着农户的土地承包权，特别是阻碍农户进城后土地承包权等财产性权利。户籍制度、成员权制约了农业转出人口城市化进程中市场化退出机制，增加了劳动力城乡转换的成本、不确定性及机会主义。

4. 农地经营权在三权分置格局下对农户承包权的侵蚀风险

农地三权分置是从"乡土"中国向"城乡"中国的转变重大的制度创新。农地三权分置不仅是现代市场交易深化细化市场自我演化的结果，从乡村熟人社会向现代市场契约演进并随着市场分工深化而自然分层并独立化的过程。同时，农地三权分置也依赖于国家正式法律制度的刚性架构。然而，经营权与承包权权利配置如何实现均衡，则是推进农业适度规模经营的重大产权问题。当前三权分置中经营权属于物权还是债权仍然定位不清。如果定义为物权，在用益物权上再设相近用益物权的安排，承包权与经营权这两个层次的产权关系及权利的配置合理性，就决定了今后处于下位权的经营权对处于上位权的承包权的产权是否有侵权的风险，即"同一物上不可能产生两个以上内容相近的用益物权"。如果将经营权作为债权，则激励机制不足。土地的所有者对土地经营者出租土地租期越短，地租越高。租期越长，则地租越低。土地经营者在此期间，可以追加投资、改良土地，最大化地分享土地的级差收益。建立于债权关系上的农村土地租赁，将影响经营者对农地的长期投入，不利于我国新型农业经营主体与现代农业发展。对经营权主体违反农地用途管制，违规使用农地的规制的制度设定。在某些情况下，地方政府耕地保护的内生动力相对不足，龙头企业、合作社、城市资本在利益驱动下违规使用农地，进而助长城市资本加速到农村"圈地"，进一步推高了农地地租，而耕地保护与土地用途管制不到位也是当前农地流转地租虚高的主要原因之一。因而，农地三权分置后农地经营权与承包权的权利配置有待清晰。

三、国际垄断资本进入我国粮食产业的效应分析

（一）国际粮食垄断资本与全球粮食安全风险

新古典经济学的一个基本假设是，交易中的商品越具有同质性，垄断越难以形成，市场越呈现出完全竞争的结构。因此，基于这个新古典逻辑，国际粮食市场大概率呈现出完全竞争或准完全竞争性。但现实的经验恰恰相反，

国际粮食市场并不具有完全竞争性，而是被国际垄断粮食资本控制下的高垄断性市场结构。在当前全球粮食市场结构中，五大粮商，即美国的 ADM 公司、邦吉公司、嘉吉公司、法国的路易达孚公司和新加坡的益海嘉里占据着绝对的垄断地位，垄断着全球粮食贸易市场（CR5）超过 75% 的份额。粮食产品从来都不是一个一般性的纯经济物品，它从根本上影响着一国的经济安全。本文暂不考虑国际游资对粮价波动的短期助推效应，仅关注国际粮食垄断性产业资本对粮食安全的影响。

随着国际粮商的崛起，全球性的粮食格局分布呈现如下四个鲜明特征。第一，20 世纪 70 年代延续的以中心—外围理论为基础的"南粮北运"粮食格局逐步转变为"北粮南运"。基于不平等经济交易为特征的中心—外围理论在粮食安全领域现在发生了偏转，在国际粮食贸易中逐渐演变为一种控制与被控制的政治格局。第二，国际粮食垄断资本对整个粮食市场的垄断程度不是呈现"U 型"的收敛或平均化，而是更加极化。美国人口仅占世界人口的 5%，在五大跨国粮商中美国就占了三个；而亚洲人口占全世界总人口的67%，只有一个国际粮商。第三，粮食产业安全和粮食贸易供应链更加复杂化。跨国粮商国际垄断资本在各个环节都会形成巨大的垄断，不仅仅是横向的粮食贸易流通领域的垄断，更有纵向的渗透在生产、投入、加工、物流、销售等各环节的垄断，还具有广泛多元化的混向垄断。粮食贸易供应链的复杂化体现了国际粮商与国际借贷资本及虚拟资本的结合呈现越来越密切的形态。第四，国际粮价趋势变动的风险增大。虽然国际粮价短期内呈现不规则震荡，但根据联合国粮农组织（FAO）的预测，长期来看国际粮价的增长应该是一个比较明显的趋势。粮食作为国际大宗商品，不考虑与技术相关的相对价格变动，单从国际货币供给的一般价格判断，粮价一定会持续走高。2020 年新冠肺炎疫情肆虐全球，随着美联储美元账户从 2009 年金融危机后 4 万亿美元持续扩大至 9 万亿美元，日本、英国等欧洲各国央行纷纷扩大。在这个大背景下，国际粮价总体将呈现明显的上涨趋势。其结果是，大宗商品与美元霸权紧紧绑定，美元增发导致美元计价结算的国际粮价上升，粮食进口国的国际收支恶化和债务危机风险显著加大。

在新的国际粮食霸权模式下，主张粮食自由贸易的学者所依据欧洲版的国际粮食理论和现实都发生了根本变化。19 世纪初（1815～1828 年）英国颁布的《谷物法》，其目的仅仅是通过限制或禁止国外的粮食输入，从而保护国内农业地主阶级的利益。1846 年在资产阶级反谷物法联盟推动下，成功废除了国际粮食流通贸易保护性质的《谷物法》，助推了全球粮食贸易自由化和资本主义的扩张。而在 21 世纪美国的霸权模式下，全球粮食安全已经完全超出了传统欧洲工业化进程国家的理论和政策边界。20 世纪 70 年代美国对日本的粮食封锁使日本意识到提高粮食自给率的重要性，近些年美日的贸易摩擦也主要是围绕粮食和农产品展开的。在 2018 年《全球粮食安全指数报告》中，基于全球 113 个国家的粮食安全的评估进行了排序。日本的粮食安全排名第 18 位，而中国的粮食安全排名第 46 位，日本的粮食安全系数远高于中国。目前的国家粮食安全已经进入全球竞争的大格局，已经从国内粮食产业垄断和保护拓展至如何应对国际垄断和国际粮食垄断资本的层面，已经从经济安全上升到国家政治安全的视野。

党的十九届五中全会再次明确提出确保国家粮食安全、保证口粮绝对安全的粮食安全战略。"十四五"时期，我国将走出一条有中国特色的粮食安全之路。粮价波动、粮食短缺，历史上我们有过深刻教训。改革开放后，通过农村经营体制创新，我国成功解决了长期以来困扰的粮食短缺难题。从 2004 年至今，我国粮食产量已连续 17 年持续增产，2021 年粮食总产量突破 6.8 亿吨，连续七年保持在 1.3 万亿斤以上，为我国全面建成小康奠定了基础。当前，我国进入构建双循环发展格局的高质量发展阶段，粮食安全面临效益和质量提升的双重需求。基于我国粮食产业发展总体质量不高的现实，当前学术界的观点主要可以归为三类。一是主张藏粮于"地"，实施最严格的耕地保护政策。二是主张藏粮于"制"，坚持对内粮食收储制度不动摇，实行主粮保护价收购，对外坚持主粮关税配额制度以保护本国粮食产业安全。三是主张藏粮于"技"，通过农业技术创新保障粮食安全。虽然当前这三种学术观点都聚焦了我国粮食安全不同层面的问题，但在市场经济条件下，从根本上解决我国粮食安全问题的根本驱动力是粮食产业资本的培育与扩张。本文从国际粮食垄断资本的视角审视我国粮食安全，以国内粮食资本培育为核心引导要素、资源集聚，通过粮食资本与市场、技术及政府的内生耦合，推动藏粮于"地"、藏粮于"制"、藏粮于"技"的多维互动，深度推进乡村振兴时期的农业现代化。

（二）跨国粮商进入我国及对我国粮食安全的影响效应

跨国粮商随着我国改革开放的深化进入我国，由于粮食和农业贸易的敏感性，在改革开放以前，个别国际粮商通过其在世界范围内的粮油网络为我国弥补头寸不足，支持我国经济发展。作为亚洲唯一的国际大粮商，新加坡的益海嘉里 19 世纪 70 年代通过香港逐步进入内地粮油贸易。欧洲的路易达孚 1973 年通过国际棉花贸易进入中国市场,持续进行多元化扩张,成为囊括了肉类、糖类和咖啡类的中国供应商。美国的嘉吉粮食巨头 1971 年通过小麦和棉花贸易进入中国。随着 20 世纪 90 年代改革开放与市场经济体制的逐步建立,国际粮食巨头开始加紧布局我国粮食和农业领域。ADM 爱德蒙 1994 年进入我国粮油市场。邦吉 1998 年依托粮油贸易进入我国。从此,随着我国市场化程度的加速,经济体量的快速增长,在世界贸易体系中,我国粮食产业与国际垄断资本所代表的粮食资本巨头的业务往来日益密切。特别是我国加入 WTO 后,应履行农产品市场逐步开放的多边准则。

跨国粮商弥补了我国农业粮食资本短缺。在城乡分割的体制下,长期以来我国农业粮食资本短缺。中华人民共和国成立初期,我们主要通过农业合作化和集体化,从体制上保证了工业化进程中的粮食安全。同时,长期计划经济模式下粮食统购统销,在粮食生产不足的情况下维持着供给和需求的紧平衡。粮食资本短缺不仅体现在生产环节,更包括加工、物流、研发、收购、仓储这些资本密集型的产业端点;不仅国有资本短缺,民营粮食资本也十分短缺。国际粮商进入中国,有效弥补了我国农业粮食资本短缺现状。ADM 已经成为我国玉米、饲料、油籽的主要供货商。益海国际的金龙鱼食用油,占我国油脂市场份额超过 40%。2017 年邦吉连续在中国投资近百亿建油料压榨厂,压榨能力进入国内前五。2011 ~ 2020 年我国粮食加工业产业发展规划年均增长 12%,2020 年实现 6.9 万亿元的粮食加工总产值已经提前完成。从粮食贸易和流通的产业堵点上看,国际粮商的进入使我国的粮食流通更加顺畅。由于粮食生产和价格具有典型的蛛网扩散特征,解决粮食生产和销售的难题,就能有效推进粮食的市场化进程及优势农产品的出口贸易。

另外,随着市场化进程的推进,与国际粮食巨头相关的农业技术、良种、农药、化肥、农业机械等投入品迅速涌入我国,提高了我国粮食生产的全要素生产率。通过国际粮商的知识外溢,更有助于国内粮食企业借鉴学习。德国的 KWS 和 Bayer,现在成为享誉全球的粮食种子巨头。新加坡的益海嘉里作为唯一的亚洲粮商,针对亚洲人的油脂消费和饮食习惯,主打国际粮油贸易。美国的 ADM 注重科技研发,法国的路易达孚作为欧洲粮商更注重农业金融和农产品期货。

国际粮食垄断资本进入我国的负向效应与风险。第一,国际粮商市场垄断定价下的粮食安全。国际垄断资本的目标是实现最大化的垄断利润。定价权是市场经济的核心问题,但粮食贸易和粮食流通中的定价权的影响更大。

一是防范国际粮商粮食进口环节的垄断定价。在粮食倾销——粮食援助——粮价波动——粮食控制的粮食霸权争夺中，全球超过 50 个国家先后爆发过粮食危机。特别是当前我国大豆的进口依存度较高，每年超过 1 亿吨，外贸依存度超过 70%。无法解决市场定价权问题，就无法保证藏粮于"市"。国际粮商之所以能进行垄断定价，源于发达国家深度的农业支持与补贴对国际粮食生产体系的扰动，恰恰发展中国家并没有这样的财政实力。据统计，东亚的日本和韩国农业支持力度（补贴）占农业收入的比重最高，分别为 56% 和 63%；欧盟各国的平均比重为 33%；美国和加拿大的比重分别是 30% 和 21%。以美国为例，美国对谷物、豆类、油类作物、糖类作物等 20 多种农产品进行补贴，同时农业补贴的力度大，近 1/3 的收入来自政府补贴，进而可以低于生产成本的价格进行低价倾销。美国 2015 年相比 2000 年，小麦、大豆、玉米、大米的倾销幅度都在大幅提升。通过粮食贸易补贴发展中国家、控制发展中国家。这种寻求粮食霸权的过程，一方面得益于美元作为国际货币的货币霸权地位，另一方面源于国内利益集团的压力。二是防范国际粮商在国内粮食流通环节的垄断定价。粮食流通领域的市场定价，决定着农民的粮食种植结构，即生产什么、生产多少及生不生产，决定着不能形成完整的供应链。国际粮商在国内粮食流通环节的上游和下游，通过垄断定价，种子按"粒"卖、农药按"品牌"差异化定价，赚取可观的初级粮食产品流通利润、食品加工利润、要素投入品垄断销售利润等。在需求总量不变的前提下，国内粮食供给与通货膨胀及国家经济安全密切相关。当前我国对国内外粮食市场定价权的争夺不足，作为农产品生产和需求大国，利用自身的经济体量参与国际价格制定的组织形式滞后，因而粮食流通体系的风险防范需要引起足够重视。

第二，防范国际粮商阻碍我国粮食产业优化升级。首先，这些国际粮食巨头进入我国粮食市场的方式，都是从主粮以外为切入口逐步渗透，这种产业渗透的国际化扩张路径不易察觉且很难防范。之后，通过一连串的资本运作股权投资，快速通过横向和纵向战略拓展产业链，这必然对我国粮食产业安全构成威胁。其次，是我国粮食产业的核心技术安全。以粮食产业投入品为例，氮肥、磷肥在我国基本能自给，但钾肥的进口依存度超过 70%，钾肥的供应商长期以来主要掌控在国际垄断资本手中。党的十九届五中全会提出种子技术，种子就是粮食和农业的"芯片"。国际粮商对我国粮食产业高质量发展的作用，需要我们审慎评估。最后，保证藏粮于地与藏粮于仓的粮食刚性安全。对于我国的粮食供给需求紧平衡的现状，藏粮于地是保证国内粮食产业安全的基本条件，要引导国际粮商在乡村振兴中振兴粮食产业，进一步增加我国耕地的总量和通过投资提升耕地质量，摆脱我国粮食产业发展被动滞后的局面。

第三，防范国际粮食垄断资本对国内粮食企业的冲击。一是防范国外粮商在我国粮食初级农产品市场"一股独大"，威胁我国国有粮食企业和民营粮食企业的市场生存空间，保证粮食产业市场主体的公平竞争的市场格局。一国粮食安全的核心就是最大程度提升主权国家粮食生产体系对国际粮食资本的替代系数。在防范国际粮食垄断资本的同时，是否有助于本土粮食企业从进口替代型的国内扩张走向国际，通过学习和经营模式的复制成长为新的国际粮商。二是防范国际粮商在我国粮食产业链和供应链各环节是否可能形成纵向"垂直"闭环的垄断势力。这种"垂直"闭环的垄断势力被称为"从种子到货架及餐桌的控制"。这并非危言耸听。据统计，仅德国的孟山都和美国的杜邦两家公司就控制了全球60%以上的种子销售，仅孟山都一家就垄断了全球45%的玉米种子和30%的大豆种子。全球第四大公司法国的利马格兰，种子研发投入占到了销售收入的15%，产品已经进入中国市场。以沃玛特为代表的全球十大食品零售商垄断了全球50%的食品货架。从种子垄断、粮食生产垄断，到化肥农药等粮食投入品垄断和粮食贸易流通垄断，到下游的粮食加工垄断、食品销售垄断，国际资本可能对一国粮食产业各个环节构成垄断性控制。这种全产业链垄断性控制的程度越强，各环节所获取的垄断超额利润就越大。因而，风险防范应从粮食安全产业链生产、投入、加工、物流、零售各个环节，对我国本土粮食产业进行参股、联营、合营、控股、买断的粮食安全监管和审查，使其不能危及国内粮食企业及粮食市场主体公平竞争。

四、国际粮商资源禀赋差异与粮食生产规模特征分型

（一）粮食短缺国国际粮商：东亚小农场为代表的农业经营模式

新加坡和日本就是这种国际粮商的典型代表。新加坡是粮食进口国，同时益海国际又是具有世界影响的粮食巨头。日本的 Ito-Yokado 公司是亚洲唯一入围的全球十大食品零售商。全球十大种子公司，只有日本的 Sakata 公司和 Taikii 公司两个亚洲企业。从国际粮食资本运营的视角聚焦粮食安全，新

加坡和日本这种粮食短缺国的国际粮商模式更值得我们借鉴。在农业的经营规模上，日本农户平均规模为1.2公顷，仅是我国农户平均规模0.6公顷的2倍。东亚的资源人多地少，为了农业的现代化，日本的"町村运动"持续了40年，韩国的"新村运动"持续了30年。韩国"新村运动"后，实行了世界上最高额的农业补贴政策来保证粮食安全。日本也实行了世界上最严格的农业保护政策，20世纪70年代美国对日本的粮食封锁使日本意识到提高粮食自给率的重要性，近些年美日的贸易摩擦也主要是围绕粮食和农产品展开的。同时，日本作为粮食资源匮乏的小国，特别注重海外屯田。日本的海外屯田，南美洲占到47%，亚洲占32%，非洲占16%，澳洲占5%。在全球十大种子、农业科技和食品加工产业中，都有日本企业，可见日本对粮食安全与粮食科技投入的高度重视。由于东亚地区总体人多地少，日本、韩国、中国台湾地区总体上都延续了这种以小农场为代表的农业经营模式。我国的《乡村振兴促进法》的出台，在科学引导乡村振兴的同时，也会培育形成世界上最大规模的中等收入阶层。

（二）欧洲中等农场为代表的粮食出口型国际粮商和农业经营模式

法国是欧盟第一农业生产大国，法国的路易达孚集团也是国际粮商的典型代表。法国作为欧洲传统的典型意义的农业大国，马克思恩格斯在19世纪中后期就对法国的农业格外关注。目前，法国的粮食和农副产品出口额占世界总量的11%。从马克思恩格斯专门研究法国的农业及当时典型的小农经济形态到现在，100多年来法国的小农经济不断适度规模化，已经成为欧洲中等农场为代表的粮食出口型国际粮商的典型代表。1862年，法国1/3的农户耕作土地不足1公顷，1~10公顷的小农户占46.5%，近八成的中小农户耕种了60%的耕地。恩格斯1890年在《法德农民问题》中提出，法国的小农向规模化经营要经过一个客观的历史过程。20世纪50年代以来，法国10公顷以下的小农场的耕地比重稳步下降，已不足四成。20~50公顷的中农场的耕地比重占到了耕地总量的四分之一，而50公顷以上的大农场耕种方式占到了农地的三分之一。① 法国由于天然的农业资源禀赋，农场的平均规模达到欧盟农场平均规模的3倍，东亚小型农场规模的30倍，农业适度规模经营走

① 张鹏. 我国粮食安全的多维思考［J］. 当代经济管理，2012（10）：29.

在了欧洲的前列。此外，法国的农业经营模式注重粮食金融、注重减轻农民的债务负担，阻止和延缓了小农的破产和贫困化，农场的经营规模相对均衡，特别注重金融和期货对粮食价格风险对冲机制。

（三） 美国、加拿大的大农场粮食出口型国际粮商模式

殖民地拥有的天然的资源禀赋，使大农场经营成为美国国际粮商的典型模式，同时这种农地规模化的优势亚洲难以复制。这种殖民地型大农场经营模式，除了美国，还有加拿大、澳大利亚和新西兰。这种殖民地型大农场规模是欧洲中等农场的 100 倍、东亚小型农场的 500 倍，而且目前规模还呈现扩张趋势。粮食规模经济形成的粮食成本优势，是大农场经营模式的天然优势。全球 45% 的大豆和 35% 的玉米产能来自美国。"北美的大草原，阿根廷的帕姆帕斯草原，这些草原是天然易于开垦的，这些处女地甚至用原始的耕作方法不施肥料也能够连年得到丰收。欧洲的租地农场主和农民当然竞争不过这种草原处女地"①。所以一部分欧洲土地就从种植谷物的竞争中完全退出来，投资在下降，地租也都在下降。美国完善的水运物流体系，还在美洲内形成了对墨西哥、巴西、阿根廷的比较优势。生产端的农场主阶层、农业科技公司、农产品加工商、食品销售商、大型连锁超市作为重要的利益集团和游说集团，直接影响农业政策、农业补贴。美国的三大粮商不仅是最大的初级粮食产品生产国，而且垄断资本已经渗透于种子、食品加工、期货金融、零售等粮食全产业链，依托大农场经营与农业的现代化，不仅彻底实现了本国的粮食安全，而且可以在双重的成本优势下更便利地进行粮食全球倾销而构筑粮食全球霸权。

五、我国粮食资本发展模式转型下的
粮食安全战略

（一） 国际垄断资本及我国粮食安全宏观架构阶段性转型

从计划经济时期的"以粮为纲"，到市场经济时期保障主粮安全，我国

---

① 马克思．资本论（第三卷）［M］．北京：人民出版社，1975：817.

长期以来始终重视粮食安全。在全面建设小康阶段，由于土地、人口等资源条件限制，我国粮食安全更侧重于粮食生产的供需总量平衡。在总量平衡的条件下，我们对国际粮食资本在国内的资本扩张、战略扩张、模式扩张总体上采取的是市场化的放任无为策略。可以说，更注重发展而粮食安全防范不足。在2000年以来的全面奔小康阶段，我国空间城市化进程加速，耕地占用数量较大。由于缺乏粮食产业高质量发展的战略定位，工业园区大量占地、违法占地、先占后补、先补后占、占优补劣，经济发展与粮食安全二者的关系并没有兼顾好，对粮食安全的重视并没有凸显出来。而在粮食生产环节，粮食的市场价格偏低，不仅与工业品价格相比偏低，与经济作物相比价格也偏低。根据马克思的农产品价格理论，在等量资本投入条件下，粮食产品只有高于工业品的虚假社会价值，才能保证农业经营领域的工资、利润、地租等经济利益的实现。生产端的粮食价格偏低，致使农民种粮积极性不高，农地非粮化现象日益突出。在基础设施投入方面，与粮食产业相关的农业基础设施及科技投入明显不足。脱贫攻坚道路"村村通"，但农业生产性道路，农田水利设施投入、粮食生产、加工、仓储、物流、良种培育等相关领域的投入仍然有较大的缺口。粮食安全的重要性与农业资本的存量二者并不匹配。引导资本从非农业部门向农业部门转移力度不足，粮食流通体制仍然不能有效放活。同时，引导国有资本、私人资本、社会资本、城市资本进入粮食产业的力度及相关的扶持政策仍相对滞后。国有大型粮商聚焦主业经营与国际粮商相比，高质量发展尚有差距。以非粮作物茶叶为例，虽然我国是茶文化和产茶大国，但巴基斯坦和英国的茶业品牌运作要明显优于我国。

（二）国际垄断资本与粮食主产区地方发展模式转型

20世纪90年代，"米袋子"省长负责制，"菜篮子"市长负责制。但随着各地GDP增长考核与招商引资竞争，地方经济开启了地方政府间竞争的"锦标赛"模式。在招商引资的排序偏好中，外资不仅被优先引入，而且还配套以金融财税等各项优惠。这加速了国际垄断资本在我国粮食行业的"跑马圈地"与快速扩张。粮食主产区产业结构也日益房地产化，实体粮食产业被弱化和边缘化。房地产业是税收大户，地方以地生财的空间城市化发展模式，通过农地非农化实行土地财政的最大化和土地金融抵押收益的最大化。种粮食不如盖房子，经济结构严重的虚化和货币化。东西部粮食生产比较优势反转。我国东部地区由于快速城市化工业化占用了大量的耕地，江浙鱼米之乡传统的南粮北运变成了北粮南运。而西部地区由于粮价偏低、化肥农药等中间投入品价格及经营方式受限，难以构筑高质量的粮食安全体系。劳动力流出，农业资本收益率偏低，产粮区粮食产业面临尴尬境地。因而，在新的发展阶段，必须推进国际垄断资本视角下粮食主产区地方发展模式转型。首先，要思想转型，粮食安全产业必须要处理好粮食初级产品生产与食品（深）加工的关系，延长产业链，通过一二三产业联动创造足额利润空间。其次，粮食安全必须要处理好生产和流通的关系，将更多的利润留在粮食生产环节。粮食安全要处理好实体产业粮食生产和粮食金融的关系，最大限度地对冲风险。最后，粮食安全要处理好粮食生产和粮食经营模式的关系，粮食产业园区化、粮食生产科技化、粮食生产规模化、粮食生产主体多元化，形成数字农业、园区农业、智慧农业、景区农业，最大限度地将小农与现代农业有机衔接。只有这样，才能从根本上消除粮食供需风险、纵向产业链风险、种子与生物风险，构建我国长效的粮食安全体系。

（三）国际垄断资本与城乡融合的福利保障体制转型

从党的十六大提出的城乡统筹，到党的十八大提出的城乡一体化，到党的十九大的城乡融合发展，城乡融合解决不好，就不能从根本上用城市化引领农业现代化，就难以彻底解决我国的粮食安全问题。城乡关系不平衡的第一阶段主要表现为城乡分割条件下在初次分配环节不平衡的利益转移。长期以来城市优先发展及传统的工农业剪刀差，农业部门持续向非农业部门进行利益输送和转移。传统的粮食安全，就农业谈农业、就农民讲致富，孤立地以封闭的农村为中心解决粮食安全，这条路必然越走越窄。当前在城乡关系不平衡的第二阶段，主要表现为城乡分割条件下在再分配环节社会福利保障体制的逆向利益转移与利益不平衡。如果延续传统的模式，即劳动力年轻进城，年老回村养老。这种半城市化进程表现为城市就业、农村保障。这种半逆向转出的模式对于20世纪八九十年代的一代农民工部分可行，但对于二代农民工就面临很大的问题。最大的问题就是城乡要素市场化与社会保障体制的不均衡。一方面，是基于农村的要素流动层面，多元粮食生产经营体制更加的市场化；另一方面，农业转出人口的社会保障制度的接续转移问题更加突出。顺利的农村转移人口城市灵活就业社会保险转移接续，能够加速农业剩余人口的转出，加速农业经营模式的现代化。但目前针对农民工群体的市民化社会保险的投保和接续改革仍然部分缺位。静态方面，农民工市民化进程中的养老、医疗等社会保险，企业、农民工及地方政府三方都缺乏持续投入的积极性与长周期成本分摊的制度设计。动态方面，农民工城—城转移过程中的社会保险转移接续难题难以破解。其核心是农民工流入地的发达地区和农民工转出地的欠发达地区的利益转移如何平衡。但这种利益的再平衡在我国城市格局的演变中已经十分必要和迫切。我国城市空间战略格局是"一股独大"，超大、特大城市、大中小城市分布不均衡。我国超过 60% 的外出农民工流入京津、长三角、珠三角等区域，这种流动虽然符合世界人口迁移的基本规律，但农民工在超大城市直接落户短期会有较大难度，因为公共服务在相当长一段时间内难以有效供给。因而，目前随着户籍改革的推进，市区人口 300 万以下的大城市及中小城市，全部放开户籍。这种加速农业转移人口市民化的过程，就是要求打破固化的利益格局在二次分配层面所形成的逆向补贴。农业转移人口的市民化，已经完成了 1 亿人城市落户。在"十四五"时期，如果再实现 1 亿人城市落户，那将极大地推动我国农业的现代化。这也说明我国的城市化和农业现代化比刘易斯的城乡二元融合理论更为复杂。

六、乡村振兴时期农村建设用地流转与我国粮食安全

（一）城乡融合发展视域下推进农地适度规模经营

内敛式的乡土中国向乡村振兴视阈下开放式的城乡中国转型，农地的适度规模经营不仅要立足农村土地产权关系，更要从城乡关系及体制变革的层面寻找突破口。

1. 农业转移人口城市落户与城乡户籍及社会保障制度对接

农村转移人口的社会保障及相关福利是关系我国人口城市化进程的核心问题。随着我国人口老龄化进程的加速，农业转出人口城市养老的形势更加严峻。然而，只有切实推进人口城市化进程，才能助力农业多种形式的适度规模经营。近年来，地方政府通过土地财政拓展城市空间，为人口城市化进程提供了条件。2014 年，国务院又发布了《关于进一步推进户籍制度改革的意见》，推动阶梯式放开城市落户限制，引导农业转出人口及其配偶、未成年子女、父母等在当地申请常住户口。同时明确指出，农业转出人口城市落户不得侵犯土地承包权，不得以退出土地承包经营权、宅基地使用权、集体

收益分配权作为农民进城落户的条件。保障逐步全面化，即把进城落户农民完全纳入城镇社会保障体系。建立财政转移支付同农业转移人口市民化双向挂钩的财政政策支持。除此之外，还需要从体制衔接的角度做好长期在城市打工的农业转出人口城市养老保障的立户、城市间的转移及接续。基于当前我国养老金个人账户与统筹账户的双账户管理特征，农业转出人口城市间养老金的转移接续不仅涉及制度规范，更涉及城市之间利益分配的协调。只有进行城乡联动的彻底体制改革，才能有序引导农业人口流出。

引导城乡人口比例的合理分布，实现农业适度规模经营是农业现代化的基本规律，东亚模式具有典型的借鉴意义。预计"十四五"期间，还将有1亿农村转移人口市民化。引导农业人口的有序转移即农民工个体转移—子女转移—家庭迁移的农业转移人口市民化的核心问题，仍然是农民工城市社会保险制度建设。一是建立政府、企业、个人长周期的成本分担机制，保障农业转出人口城市社会保险的覆盖率和城—城流动转移接续顺畅。二是推进大中小城市均衡分布的空间格局，城市化、城市群、都市圈联动发展，引导人口城市化进程向二三线城市有序转移。三是通过法律制度保障农民工市民化进程中土地权益的稳定性。新出台的《乡村振兴促进法》在第55条城乡融合部分指出，地方政府应当采取措施促进在城镇稳定就业和生活的农民自愿有序进城落户，不得以退出土地承包经营权、宅基地使用权、集体收益分配权等作为农民进城落户的条件，推进取得居住证的农民及其随迁家属享受城镇基本公共服务。基于城市化与农业现代化的双轮驱动机制，保证农民转出过程中稳定的土地权益物权化多层市场化交易和产权转移，不仅能加速推进小农与现代农业的有机衔接，而且还能实现东亚小型农场的农业适度规模经营。

2. 逐步完善农户土地承包权长久不变的财产权制度

在我国劳动力流动与人口城市化进程中，农地三权分置意义重大。要通过农村土地权利的再配置助力农地适度规模经营。一是始终坚持作为农村基本经营制度的农村土地农民集体所有，防止所有权向农村集体经济组织或村委会等相关主体发生位移。二是要在三权分置的权利框架下，通过正式的法律制度强化党的十七届三中全会提出的"现有的土地承包关系要保持稳定，并长久不变"的农地制度改革路径。将党的十九大提出的"第二轮土地承包到期后再延长30年"的中期制度架构以法律的形式落实，并在此基础上进行土地承包权的确权与登记，形成稳定的土地产权预期。三是通过《土地承包法》的修订，废除第26条：承包期内，发包方不得收回承包地。但是，承包期内，承包方全家迁入设区的市，转为非农业户口的，应当将承包的耕地和草地交回发包方。将土地承包权的物权属性与农村户籍制度二者脱钩。基于公平的市场机制，探索城市化进程中农地承包权自愿退出机制。三是通过人地关系逐步固化解决成员权与承包权之间的矛盾并逐步建立长期不变的承包权，这对于乡村振兴中要素的城乡双向流动意义重大。

3. 通过农业市场竞争培育创新型农业企业家

乡村振兴的关键在于人力资本，尤其是农业企业家。一方面，农业需要扶持。打个比方，20 世纪中后期，发达国家每年的农业补贴可以让 4100 万头牛坐头等舱环游世界 1.5 次。以美国为例，1995～2002 年，美国共提供了 1140 亿元的农业补贴，粮食产业利润的 1/3 来自政府补贴。仅通过补贴后的价格竞争机制，发达国家农业就能获得全球竞争力优势。另一方面，农业现代化的关键仍然在于"创新"。作为市场经济灵魂的企业家的职能就是实现创新，建立一种新的生产函数。通过企业家精神的培育，将我国国内的过剩资本引入农业，引导农业的适度规模经营。农业补贴制度及宏观政策要以提高农业产业竞争力为核心，向农业新技术、新业态、促进农民收入快速增长的市场主体、财务绩效优良的主体进行倾斜。通过农业补贴及政策支持，扶持具有显著行业竞争力及技术外溢效应的农业经营主体。同时，严格规范"套利"型的农业经营主体，不能让部分打着资本下乡旗号的企业与部分合作社成为承接国家巨额支农资金的少数既得利益者。鼓励竞争，个体农户、种田大户、家庭农场、农业企业等多元主体基于公平有序竞争，培育开拓创新、勇于冒险的创新型企业家，根本上促进我国农业国际竞争力的提升。

4. 实施最严格的耕地保护与土地用途管制政策

实施最严格的耕地保护制度，坚守耕地红线，是我国的一项基本国策。自由市场机制条件下可能导致投资边际收益递减与农地资源的浪费，进而威胁国家粮食安全。以总量和区位为特征的土地用途管制是国际上通行的避免土地市场配置失灵的通用政策。我国的土地用途管制，长期存在"一手硬一手软"的情况。"硬"的一面是片面强化对集体建设用地入市的管制，"软"的一面恰恰是对农地用途的管制。根据区位特征及农业比较优势，科学设定农业保护区，实施严格的耕地保护与土地用途管制制度，助力现代农业发展。在我国经济转型的背景下，要将国家粮食安全和区域可持续发展二者有机结合起来。不仅要对农业大省实行有效的种粮激励，而且要着力构筑省域间、区域间的工农业级差收益的转移，最终体现区域间发展的机会公平性原则。这样不仅有助于建立长效的粮食安全机制，而且能最大限度地发挥欠发达地区经济和产业发展的后发优势。区际的工农业级差收益的利益补偿，应当成为今后区域公共产品供给和保障国家粮食安全的一种制度选择。

（二）培育国内粮食资本，构筑国家粮食安全屏障

跨国粮商伴随着我国市场化进程进入我国，弥补了国内粮食资本短缺，在资源配置层面发挥了正向的互补效应。但从安全层面也加大了外资对我国粮食安全的扰动，直接表现为国际粮商的市场垄断定价、外资并购、国内粮食产业链升级阻滞。基于国际粮商粮食生产模式的特征分型，本文指出以东亚小农场为代表的粮食短缺国国际粮商模式，应是国内粮商和粮食资本扩张及应对国际粮食资本的可行路径。应对策略上，在重视国内粮商市场主体建设的同时，应进一步从国家粮食安全的制度环境上加大政府干预，拓展粮食补贴的政策空间。另外要实现农业转移人口市民化与城市社会保障的城乡联动，形成有为政府与有效市场双向互补的国内粮食资本双循环粮食主动安全发展新模式。

1. 大力培育国内粮食企业构筑主动粮食安全核心竞争力

在国际垄断资本背景下，要突破传统被动的粮食安全理念，建构适应市场机制的主动粮食安全观，将粮食资本置于与城市工业资本相同的重要性位置，大力培育国内粮食企业。在传统小农经营的基础上，持续加大对国有、民营、股份制粮食企业的扶持，通过多层次全产业链提升国内粮食产业资本的核心竞争力。一是要继续强化粮食流通体制改革，降低粮食流通成本，打破粮食产区生产过剩、东部沿海粮食短缺的流通困局。二是引导生产型粮食企业、流通型粮食企业、社会服务型粮食企业、食品加工型粮食企业、科技型粮食企业等各层次粮食产业资本的发展壮大。打击粮食行业非法垄断利益，以国内粮食资本做大做强为核心，兼顾发展与安全，防范国际粮食垄断资本恶意扩张。

2. 基于国际垄断资本和世界贸易组织规则，拓展政府粮食补贴空间

大国的粮食安全，必须要强化政府干预，拓展世界贸易组织规则下的农业补贴政策空间。一方面，要高度重视粮食安全，对国际粮食资本及时加强监管和安全审查，另一方面，三大主粮要继续不动摇地坚持关税进口配额制，同时重视增加隐蔽性的非关税壁垒以保护国内粮食产业。基于世界贸易组织规则下的农业补贴政策，可以逐步从红黄箱补贴向绿箱补贴过渡。从粮食直补向农业基础设施、农业科技、粮食产业链拓展等间接补贴延伸，将粮食补

贴转移性收入逐步转变为粮食产业资本性积累补贴，增强政府长效扶持的示范效应和激励效应。在脱贫攻坚金融"530"项目的基础上持续增加粮食产业金融信贷，助力粮食科技、金融、特色加工、供应链等多层次体制机制创新。

3. 耕地保护仍然是防范粮食安全及国际垄断资本扩张的基础

2021 年出台的《中华人民共和国乡村振兴促进法》进一步强调了粮食安全与耕地保护的重要性。随着我国空间城市化阶段的逐步完成，耕地保护的条件越来越成熟。随着国土空间规划和空间管控的推进，耕地保护将从数量管制、耕地性质管制转变为国土空间分区用途管制和国家粮食安全产业带的管控，继续强化耕地保护和高标准农田建设，将耕地保护和粮食安全列入地方考核机制。另外，通过以城带乡、东西互补的利益补偿机制保护耕地。就地保护环节，防止乡村产业发展中简单复制城市空间扩张的粗放模式，强化乡村振兴与粮食产业的融合发展，通过农业工业化，形成保护耕地的内生机制。异地保护环节，通过建设用地指标的省内和省际增减挂钩及交易机制，处理好区际粮食级差收益转移与耕地保护，实现东部地区与粮食主产区的区域利益联动效应，实现土地资源空间配置集约高效。①

4. 构建双循环模式，应对国际粮食垄断资本竞争

在我国双循环新发展格局下，中国粮食产业的发展不仅要将先进的农业技术和国外的廉价粮食"引进来"，还要结合跨国大粮商的全球化粮食产业布局的经验启示，推动本国的粮食企业在不断地发展壮大中"走出去"，让中国粮食企业成为国际粮食贸易及粮食国际产业链的重要参与者。这是资本运动的规律，而亚洲粮商新加坡、日本、韩国的模式值得借鉴。另外，打造中国的世界粮商，要两条腿走路，不仅要打造国有粮食资本，而且要培育民营粮食资本做大做强。民营粮食企业经营模式灵活，在经营模式上可以入股、联合、控股多元化，产业节点上可以从物流、加工、仓储、贸易、科技等环节逐步进行切入渗透，培育核心竞争力和行业比较优势。最后，国家战略层面积极支持。随着我国人民币国际化进程的加速，充分借助国家外汇、金融、财税支持，利用好外部市场和外部资源，牢固树立全球化经营理念，打造中国的跨国粮商。

---

① 西奥多·舒尔茨. 报酬递增的源泉［M］. 北京：中国人民大学出版社，2016：97－98.

第九章

城乡土地市场、货币
信用与共同富裕

一、城乡共同富裕的内涵

共同富裕是社会主义的本质特征。脱贫攻坚结束后，扎实推进共同富裕已列入"十四五"规划和第二个百年奋斗目标。"十四五"规划和2035远景目标提出，"全体人民共同富裕取得更为明显的实质性进展"。在2021年庆祝建党百年讲话中，习近平总书记指出，"维护社会公平正义，着力解决发展不平衡不充分问题和人民群众急难愁盼问题，推动人的全面发展、全体人民共同富裕取得更为明显的实质性进展"。2021年8月17日，中央财经工作会议上提出，共同富裕是社会主义的本质要求，是中国式现代化的重要特征，要坚持以人民为中心的发展思想，在高质量发展中促进共同富裕。在当前扎实推动共同富裕的历史阶段，推动共同富裕是一个全新的时代课题。因此，需要强化制度创新，探索共同富裕的中国模式。

首先，共同富裕必须是全民富裕。《中共中央关于党的百年奋斗重大成就和历史经验的决议》历史经验的第二条，就是始终坚持人民至上。中国共产党人始终将广大人民的根本利益作为出发点。江山就是人民、人民就是江山，坚定不移走全体人民共同富裕道路。当前，全球贫富分化与收入不平等问题突出，中产阶层塌陷、社会撕裂、政治极化。以美国为例，美国人均GDP是中国的5倍，目前美国收入前20%的家庭集中占有了社会财富的70%。美国收入最高的1%家庭总净资产超过了所有中产收入家庭的总净资产。这是典型的资本主义式的富裕中的贫困，财富越来越往"金字塔"顶端集中，贫富差距还将继续扩大。要坚持以人民为中心的发展思想，在高质量发展中促进共同富裕。根据国家统计局2021年全国居民人均可支配收入统计，2020 年收入五分组中前 20% 的高收入组家庭居民收入占社会总收入的 46.67%，而收入最低的 20% 居民家庭可支配收入只有 7868.8 元，仅占社会总收入比 4.56%。中等偏下的 20% 人口收入组，居民人均收入平均为 1.644 万元，占总收入比重约 9.5%。两者合计，40% 的中低收入群体的总收入占比仅为 14%。40% 中间收入和中等偏上收入居民收入占总收入的 39.2%。推进共同富裕，就是正确处理效率和公平的关系，构建初次分配、再分配、三次分配协调配套的基础性制度安排，加大税收、社保、转移支付等调节力度并提高精准性，扩大中等收入群体比重，增加低收入群体收入，合理调节高收入，取缔非法收入，形成"中间大、两头小"的橄榄型分配结构，促进社会公平正义，促进人的全面发展，使全体人民朝着共同富裕目标扎实迈进。

其次，共同富裕必须是全面富裕，是城乡的共同富裕。共同富裕是人民物质生活和精神生活的双向富裕，是多层次的富裕。乡村振兴从而产业兴旺、生态宜居、乡风文明、治理有效、生活富裕的根本目标就是加速缩小城乡发展差距，最终实现城乡共同富裕。物质层面的富裕是共同富裕的基础，通过兼顾区域和城乡发展差异的相对贫困分区治理，不同的人群相对贫困的差异化分层治理。突破户籍限制，从城市户籍相对贫困治理向非户籍相对贫困动态治理转变。全面的共同富裕、精神生活的富裕也是共同富裕的重要内容，根本目标是消除阶层异化，实现人的全面发展。因而，在重视城乡收入差距缩小的基础上，共同富裕更要聚焦人的全面发展。提升人的全面发展能力有两项内容不可或缺：一是人力资本投资与人力资本红利的累积。加大普惠性的人力资本投入，提高受教育程度和增强发展能力，畅通共同富裕进程中阶层的上升通道。二是加快完善社会保障制度，尽快优化并健全户籍制度、养老保险、医疗保障、社会救助等底线公平基本需求类的制度安排。此外，推动公共文化服务提档升级，大力弘扬社会主义核心价值观，促进精神生活共同富裕。

再次，共同富裕是共建共富。共同富裕始终要以持续发展生产为前提。在《哥达纲领批判》中，马克思彻底批驳了拉萨尔脱离生产的所谓"公平分配观"，指出建立在唯物史观基础之上的生产方式决定分配方式是马克思公平分配观的逻辑前提。共同富裕不单纯是一个分配问题，也不仅是生产关系的调整，而是以生产力为基础的生产方式的整体制度优化。在初级阶段经济增长与相对贫困治理的双重任务条件下，推动实施就业优先战略和积极就业政策。最大限度地提高劳动力人口的就业率和劳动参与率，降低自愿失业率，通过充分就业和劳动致富实现经济增长潜力的充分释放。激发劳动共富，就要在初次分配环节提升劳动者报酬相对资本报酬的比重，通过深化收入分配制度改革，增加劳动者特别是一线劳动者的报酬。坚持共建共富，就要重视扩大中等收入群体。经济良性循环、防止两极分化、共享发展红利在共同富裕进程中相当重要。推动共同富裕取得更为明显的实质性进展的一个显著标志，就是扩大中等收入群体比重，而增加这个比重的潜力在农村。习近平总书记在中央财经委员会第十次会议强调"推动更多低收入人群迈入中等收入行列"。根据三口之家年收入 10 万 ~ 50 万元，我国中等收入群体规模仅占总人口比重近 30%，大约 4 亿人。在理想的橄榄型社会中，中等收入群体一般占到总人口的 60% 左右。按此标准，我国未来还需要 4 亿人口迈入中等收入阶层。

共同富裕的前提是社会财富的持续增长。劳动是财富之父，土地是财富之母，城市化工业化进程中土地的级差收益更是财富增长的源泉。集体建设用地入市不仅与乡村产业振兴及农民富裕高度相关，某种程度上集体建设用地入市的制度法规、体制机制作为前因变量直接决定着乡村产业振兴的力度和农民富裕的程度。城乡要素改革的不同步，长期以来农村集体建设用地的市场化配置，微观层面交易成本高，宏观层面总交易量不足，二三产业发展滞后，制度变迁力度与总体技术进步和生产力的发展不匹配。

同时，共同富裕是差别富裕。习近平同志在《扎实推进共同富裕》一文中指出，共同富裕不是所有人都同时富裕，也不是所有地区同时达到一个富裕水准，不同人群不仅实现富裕的程度有高有低，时间上也会有先有后，不同地区富裕程度还会存在一定差异，不可能齐头并进。共同富裕必须遵从客观规律承认差距。马克思在《哥达纲领批判》中的差序公平观：即使劳动成为唯一尺度，劳动者由于禀赋、能力的差异，一个人在体力或智力上胜过另一个人，因此在同一时间内提供较多的劳动，最终的分配也必然有所差异。权利决不能超出社会的经济结构以及由经济结构制约的社会的文化发展。根据马克思的差序公平观，除劳动者的个体差异外，在社会主义初期阶段城乡、地区和阶层差异客观存在。要主动作为，逐步消除差距，分阶段促进共同富裕。一是宏观层面通过税收、转移支付、社保等方式缩小收入差距。二是抓住重点人群实施中等收入群体倍增。特别是农民工群体，打通城乡要素流动的通道。通过公共服务弥补农民工群体人力资本差距，实现人力资本转型与升级。三是农村剩余劳动力城市流动的社会保险增强计划，规范企业行为，强化转移接续，协同推进户籍落地。四是持续发展中小企业、民营经济，激励社会资本下乡，推进城乡和区域的均衡发展。

最后，共同富裕是持续富裕。目前我国 GDP 超过 100 万亿元，如果"十四五"期间每年以 5% 的速度增长，到 2035 年即可达到 200 万亿元，到 2049 年达到 300 万亿元，那么共同富裕就有了物质基础。这个发展速度与我国共同富裕的目标基本吻合，即 2025 年全体人民共同富裕迈出坚实步伐；2035 年全体人民共同富裕取得更为明显的实质性进展；2049 年全体人民共同富裕基本实现。从发达国家经验来看，日本的人均 GDP 从突破一万美元到两万美元用了 4 年，韩国则用了 12 年，而从俄罗斯、巴西等金砖国家 GDP 走势来看，这些国家的人均 GDP 围绕着一万美元不断震荡。对这些国家而言，人均国内生产总值一万美元就像是一道魔咒难以跨越。我国作为后发大国，后发劣势与后发优势并存。资本主义发达国家前期财富积累依附资本原始积累和现代殖民主义的中心—外围的扩张模式已经不复存在。习近平总书记指出：共同富裕是一个长远目标，需要一个过程，不可能一蹴而就，对其长期性、艰巨性、复杂性要有充分估计。1960 年，世界 101 个国家进入中等收入门槛，到 2010 年只有 20 个国家持续稳定在高收入队列中，80% 的中等收入经济体在将近 50 年的时间跨度里，都无法成功跨越"中等收入陷阱。"所以，"十四五"规划和 2035 年远景目标规划，持续富裕，不能等也不能急，持续推进共同富裕取得实质性进展。持续富裕的主要推动力是创新，通过对外开放持续推进技术创新，提高全要素生产率，避免陷入依附型陷阱。

二、现代经济的本质就是信用经济

货币与资本信用在现代经济中起着举足轻重的作用。《资本论》中有大量关于信用和信用货币的论述，至今尚未引起学界的足够重视。除了大量散见在文本中的"信用""信用经济""信用货币"表述外，在《资本论》第三卷中，马克思分别以"信用和虚拟资本""信用在资本主义生产中的作用""信用制度下的流通手段"为题，集中论述货币与资本的信用问题，这对于新时期我国社会主义货币与资本信用研究的研究，具有重要的理论和实践价值。马克思认为，信用经济同时又是资本主义生产方式转入一种新的生产方式的过渡的重要形式。信用资本与实体经济存在同向关系、反向关系、独立关系、主导关系四种形式。在货币与资本信用国际收支治理方面，马克思以资本理论为基础，从理论上论证了利润—利率—汇率三元联动的国际资本流动模式。因此，在我国当前信用治理方面，一是坚持信用与协调发展联动，特别是城乡协调和工农业的协调发展，避免经济失衡与通货膨胀。二是信用与产业创新联动，走利润持续之路。三是信用与收入共享及扩大内需联动。四是在国际依存中要更加强化国家自身利益，加强国家信用干预。通过积极的国家干预政策，赢得大国竞争中的主动权。

约翰·罗（1705）[①] 是最早提出以土地及土地产出作为抵押物，发行国家不承兑纸币的货币经济学家。熊彼特在读完《论货币和贸易》后，认为"约翰·罗的金融理论足以使他在任何时候都跻身于一流货币经济学家之列"。马克思对约翰·罗的评价是，"既是骗子又是预言家"[②]。从 1816 年英国率先实行金本位制后，金本位存在了一百多年的历史。在金本位制存续期间，货币和商业信用无论如何变化，始终以金为锚。1929 年大危机前后，大多数发达资本主义国家放弃了金本位制。英国于 1931 年 9 月宣布放弃金本位制，美国 1933 年 4 月由罗斯福宣布取消金本位制，全球进入纸币时代。1931 年，凯恩斯在《货币论》中提出以"综合商品"为基础发行纸币以替代布雷顿森林体系锚定黄金的方法。约翰·罗的信用货币思想比 20 世纪宏观经济大师凯恩斯提前了整整 220 多年。从金属货币到金本位制下的货币形式，再从金本制过渡到完全的纸币时代，这是当代信用经济发展的典型特征。

信用在现代市场经济中的作用，在《资本论》中做了深刻阐释。信用经济的基本职能是节约流动手段。货币被纸币所代替，各国纸币事实上最终都以国家信用为锚。虽然在《资本论》第一卷中，马克思论述的主要是古典金本位制下的货币总量规律，但在《资本论》第三卷中，马克思恩格斯已经完成了一个重大转型，开始重点关注信用制度下的流通手段问题。资本主义进入信用经济时代，首先，银行成为信用制度的枢纽。而银行资本主要由两部分组成：一是现金，二是有价证券。有价证券中的一部分是商业证券即汇票，可以流动和贴现，另一部分是公共发行的股权债权有价证券，如国债、国库券、股票、不动产的抵押单等。无论是汇票还是股权、债权、有价证券，本质上都是信用凭证。其次，这些银行资本的组成部分，绝大部分都不是银行家的自有资本，而是负债即信用制度下别人的资本，这种是信用经济就是现代市场经济的本质特征体现。银行大量发行纸币、银行券、贴现汇票。长期以来，古典金本位制下的货币量是内生决定的，金银作为货币，本身就是商品。通过信用，相当大的一部分交易完全用不着货币。马克思认为，"一

① 约翰·罗. 论货币和贸易：兼向国家供应货币的建议 ［M］. 北京：商务印书馆，1986.
② 马克思. 资本论（第三卷）［M］. 北京：人民出版社，1975：499.

切节省流通手段的方法都以信用为基础"①。在信用发达的国家，由于信用容易取得且日益增长，会使交易职能中的大部分，"则由简单的信用转移来执行，而无须金属货币或纸币介入"②。

同时，信用经济又是资本主义生产方式转入一种新的生产方式的过渡的重要形式。信用经济一方面加速了生产力的物质上的发展和世界市场的形成。信用的杠杆作用使资本主义生产的动机和能力急剧扩张。另一方面，信用制度又是资本主义的私人企业逐渐转化为股份制和合作制的制度基础。"没有从资本主义生产方式中产生的信用制度，合作工厂也不可能发展起来。信用制度是资本主义的私人企业逐渐转化为资本主义的股份公司的主要基础，同样，它又是按或大或小的国家规模逐渐扩大合作企业的手段。资本主义的股份企业，也和合作工厂一样，应当被看作是由资本主义生产方式转化为联合的生产方式的过渡形式，只不过在前者那里，对立是消极地扬弃的，而在后者那里，对立是积极地扬弃的。"③

三、信用资本与实体经济的内在关系

熊彼特（1934）在其创新理论中，以企业家创新为核心，阐述了商业循环中"信贷"与"资本"的互动关系。熊彼特认为，信贷扩张与创新产业二者呈现同向变动关系。企业家的信贷需求同其他信贷需求的根本区别在于是否创造了超额利润。因此，创新型企业家的信贷需求可能形成短期的通胀效应，但不会形成长期的通胀效应。马克思恩格斯在比他早50年时，在《资本论》第三卷中，就系统论述了信用制度下资本信用和实体产业发展的动态关系。所谓系统论述，即分析了信用制度下资本信用和实体产业发展的多元动态关系。这种资本信用和实体产业发展的动态关系，可以归纳成几条程式化的结论。

第一，信用资本与实体经济的同向关系。资本信用的扩大同产业资本的扩大呈现正相关相一致。也即是熊彼特式的信贷扩张与产业扩张关系。在《资本论》中，1845～1846年是英国产业的高度繁荣时期。"信用的数量和生产的价值量一起增长""生产过程的发展促使信用扩大，而信用又引起工商

---

① 马克思. 资本论（第三卷）[M]. 北京：人民出版社，1975：590.
② 马克思. 资本论（第三卷）[M]. 北京：人民出版社，1975：566.
③ 马克思. 资本论（第三卷）[M]. 北京：人民出版社，1975：498.

业活动的增长"。诱人的高额利润使商业信用和银行信用一同增长。同时，在萧条后的复苏阶段，固定资产折旧加快，内生化的固定资产折旧与技术创新导致资本信用需求增长。

第二，信用资本与实体经济的反向关系Ⅰ。资本信用的收缩与产业资本的过剩。这种情况集中发生在经济危机过程中，大量的资本信用需求不是投资需求，而主要是支付需求。危机爆发，信用突然停止，支付停滞，再生产过程瘫痪。在借贷资本绝对缺乏的同时，利息率就会升到它的最高限度。"在危机时期，对借贷资本的需求达到了最高限度，因此利息率也达到了最高限度；利润率几乎没有了，与此同时，对产业资本的需求也几乎消失了。在这个时期，每个人借钱都只是为了支付，为了结清已经欠下的债务。相反地，在危机以后的复苏时期，人们要求借贷资本，却是为了购买，为了把货币资本变成生产资本或商业资本。"①

第三，信用资本与实体经济的反向关系Ⅱ。资本信用的扩大同产业资本的收缩并存。在危机之后的萧条阶段，借贷资本的积累（资本信用）和现实资本积累的不一致表现得最为明显。"借贷货币资本的增加，并不是每次都表示现实的资本积累或再生产过程的扩大。这种情况，在产业周期的紧接着危机过后的那个阶段中，表现得最为明显，这时，借贷资本大量闲置不用。1847年危机后，英国各工业区的生产减少三分之一，生产过程紧缩，物价降到最低点，企业信心不足的时候，低微的利息率就起着支配作用。这种低微的利息率仅仅表明：借贷资本的增加，正是由于产业资本的收缩和萎缩造成的。"

第四，信用资本与实体经济的独立运行关系。借贷资本的增加（资本信用）与现实资本的规模不相关。借贷资本的增加（资本信用）并不表示生产资本和现实资本的增加。这种独立关系是基于金融业的"借贷资本的积累，可以通过各种纯技术性的手段，如银行业务的扩大和集中，流通准备金或私人支付手段准备金的节约，这些准备金在短期内就转化为借贷资本而实现……因此，借贷货币资本的总量，实际上会在同现实积累完全无关的情况下增加起来。"

第五，信用虚拟资本脱离实体资本单向扩张的变异关系。在拉法亭《金融资本》之前，马克思恩格斯已经从理论上预见了虚拟资本独立与产业资本和商业资本的自我膨胀趋势。"信用事业的发展和货币借贷业务在大银行手

---

① 马克思．资本论（第三卷）［M］．北京：人民出版社，1975：581.

中的异常集中，就必然会使借贷资本的积累，作为一个和现实积累不同的形式加速进行。……因此，借贷货币资本的积累，就已经表现为这类特殊的资本家的积累了。并且，凡是在信用事业随着再生产过程的现实扩大而扩大时，这种积累也都必然跟着增加。"① "随着物质财富的增长，货币资本家阶级也增长起来"，货币资本的积累是由一群发了财并退出再生产领域的人引起的。在产业周期过程中所获得的利润越多，这种人的人数就越多。这里，借贷货币资本的积累，一方面表示现实的积累（就它的相对范围来说）；另一方面只是表示产业资本家转化为单纯的货币资本家的程度。② 信用制度的发展，使银行家、贷款人、金融家等的人数也增加了。实体资本与虚拟资本的积累联动发展。

四、经济波动与货币资本信用：政府宏观货币政策治理

马克思是古典的金本位制时代最早提出货币政策需要国家干预的经济学家。在古典的金本位制下，现实流通的货币量是由商品的价格和交易量决定的。在金本位向可兑换本位制过渡制下，作为主要货币的可兑换银行券的流通也受这个规律的支配。而在信用制度下，纸币、银行券、汇票等信用流通手段是否由经济体内生决定已成为重大理论问题。

（一）斯密李嘉图古典经济自由主义小政府弱干预信用模式

斯密和李嘉图所代表的古典经济学，都是顽固的经济自由主义和政府不干预主义的支持者。李嘉图认为，国家和银行在握有不受限制的纸币发行权以后，就会滥用这种权利。所以在一切国家中，纸币发行都应受到某种限制和管理，"最适当的方法莫过于使纸币发行人负担以金币或生金块兑现的义务"③。十六、十七世纪的黄金、白银的贬值，十八世纪和十九世纪初的纸币贬值，特别是1797～1821年银行券限制兑换后的货币超发引发的纸币贬值。

通货学派以李嘉图的金属货币流通规律为基础，锚定黄金，以黄金量来

---

① 马克思. 资本论（第三卷）[M]. 北京：人民出版社，1975：568－569.
② 马克思. 资本论（第三卷）[M]. 北京：人民出版社，1975：574.
③ 李嘉图. 政治经济学及赋税原理 [M]. 北京：商务印书馆，2021：305.

发行货币，银行券作为纸币的发行严格与黄金挂钩。信用货币的供给原则是"每有 5 镑金从银行金库内流出，就会有一张 5 镑银行券流回发行部并被销毁；每有 5 索维林流入银行金库，就会有一张新的 5 镑银行券进入流通"。① 这种严格遵循金属流通规律的纸币流通，按照通货学派的政策设计，经济危机因此就可以避免了。

马克思对信用治理中"通货学派"的批判。"如果英格兰银行在货币紧迫时期，如俗话所说，把螺丝拧紧，也就是把已经高于平均数的利息率再提高，那终究是营业生活上一件严重的事情。"② 马克思恩格斯对通货学派的信用治理给予了批判。马克思恩格斯认为，当经济危机来临时，可以增加信用货币缓和经济波动。而通货学派的信用治理却反其道而行之，信用治理的效果可想而知。在经济危机中，按照通货学派的货币信用政策，每有 5 镑金流往国外，在国内流通中就被抽去一张 5 镑银行券，而正好是在最迫切需要最大量流通手段的时候，流通手段的量却减少了。这样，1844 年的银行法就直接加速并加剧了危机：这个银行法由于在决定性时刻人为地增加了对贷款的需求，即增加了对支付手段的需求，同时又限制它的供给，就促使利息率在危机时期上升到空前的高度；所以，这个银行法并没有消除危机，却反而使危机加剧了。③

马克思通过对通货学派和银行学派的分析，认为二者的本质差异并不大，都认为在经济危机时期要维持黄金的锚定作用。两个学派"争论的中心不过是数量多一些或少一些的问题，两个学派都主张用提高利息率，减少资本贷放，限制信用杠杆，进而消除对银行储备黄金的过度需求"。④ 只不过通货学派更加极端，即通过踩急刹车的形式抑制过度投机，不仅没有缓解危机，还加剧了危机。

马克思认为，在金本位制下的信用制度，信用主义转变为货币主义是必然现象。在可兑换金本位制下，货币流通的规律不仅由实际的交易需求量决定，而且由一国黄金量决定。"只要银行券可以随时兑换货币，发行银行券的银行就决不能任意增加流通的银行券的数目……并且每一张多余的银行券都会立即回到它的发行者那里去。"⑤ 正如马克思所说，作为纸币，商品的货

① 马克思. 资本论（第三卷）[M]. 北京：人民出版社，1975：628.
② 马克思. 资本论（第三卷）[M]. 北京：人民出版社，1975：617.
③ 马克思. 资本论（第三卷）[M]. 北京：人民出版社，1975：629.
④ 马克思. 资本论（第三卷）[M]. 北京：人民出版社，1975：648.
⑤ 马克思. 资本论（第三卷）[M]. 北京：人民出版社，1975：596.

币存在只是一种社会存在，"货币主义本质上是天主教的；信用主义本质上是基督教的。……正如基督教没有从天主教的基础上解放出来一样，信用主义也没有从货币主义的基础上解放出来。"①

（二）马克思的政府主动干预货币供应量的信用模式

这种政府主动干预模式，银行券作为纸币的发行和供给要以现实货币需求为锚。在现代纸币流通条件下，经济波动下的信用治理就复杂化了。随着现代经济规模的扩大和商品化程度的加深，经济波动和信用治理的难度也会越来越大。"一旦劳动的社会性质表现为商品的货币存在，从而表现为一个处于现实生产之外的东西，独立的货币危机或作为现实危机尖锐化的货币危机，就是不可避免的。另外很清楚，只要银行的信用没有动摇，银行在这样的情况下通过增加信用货币就会缓和恐慌，但通过收缩信用货币就会加剧恐慌。"②

在凯恩斯《通论》之前的 50 多年，马克思恩格斯已经指出宏观货币信用治理应遵循的规律：一是货币的内生性。货币的供给量来源于现实的工商业需求。二是货币的非中性。在资本主义非充分就业情况下，货币政策能够改善经济波动。一国货币信用治理的路径是，当经济危机来临时，可以增加信用货币缓和经济波动。货币政策与经济周期的关系，马克思认为从货币信用领域入手，虽然不能解决根本问题，但却是有效缓解危机的重要手段。

国家信用支持下的"不能兑现的银行券……成为一般的流通手段……这种银行券受不能兑现的国家纸币的规律的支配"③。这个规律就是，纸币的发行必须同它代表的实际流通的金的数量成正比（《资本论》第 1 卷第 3 章第 2 节《铸币。价值符号》）。假如纸币超过了它的法定比例，纸币就会贬值；纸币如果不足，则会升值。从物价指数的角度，拥护金本位对于稳定物价水平有重要意义，特别是金本位保持了一战前 50 年中的物价稳定。但金本位对通缩和投资的负面影响又是显而易见的：凯恩斯指出，"关于世界各国的经济发展速度，最常见的推测是每年 3%。如果这个推测大体准确的话，黄金的供应量，就会不足以维持物价水平，而且在长时期内每年将会下降 1% 的趋势，而且是累积性的下降"④。而且，"黄金在各国之间的分配比例极不平衡，

---

① 马克思. 资本论（第三卷）[M]. 北京：人民出版社，1975：670.
② 马克思. 资本论（第三卷）[M]. 北京：人民出版社，1975：585.
③ 马克思. 资本论（第三卷）[M]. 北京：人民出版社，1975：594.
④ 马克思. 资本论（第三卷）[M]. 北京：人民出版社，1975：256.

对于各国的经济活动也存在不稳定的比例关系……世界货币黄金总量有一半在美国和法国"。①

正如英国经济学家约翰·穆勒所担心的，信用宽松下流通手段的量会增加，会造成货币贬值，从而使商品价格上涨。1931年，英国彻底脱离金本位（1816－1931年）后，英格兰银行券成为不可兑现的法定信用纸币，仅靠政府信用背书。"1844年的立法显示出人们对于十九世纪最初二十年即银行停止兑现和银行券贬值时期的记忆的痕迹。担心银行券可能丧失信用的恐惧心理还很明显；这种恐惧心理完全是多余的，因为早在1825年，……这就证明了，即使在最普遍最强烈的不信任时期，银行券的信用仍然没有动摇。这也是完全可以理解的；因为，这种价值符号实际是以全国的信用作为其后盾的。"②

货币供应量要以经济交易的现实需求为基准，"银行券的流通既不以英格兰银行的意志为转移，也不以该行为保证银行券兑现而在地库中贮藏的金的数量为转移……因此，只有营业本身的需要才会影响流通的货币即银行券和金的数量"。③"在营业的状况使得贷款有规则地流回，从而信用始终没有动摇的时候，通货的扩张和收缩完全取决于工商业者的需要。因为至少在英国，金在批发商业上是无足轻重的，并且撇开季节性的变动不说，金的流通又可以看成是一个在较长时期内几乎不变的量，所以英格兰银行的银行券的流通，是这种变动的十分准确的测量器。在危机以后的消沉时期，通货额最小，随着需求的重新活跃，又会出现对流通手段的较大的需要。这种需要随着繁荣的增进而增加。"④政府主动干预货币供应量的信用模式，在当期全球各国经济普遍的凯恩斯治理模式下，要防止政府赤字财政货币化的冲动。虽然赤字财政是政府扩大内需的重要手段，大多数国家通过发行国债的方式使储蓄转化为投资，但如果采取央行印钞或参与国债一级市场的行为，就会形成赤字财政货币化，不仅引发通胀，更会扰乱价格体系。

（三）马克思的政府主动干预的"利率调控"信用模式

马克思恩格斯的货币的内生性、货币的非中性的宏观货币信用治理理论，

① 凯恩斯. 货币论［M］. 北京：商务印书馆，1986：257－259.
② 马克思. 资本论（第三卷）［M］. 北京：人民出版社，1975：629.
③ 马克思. 资本论（第三卷）［M］. 北京：人民出版社，1975：596.
④ 马克思. 资本论（第三卷）［M］. 北京：人民出版社，1975：598.

是以"资本理论"为基础的。"利率"变量作为借贷资本供给和需求的主要指标，必须要引起足够的重视。由于货币供应量指标与利率指标在货币政策中并不具有严格的——对应关系。既定的货币供应量在其他因素干扰下，可能对应不同的利率水平。另外，在既定的利率水平下，受其他因素的干扰，货币的供应量也会发生松紧变动。货币供应量指标与利率指标两者具有内在的不一致性。因此，在实践层面，"利率调控"信用模式也需要引起关注。

马克思认为，纸币的现实需求要以"利息率"为重要的中介目标，通过利息率引导投资和借贷资本供给和需求，协调好通胀和投资关系。资本信用的利息率取决于借贷资本的供给，而不取决于流通中的通货总量。信用资本与通货总量是不同的两个概念。"利息率的变动取决于借贷资本的供给，也就是说，取决于以货币形式，即以硬币和银行券形式贷出的资本的供给；这种资本和产业资本不同，后者是通过商业信用以商品形式贷给再生产当事人自己的。但是，这种借贷货币资本的量，终究不同于流通货币的量，并且是不以后者为转移的。"①

通货膨胀与经济增长，已经成为当前现代宏观经济调控的主要目标。脱离金本位后工业化以来的经济周期波动，围绕货币政策对经济周期的治理效应，适度扩张的货币信用确实会带来治理通胀的难题。在历次的经济周期波动中，通货膨胀与经济增长都是绕不过去的话题。通货膨胀与经济增长，已经成为当前现代宏观经济调控的主要目标。美国2020年新冠肺炎疫情后的货币信用扩表从4万亿美元扩张到8.4万亿美元，作为当今最发达的市场经济国家，为治理通货膨胀，实现经济增长，美国已经进入加息周期。通过统计数据，我们可以看到40多年来美国在经济周期波动下的主要商品价格波动与货币政策调整过程：第一次石油危机（1973～1974年），短短几个月，石油价格从3.01美元涨到了11.65美元，美国的工业生产下降了14%。第二次石油危机（1979～1980年），1980年美国 CPI 快速上行至13.6%，失业率由1979年的5.6%上行至1982年12月的10.8%，美国发生滞胀。在1979～1981年期间，联邦基金利率两次上提到接近20%。此后的几轮加息：第一轮：1981年当时美国的通胀率已达13.5%。加息周期为1983年3月～1984年8月，基准利率从8.5%上调至11.5%。将通胀率从1981年的超过13%降至1983年的4%以下。第二轮：加息周期为1988年3月～1989年5月，基准利率从6.5%上调至9.8%。第三轮：加息周期为1994

---

① 马克思. 资本论（第三卷）［M］. 北京：人民出版社，1975：565.

年 2 月 ~1995 年 2 月，基准利率从 3.25% 上调至 6%。第四轮互联网泡沫加息周期，从 1999 年 6 月 ~2000 年 5 月，基准利率从 4.75% 上调至 6.5%。第五轮：房地产泡沫加息周期，从 2004 年 6 月 ~2006 年 7 月，基准利率从 1% 上调至 5.25%。2022 年新冠肺炎疫情美国救市后通胀严重（9.1%），这一轮加息周期也已启动，经过 4 轮加息，基准利率已经从 0 利率加到了 2.25% ~2.5%。

弗里德曼在《美国货币史》中也坚持认为，1929 年的大危机信用治理中的货币政策弄反了。在经济周期治理中，历史总是惊人的相似，甚至是不断地重演。2020 年以后国际贸易保护主义抬头、新冠肺炎疫情冲击所触发的经济周期波动，目前无论是发达国家还是发展中国家都深陷其中，而宽松的货币政策成为所有国家共同的选择。

五、货币与资本信用国际收支治理：利率与汇率平衡机制

马克思对休谟—李嘉图经济自由主义视角下的国际收支自动平衡规律一直持批判态度。李嘉图看来，"价格的这种普遍波动就是在纯粹的金属流通中也必然发生，但由于涨跌的交替发生而抵销，例如，流通中的货币不足引起商品价格的跌落，商品价格跌落引起商品向国外输出，商品输出引起货币输入，货币输入再引起商品价格上涨。流通中的货币过多则相反，那时会输入商品和输出货币。尽管这种普遍的价格波动产生于李嘉图式的金属流通的性质本身，但是它的尖锐的和急剧的形式即危机形式属于发达的信用事业时期，所以十分明显，银行券的发行不是完全按照金属流通的规律来调节的"。① 休谟—李嘉图国际收支自动平衡的背后，是经济自由主义与政府无为而治的自由放任理念。而马克思的国家干预理论则认为：

第一，政府"利率"干预在国际收支与汇率平衡中的作用。马克思大量的提及了利率（贴现率）干预思想。马克思恩格斯指出，"如果贵金属的这种输出的规模比较大，持续时间比较长，英国的银行准备金就会被动用，以英格兰银行为首的英国货币市场就必然会采取保护措施。我们已经看到，这种保护措施，主要就是提高利息率。在金大量流出时，货币市场通常会出现

---

① 马克思. 资本论（第三卷）[M]. 北京：人民出版社，1975：621.

困难，就是说，对货币形式的借贷资本的需求会大大超过它的供给，因此，较高的利息率就会自然而然地形成；英格兰银行所定的贴现率会适应于这种情况，并在市场上通行"。①

第二，利率干预机制对国际收支资本账户及汇率的影响。我们现在的国际收支平衡表。利息率的这种提高是怎样影响汇兑率的，马克思引用了4则材料：（第2176号）"营业困难时……有价证券的价格会显著下跌……外国人将托人在英国这里购买铁路股票，英国人也会把他们持有的外国铁路股票在国外出售……以便相应地制止金的输出。"——（第2182号）"各国利息率的平衡和商业气压的平衡，通常要由银行家和证券商人这样一个富有的大阶级来实现。这个阶级……总是窥伺时机，购进那种价格看涨的有价证券……而最适合他们购买有价证券的地方，就是那些把金送到外国去的地方。"——（第2183号）"这种投资在1847年曾大规模地进行，这足以减少金的流出。"（第2545号）"大量的欧洲有价证券……在欧洲一切不同的货币市场上流通。这种证券只要在一个市场上跌价1%或2%，就会立即被人买去，送到它的价值还维持原状的市场上去。"② 这条上百年前提出的国际信用治理思想，在疫情期间，已经成为全球各国治理汇率波动的首选黄金法则。

第三，实体经济利润影响的国际产业投资进而对国际收支的影响。在货币与资本信用国际收支方面，马克思并不机械式、单一化地围绕"利息率"，而更是以"资本"理论为基础，提出利润驱动下的国际直接投资行为对汇兑率的重要影响。"利息率会影响汇兑率，汇兑率也会影响利息率，但汇兑率变动时，利息率可以不变，利息率变动时，汇兑率也可以不变。"③ 一个重要的因素是，低利息率也能引起金本位制下黄金的流入。原因就是利润的驱动，"例如，棉花的价格低廉，使纺纱业者等等有可能获得高利润。可是利息率为什么低呢？当然不是因为用借入的资本能够获得的利润高。而只是因为在当时情况下，对借贷资本的需求没有按这个利润增长的比例增长；就是说，只是因为借贷资本具有不同于产业资本的运动。"④ 国际借贷资本具有不同于国际产业资本的不同的运动形式，直接表现为利润驱动和利率驱动的差异。

在这方面，马克思与凯恩斯的思想有超越时空的共通性。凯恩斯特别重

①② 马克思. 资本论（第三卷）[M]. 北京：人民出版社，1975：651.

③ 马克思. 资本论（第三卷）[M]. 北京：人民出版社，1975：657.

④ 马克思. 资本论（第三卷）[M]. 北京：人民出版社，1975：662.

视利润对投资及要素流动的引导作用，"国家的财富不是在收入的膨胀中增进的，而是在利润膨胀中增进的"①。凯恩斯特别重视利润的膨胀所导致的资本积累加速作用。他根据西班牙、英国、法国的贸易崛起过程，得出结论："各国的利润膨胀时期和紧缩时期与国家的兴盛时期和衰败时期异常符合。"②

马克思的利润—利率—汇率国际资本流动模式。第一种情况：利率有时是核心变量，直接影响汇率。第二种情况：利率作为外部辅助性调节变量，利润所触发的国际资本流动直接影响汇率。这种情况下，借贷资本与工商业实体资本的运动方向相一致。第三种情况：利率作为中介变量，利润通过对利率的影响进而影响汇率。这种情况下，借贷资本与工商业实体资本的运动方向不一致。"表现在利息率上的借贷资本的运动，和产业资本的运动，总的说来，是按相反的方向进行的。"③

第四，其他因素对国际收支经常账户和资本账户的影响。目前的国际收支平衡表，作为二战后国际货币基金组织进行各国国际收支核算的标准文本，已经在全球广泛使用④。但19世纪的传统的国际贸易理论，在勾连关系上对国际贸易对汇率的影响也仅仅较为初步。但马克思恩格斯在《贵金属与汇兑律》中，对国际资本运动中的经常账户和资本账户（国际直接投资、国际证券投资、其他投资）所涉及的国际资本运动的可能性及其平衡关系，都进行了详尽的阐释。当时，英国作为全球贸易中心，英国的贸易差额"其中部分是官吏积蓄的薪俸，部分是英国商人为在英国投资而寄回的一部分利润。每个英国殖民地，都由于同样的原因，不断地寄回大量汇款。澳大利亚、西印度、加拿大等处的大多数银行，都是用英国资本设立的，股息也必须付给英国。英国还拥有许多外国的国债券，即欧洲的、北美洲的和南美洲的国债券，从中都有利息可得。此外，英国还参与外国铁路、运河、矿山等事业，也有相应的股息。而所有这些项目的汇款，几乎完全是以超过英国输出额的产品的形式得到的。另外，因外国人持有英国有价证券和英国人居留国外需要消费而从英国流到国外的金额，对比之下，是微不足道的。"⑤ 这些项目，都与目前通行的国际收支平衡表具有明显的对应关系（见表9-1）。

① 凯恩斯. 货币论（下册）［M］. 北京：商务印书馆，1997：131.
② 凯恩斯. 货币论（下册）［M］. 北京：商务印书馆，1997：137.
③ 马克思. 资本论（第三卷）［M］. 北京：人民出版社，1975：553.
④ 1948年发布第一版，1950年和1961年发布第二版、第三版，1977年发布第四版，1993年发布第五版，2009年颁布了第六版。
⑤ 马克思. 资本论（第三卷）［M］. 北京：人民出版社，1975：668.

表 9-1　　　　　　马克思资本汇兑率理论与国际收支平衡表对比

现代国际收支平衡表项目	马克思论述贵金属与汇兑率
（一）经常账户	（一）经常账户
1. 货物贸易	1. 商品的进口和出口
2. 服务贸易	2. 宗主国与殖民地间的人员流动
3. 收入和收益	3. 海外投资利息、股息收益
4. 经常性转移	4. 克里木战争武器转移
（二）资本和金融账户	（二）资本和金融账户
1. 资本账户	1. 海外直接投资、对外证券投资
2. 非储备性质金融账户	2. 黄金流入流出
3. 储备资产	3. 黄金流入流出
（三）遗漏和误差	/

　　马克思认为，贸易流动所导致的黄金流进流出，生产性消费贸易还是非生产性消费贸易对长期国际收支平衡有重要的影响。在资本的内部循环中，马克思就特别关注生产性劳动还是非生产性劳动。而在国际贸易领域，马克思仍然关注国际资本运动中的生产性还是非生产性。西班牙和葡萄牙在早期资本主义过程中，更多地由于非生产性消费导致黄金的流出，而英国、法国的黄金的流出更多地与生产性消费有关，最终在大国竞争中的结局也大相径庭。因而，相较而言黄金的流进与流出并不是问题的根本，问题的核心是通过贸易增加生产性资本的积累能力。其次，贸易的流动经常项目下的外汇收入本质上是一种权益性收益，而资本账户下的外汇流入本质上是一种负债性收入。因此，一国的外汇储备本质上是由权益性的外汇储备和负债性的外汇储备两部分构成。因而，一国资本账户下的短期投资和长期投资结构关系，在利率和汇率波动中，直接影响着一国外汇储备与汇率波动。

六、美国金融霸权与我国宏观货币金融安全

　　人民币与美元的汇率问题近期成为影响我国贸易与资本流动的一个热点问题。本书认为，近20年来中美就人民币汇率低估问题的争论大体经历了四个阶段。长期以来，美国贸易账户失衡与国内失业率上升并不是由人民币汇

率低估造成的，马歇尔－勒纳条件在中美贸易中并不完全不适用，美国贸易逆差的根本原则是以美元霸权为本位的国际货币体系所形成的中心—外围发展模式所致。美国操控人民币汇率的根本目的是挑战中国国家安全以实现其长期霸权。人民币加入 SDR 并进一步推进人民币国际清算业务，有助于进一步推进人民币的国际化并最终抗衡美元货币霸权。

（一）美国金融霸权与施压人民币汇率估值的几个阶段

汇率问题与一国经济的发展水平密切相关。1997 年亚洲金融危机后，中国政府坚定承诺人民币不贬值，不仅赢得了世界的赞誉，而且也树立了一个负责任的大国形象。而随着中国经济的崛起及世界惊叹"中美国"（Chimerica）和 G2 时代即将给世界经济格局带来深远影响的同时，美国力压人民币升值的论调却始终不绝于耳。实际上自 1994 年人民币官方汇率与调剂汇率并轨后，特别是 2005 年 7 月我国正式宣布实行有管理的浮动汇率制度以来，人民币汇率从 1994 年的 8.7 元/美元升至目前的 6.48 元/美元，汇改 5 年来已累计升值超过 25%。而与此相伴的，却是对美国近 10 年来对人民币汇率被低估的刁难与指责，可归结为五个阶段。

第一个阶段：行业制造商协会的指责阶段（2001～2002 年）。亚洲金融危机后，虽然中国经济快速崛起，但此时中美的贸易总量依然较小。2002 年中美货物进出口贸易总额还没有突破千亿美元，货物出口不足 300 亿美元。但围绕人民币汇率问题的贸易争端已端倪初现。2002 年，美国国内制造商协会（NAM）国际经济事务的副总裁弗兰克·瓦格认为，人民币汇率的低估导致美国日益扩大的贸易逆差与行业失业问题，将人民币汇率与美国的失业问题二者关联起来，以汇率操纵为借口并在此基础上提出"301"贸易调查，迫使中国采取汇率改革。

第二阶段：中美贸易额迅速膨胀背景下人民币低估的政治"弹劾"阶段（2003～2008 年）。2003 年以来，中美贸易总额大幅度提升。2010 年中美货物进出口总额到已突破 3000 亿美元，中美在成为重量级贸易伙伴的同时，国际利益冲突已日趋明显，其中影响最大的就是"舒默议案"。2003 年 9 月，舒默联合了一批议员抛出了"人民币低估"与中国涉嫌"操纵货币"，进而逼迫人民币升值的"舒默议案"。该议案认定人民币至少被低估40%，并威胁如果中国不使人民币升值，将对中国出口商品加征高额惩罚性关税。2005 年和 2010 年，舒默又再次联合格雷厄姆向参议院抛出逼迫人民币升值的"舒默议案"。人民币汇率进而与中美两国的政治联为一体。

第三阶段：金融危机期间美国对人民币汇率的守势阶段（2008～2010年）。2009年金融危机期间，美国经济陷入了严峻的困境之中。流动性不足及巨大的美元需求使得美国比以往任何时候都更加依赖中国。加之经常账户赤字，华盛顿布鲁金斯学会埃斯瓦尔·普拉萨德曾这样说，"就目前而言，美国已放弃推动中国在汇率问题上采取行动，部分原因是，相比近年历史上任何其他时候，华盛顿现在对北京拥有的影响力都更小"。而中国也在2009年中美战略经济对话上，针对美元霸权对世界金融体制造成的不利影响，提出了"超主权储备货币"理论。同时宣称，我国也在人民币汇改方面取得了显著成果并适应市场机制进一步推动了人民币国际化。

第四个阶段：卷土重来多重强压人民币升值的态势（2010～2019年）。2008年国际金融危机后，特别是2010年以后，美国为了加速经济复苏，不仅实施量化宽松的美元政策、大印美钞，而且通过多重利益集团，力压人民币升值。首先是美国财政部长盖特纳在2010年公然指责中国是"汇率操纵国"。而美国商务部长更是态度强硬，威胁称将针对人民币汇率开展"汇率补贴调查"并采取极端措施。随后，是2010年9月美国众议院以348：79的投票结果通过了通过《汇率改革促进公平贸易法案》，再次对人民币升值进行施压。而美国钢铁协会（AISI）更是在2010年后数次敦促中国让人民币升值。而诺奖得主克鲁格曼更是数次公然提出，中国长期"操纵货币"，对人民币汇率进行低估，已成为全球经济复苏的主要障碍，并要求对中国采取强硬措施。2015年11月30日，国际货币基金组织（IMF）决定将人民币纳入特别提款权（SDR）。人民币的国际地位得到了显著提升，人民币兑换程度不断提高，不再单纯地受美元币值影响，缩小了汇率风险。我国的金融市场向境外开放程度更高，向国际接轨的进程加快。

第五个阶段（2020年至今）：贸易保护主义和疫情冲击下美国通胀问题严重，美元连续加息加速资本回流引领美元汇率强势升值，通过人民币及其他非美元货币的相对贬值来为降低美国国内通胀服务，这个阶段预计会持续到2023年底才会结束。无论美国为了加速经济复苏，实施量化宽松的美元政策，大印美钞；还是为了抑制国内通胀，持续加息美元升值，都是美国金融霸权与国际福利转移的鲜明体现。

从中美就人民币汇率五个阶段的利益博弈可以看出，人民币汇率问题如果处理不当，会引发中国经济的剧烈震荡。汇率作为一种价格机制，对优化外部资源配置、理顺要素价格、转变经济增长模式都是十分有利的。具体而言，人民币迫于外界压力的短期大幅升值对中国经济的影响极为不利。首先，人民币的快速升值会对我国的民族工业产生巨大冲击，而同时人民币升值会压低国内产业的利润率，进而压缩工资比率，甚至会导致严重的国内失业问题。其次，本币被低估现象几乎在所有的发展中国家都存在，因此不足为怪。由于经济发展水平、劳动生产率、制度特征等因素的差异必然会导致国内价格与国际价格的差额。一个包子在中国是六毛钱，而在美国或许是人民币六块钱，特定时期形成的货币比价，如果按所谓的购买力平价一次调整到位，对一个国家的经济后果将是灾难性的。1985 年美日"广场协定"后日本经济的持续低迷是最好的例证。最后，所谓的浮动汇率制未必最好。固定汇率制有近 200 年的历史并促成了近代欧洲的持续繁荣。麦金农也始终认为，亚洲国家应该采用盯住美元汇率制。因此，浮动汇率制与固定汇率制二者本身并没有显著的好恶差异。而美国虽然力主浮动汇率最优，但美国却从来都是最大的货币操纵国。美国国内采取的量化宽松货币政策和低利率政策，使美元大量流入新兴市场经济国家，导致美元贬值及相关国际货币升值。2002 年至2010 年，美元贬值了近 40%；而从布雷德森林体系至今，美元对黄金已经贬值了 98%。

（二）中美贸易账户失衡不能归因于市场体制下的人民币汇率波动

实行有管理的浮动汇率政策是我国的基本对外经济政策。从人民币近年来的升值步伐及中国人民币汇率制度改革的方向看，我国从 2005 年起实施的有管理的浮动汇率制度成效是显著的。实际上，从 1978 年以来，我国就人民币汇率就始终在探索弹性的、与世界经济形势接轨的汇率定价机制。先是从1978 年至 1994 年的一个逐步走"贬"的过程。由 1980 年的 1.5 元/美元，跌至 1985 年的 2.8 元/美元，然后进一步由 1986 年的 3.7 元/美元跌至 1989年的 4.7221 元/美元。20 世纪 80 年代中期，由于西方国家的通货膨胀，汇率还经历了一个升值的震荡。随着改革开放进程的加速及市场经济体制的探索，人民币汇率由 1990 年的 5.22 元/美元进一步贬值到 1994 年初的 8.7 元/美元的最低点。具有讽刺意味的是，自 1980 年以来人民币的贬值过程并没有引发中美的汇率大战。而 1994 年以来人民币汇率却经历了一个显著的升值过程。从 1994 年的 8.7 元/美元一路升值到目前的 6.48 元/美元，累计升值超过 25%。同时汇率浮动的区间在逐步扩大。2005 年汇改时，人民币对美元日波幅是 0.3%，2007 年扩大至 0.5%。中国的汇率制度改革始终与国内市场经济体制的改革方向趋于一致。具体见表 9-2。

表 9-2　　　人民币对美元汇率的升值与中国对美国货物出口增长的对比关系

变量	2001 年	2002 年	2005 年	2006 年	2008 年	2010 年	2011 年	2013 年	2014 年	2022 年
汇率 US/RMB	0.12	0.121	0.122	0.125	0.144	0.149	0.154	0.161	0.163	0.143
出口美国货物净增长率（%）	基期	28.90	30.40	24.80	8.50	14.20	12.30	12.80	11.40	20.20

资料来源：中国国家统计局官方统计。

根据 Marshall-Lerner 条件，本币估值与出口额呈反向关系。但结合中美贸易近 20 多年的数据，此结论并不成立。朱君（2010）根据 VAR 研究的结果也证明了这一结论。彼特（Peter K. Schott，2010）也认为，虽然人民币近年来对美元升值超过 20%，但对美国贸易逆差的影响并不显著。商务部副部长蒋耀平指出，中美贸易顺差的 80% 是跨国公司产业内交易，受汇率影响较小。

逼迫人民币短期大幅升值能解决美国的贸易项逆差与国内失业问题吗？约瑟夫·斯蒂格利茨指出，人民币汇率调整不会对解决美国贸易账户失衡有多大帮助。迫使人民币升值，只不过形式上使中美贸易冲突演变为美国同孟加拉、墨西哥、越南等同样劳动密集型国家的贸易冲突。近年来，我国持续保持对美贸易顺差。顺差在中国，责任却在美国。美国由于对我国社会主义的意识形态偏见，对华贸易从来都是违背其所秉持的自由贸易法则。从新中国成立初期的封锁禁运，到 20 世纪 90 年代以来的技术管制及出口限制，美国在对华贸易中总是设置重重贸易壁垒。我国产业升级和现代化建设需要进口的先进技术和设备，大部分都在美国政府出口限制的名单之列。中美贸易的失衡的原因，不在于我国汇率低估出口美国的商品太多，而在于美国违背贸易自由和比较优势原则向我国出口的商品和服务太少。中国对美国优质矿产资源、稀缺资源、高科技产品、大型企业的交易及收购活动都面临很多的贸易壁垒。美国试图通过贸易壁垒防止技术外溢，阻碍我国技术创新和产业升级，从而无法形成后发赶超优势，这才是美国长期对华战略的核心利益。中国并不秉持所谓的"重商主义"观念而一味追求贸易顺差，中美贸易失衡的直接原因来自美对华的贸易歧视政策。

美国的国内失业率上升是否是中美贸易失衡所致呢？显然不是。中美处于经济发展的不同阶段，产业结构呈现高度的互补性。我国正处于工业化中期，出口的主要是劳动和资源密集型的产品。出口产品的结构处于全球产业链的低端。而反观美国，低端产业和制造业在石油危机后逐步向全球外围进行转移。产业结构已经高度软化和高级化。制造业，尤其是消费资料类所占的份额已微乎其微。处于全球产业分工低端的中国所出口美国的大部分商品，是以国内资源的消耗、环境的污染、人力的损耗为代价的廉价贸易模式。顺差在中国，利益却在美国。美国不需要耗费本国的资源，普通民众就能享受到大量来自中国的商品。中国产品低廉的价格，甚至抑制了美国国内的通胀，降低了劳动力成本。这种中心外围的贸易格局，实际上是穷人供养富人的福利逆向转移过程。美国力压人民币升值不仅解决不了自身的失业问题，相反却会增加中国上千万城市劳动者的失业。同时从贸易的结构分析，加工贸易在中美贸易中占很大比重，人民币升值或对出口美国的产品征收惩罚性关税，实际的税负是落在了美国公司头上，人民币升值对两国都没有好处。

从国际经济恒等关系分析，美国贸易账户的失衡源于两因素的共同作用。首先是美国长期以来的储蓄—投资失衡（$S-I<0$），储蓄率远远低于投资率。而长期的低利率的货币政策和消费文化导致居民和企业的私人边际储蓄倾向较低。其次是减税和政府开支造成的巨额财政赤字（$T-G<0$）。特别是近年来美国的反恐支出及为了维护其世界霸权的国防军费开支。而究其深层次的本质原因，是国际美元霸权本位制的国际货币体系所形成的中心—外围的发展模式。美国在中美贸易中的持续逆差正是这种中心—外围的发展模式的必然体现。广大发展中国家处于美元所构建的国际金融金字塔的低端，不得不通过贸易账户的盈余来获得美元资产。而美国依靠其美元霸权处于金融金字塔的顶端，其只需要输出美元就可以购买全世界的劳务和商品，从而获得全世界资源的支配权和消费权。因此，中美的贸易失衡问题并不是一个单纯技术层面上的问题，而有其根本的制度性根源。人民币升值解决不了美国的失业问题，也缓解不了美国的贸易赤字。甚至很多美国经济学家也清楚地认识到这一点。

（三）美国试图操控人民币汇率及我国经济安全

中美贸易失衡和国内失业率仅仅是美国力压人民币升值的借口，美国的根本目的是打击日益壮大并逐渐对其构成威胁的新兴经济体以维持美国的全球霸权。其逻辑和 1985 年逼迫日元升值的"广场协议"如出一辙。需指出的是目前我国和当年日本所处的经济发展阶段不同，国情不同、意识形态的差异更是十分显著，人民币汇率问题所折射出的中美大国博弈必须从国家战略安全的高度审视。

1. 操纵国际热钱，抬高国内资产价格，扰乱我国实体经济结构

美国近年来一直持续施压下的人民币升值，致使人民币升值预期增大。国际热钱纷纷涌入我国。非贸易类外汇储备的过快增长便是佐证。国际热钱的流入，并不仅仅为了套取利差，而是通过进入资本市场炒作资产，实现高额回报。虽然我国资产账户一直实行管制，但国际游资却是无孔不入。主要通过借道香港、地下钱庄、化整为零、瞒天过海、指鹿为马等方式进入。2005~2007 年国内股市暴涨，2009 年以来各地房地产的逆势高涨，仅靠民族资本和城市化进程产生的资金供给是难以维系的。作为主力的国际游资，通过炒作国内资产实现了财富的转移。一是直接获取国内资产价格上涨的红利；二是预期人民币对美元升值所获得的间接美元财富。但其目的却是要扰乱和破坏国内实体经济的发展。一是影响实体经济。在利润的驱使下，诱导国内产业资本纷纷投资于房地产及资本市场，造成实体经济和虚拟经济的结构失衡。形成轻视实业而注重投机，忽视创新而注重套利的经营模式。二是影响消费和中国经济转型。特别是房地产价格的快速增长，抑制了购买力和消费，阻碍了我国的城市化进程。最终使中国的产业在世界市场中丧失竞争力。国际热钱在某种程度上已担当起为美国经济霸权服务的工具。2014 年以来，人民币持续升值以及国际经济增长的疲软，我国出口面临很大的压力，出口增长速度持续放缓。2014 年 2 月，中国出口总额为 1410.94 亿美元，同比下降 18.10%，贸易逆差 229.89 亿美元，同比下降 254.71%。

2. 冲击我国宏观货币体系，导致我国宏观经济政策调控失灵

在封闭的经济体内，货币政策是完全独立的。中央银行由经济增长率决定基础货币的投放量。在我国强制结售汇体制下，人民币升值预期导致外汇占款比率增高，基础货币出现超额供给。以 2014 年为例，当年我国外汇储备新增 1188 亿美元，按 1∶6.8 的比价和结售汇制度，就需对内发行 8078.4 亿元的基础货币。按 4 倍的货币乘数，仅外汇占款一项所形成的市场货币供给已超过 3 万亿元。美国迫使人民币升值的结果是人民币对外升值而对内贬值，引发的流动性过剩致使货币政策失灵。改革开放的前 20 年，通过严格对国际资本流动的限制，保证了国内货币政策独立和汇率稳定。但今后我国宏观调控政策，在很大程度上会丧失独立性。经济过热，即使可以通过提高利率回笼国内市场的货币，但国外资本在利差的诱导下又形成了新的货币供给。即使用央行票据对冲，只要存在市场预期，信用就会扩张。因此，要警惕人民币升值条件下我国宏观调控政策的失灵。

3. 攻击我国外汇防火墙，造成经济震荡和长期衰退

我国改革开放 40 多年来所积攒起来的近 3 万亿美元的外汇储备，是中国抵御外部资本攻击的经济防火墙。但随着人民币升值压力的临近，这道防火墙很可能成为国际垄断资本攻击的目标。如果人民币选择短期持续升值，则热钱会以各种名目涌入，持续炒高国内各类资产价格，以待时机。而如果人民币选择一次性大幅升值，则必然会出现热钱的大规模回撤。高比价的兑换会造成我国外汇储备的大量流失。这种外部的震荡，必然会引发经济的剧烈波动乃至衰退。假设国际热钱当初以 2000 亿美元的规模以 1∶7 的比价进入，3 年后资本市场的总回报率为 100%，假设人民币一次升值到 1∶5，则热钱回撤时我国消耗的美元储备为 5800 亿。外汇储备以 2.9 倍的乘数效应流失。国内资产价格越高，人民币升值的幅度越大，则外汇储备流失的量则越大。内部资产价格的下跌和随之而来的通货紧缩将造成我国经济硬着陆。热钱大规模流出，必然引发国内恐慌。资产价格特别是房地产价格泡沫随之被挤破。在资产和财富严重缩水的同时，按揭购房的城乡居民和银行的资产负债比将大幅攀升，其结果是大规模的信用危机。危机后消费和投资率的进一步降低，将使经济衰退和低迷延续很长时期。因此，美国促使人民币升值，根本目的在于扰乱中国改革开放 40 多年来积累的经济成果和经济体制，企图操纵和控制中国经济。

（四）我国金融安全与人民币汇率体制改革

中国模式来之不易，对于美国的全球霸权，我们应立足国家利益，从战略上从容应对，主要做到以下五点。

1. 始终坚持主动的有管理的浮动汇率制这一既定国策

汇率的稳定属于中国的国家战略，要依照政府工作报告所确立的人民币汇率变动的总体策略，主动维持人民币汇率在合理、均衡的水平上基本保持稳定，使汇率制度改革与国内经济体制转型二者有机结合起来。同时，要加强金融监管，特别是强化经常项目和资本项目的风险管理能力。一方面严厉打击国际热钱的大规模流入及其对外汇体系的攻击。另一方面要完善国内资本品市场特别是加大对房地产投机的治理力度，增加国际游资投资中国的成本和风险。

2. 持续推进人民币的国际化，掌握金融话语权

作为全球第二大经济体，我国已经成为全球性的经济大国。而经济大国要求我们必须逐步成为金融强国，引导人民币主动参与国外资源的配置。2015 年人民币加入 SDR，这是我国人民币国际化的重要一步。同时，我国已经在 17 个国家设立了人民币清算行，人民币支付占全球支付总额的比重也在稳步提高。今后要努力提高我国货币政策的国际化水平。积极引导人民币进入国际商品交易与金融交易市场，不断创新金融产品，强化风险管控能力，增强境外主体持有人民币的意愿。

3. 探索外汇资产向实物资产的结构转变

多年来，我国外汇资产向实物资产的转变是有难度的。究其原因，主要是因为在以中国为代表的发展中国家和发达国家的资产配置中，并不是发达国家所宣称的完全的"自由市场"环境，而是受发达国家霸权意识下的多重规制和限制，有些规制完全是基于意识形态偏见。目前我国已累积的外储约 3 万亿美元，这项重要的海外资产主要以虚拟货币美元及美债等其他形式持有。在当前美元量化宽松政策与中美两国国家竞争的战略格局下，要大力推进外汇资产的多元化持有体制创新。要引导外汇企业积极参与国际土地及农产品投资，石油、矿山等稀缺资源持有，核心技术交易，国际企业的股权收购与战略性购买，其不仅能防止外储缩水，更为重要的是对我国在国际竞争中赢得战略主动有深远意义。

4. 调整收入分配结构及工资比率，依靠内需拉动经济增长

长期依靠净出口拉动经济增长经常会受制于人，而投资拉动容易受经济周期的影响而发生较大波动。因此，引导国内消费拉动将成为我国经济可持续发展的战略选择。消费驱动的关键在于提高城乡居民的收入水平和福利。这一方面要通过破除垄断、增加工资收入、改革劳动力和资本的收益分配结构来推进；另一方面要注重住房、医疗、教育等领域的公共产品供给，使劳动者的福利水平与劳动生产率的变动相一致，消除来自低劳动力成本的竞争优势所形成的人民币低估的货币幻觉。

5. 完善要素价格机制，引导投资和产业有序进行

长期以来，资本、土地和劳动力的要素价格扭曲，使我国经济长期处于粗放经营的增长模式。宏观经济总受内外失衡的困扰。今后，要通过重点完善土地价格机制，抑制地方盲目投资和 FDI 的流入规模。在总量控制中优化结构，在产出规模中提高效益。在可持续增长的同时，减少国际收支失衡引发的贸易摩擦，逐步摆脱低成本竞争模式，实现产业内涵式、差异化和可持续发展。以实体经济为依托，实现实体资本和虚拟资本的双向良性互动，赢得国际经济博弈的话语权。

七、货币与资本信用的治理：大国竞争
时代的策略选择

一是坚持信用与协调发展联动，特别是城乡协调和工农业的协调发展，避免农产品短缺所导致的经济失衡与通货膨胀。农业歉收、农业大量进口对当时作为全球经济中心的英国经济的影响在《资本论》中被大量的提及。如果城乡和工农业不能协调发展，繁荣和危机常常只有一墙之隔。"这次崩溃随着 1846 年农作物歉收而爆发了。英格兰，特别是爱尔兰，需要大量进口生活资料，特别是谷物和马铃薯。但供给这些物品的国家，只能接受极少量的英国工业品作为对这些物品的支付；必须付给贵金属；至少有 900 万镑的金流到国外去了。其中足有 750 万镑的金取自英格兰银行的库存现金，这就使英格兰银行在货币市场上的活动自由受到了严重限制；其他那些把准备金存于英格兰银行、事实上和英格兰银行是同一准备金的银行，也同样必须紧缩它们的货币信贷；迅速而流畅地集中到银行进行的支付现在陷于停滞。停滞起初是局部的，后来成了普遍现象。银行贴现率在 1847 年 1 月还只有 3—3$^{1/2}$％，在恐慌最初爆发的 4 月已上升到 7％，然后在夏季再一次出现暂时的微小的缓和，但当农作物再一次歉收时，恐慌就重新更加激烈地爆发了。英格兰银行官方规定的最低贴现率 10 月已经上升到 7％，11 月又上升到 10％，这就是说，绝大多数的汇票只有支付惊人的高利贷利息才能得到贴现，或根本不能贴现；支付普遍停滞使一系列第一流商行和许许多多中小商行倒闭。"[①] 疫情期间，国际粮价急剧波动，各国输入性通胀问题突出。货币政策和信用政策一定要首先关注城乡协调发展和工农业的协调发展，这也是我国推进乡村振兴的重大意义所在。

二是信用与产业创新联动，走利润膨胀的持续增长之路。只有商业信用

---

① 马克思. 资本论（第三卷）［M］. 北京：人民出版社，1975：460.

和创新发展结合起来，才能有持续的财富效应。熊彼特评价马克思是明确阐释经济周期的首位经济学家。随着时代的发展①，与创新相关的长波康周期逐渐被各国所重视。人类工业史上的四次产业革命，都是依托创新积累了大量的财富。通过开放，积极吸收资本主义国家的技术外溢，扶持本土产业技术创新与商业模式创新，常态化监测外资对民企和国企的技术外溢和技术转移力度，提升国内资本竞争力。在长效跨周期调节中，政府要完善创新支持系统重视中长波技术革命对产业的冲击，坚持新兴产业扩张与逆周期产业清算与淘汰并重。在劳动—资本的"公平"分配模式下，持续的利润增长必须源于商业革新和技术革新形成的差异化市场势力和定价优势 $\left(\dfrac{p-MC}{p}\right)$。其一，通过拓展全球市场加速产业分工，建立持续的动态比较优势（杨小凯，2004）；其二，大力通过技术引进、技术模仿缩小产业技术代差（克鲁格曼，2008）；其三，通过内生性技术进步与知识创新形成 T+1 技术引领模式（罗默，2010）。如果不谋求在国际产业分工格局中建立垄断优势所形成的新的利润增长模式，传统的低附加值产业发展模式难以有效支撑初次分配环节劳动报酬持续增长的收入分配格局。

三是信用与收入共享及扩大内需联动。创新不足会导致总需求不足，影响商品资本的货币化周转过程。而收入分配失衡则是影响商品资本的货币化周转的第二个核心因素。而失业是导致收入分配失衡的核心因素，因而，实行充分就业已经成为全世界宏观经济治理中的核心公共政策议题。在凯恩斯《通论》之前，马克思在《资本论》中已经关注到资本主义国家试图通过国家财政政策干预来降低失业。1862 年，当时英国的失业率已经超过 50%，"甚至在做全日工的地方，工资也少得可怜。棉纺织业工人对任何一种公共工程，例如挖沟、修路、碎石、铺砌街道，无论哪里需要他们，都愿意干，为的是由此得到地方当局的救济"。② 英国公共工程法令实施后，消除失业的

---

① 《资本论》（第三卷）554 页："我曾在别的地方指出，自上一次大规模的普遍危机爆发以来，在这方面已经发生了转变。周期过程的急性形式和向来十年一次的周期，看来让位给比较短暂的稍微的营业好转和比较持久的不振这样一种在不同的工业国在不同的时间发生的比较慢性的延缓的交替。但这里也许只是周期持续时间的延长。在世界贸易的幼年期，自 1815 年至 1847 年，大约是五年一个周期；自 1847 年至 1867 年，周期显然是十年一次……除了以前垄断工业的英国，现在又出现了一系列的同它竞争的工业国家；欧洲的过剩资本，在世界各地开辟了无限广阔和多种多样的投资领域，所以资本比以前分散得更加广泛，并且地方性的过度投机也比较容易克服了。由于这一切，以前的危机策源地和造成危机的机会，多数已经消除或大大削弱。"

② 马克思. 资本论（第三卷）[M]. 北京：人民出版社，1975：150.

效果还是十分明显。但凯恩斯主义始终坚持一个核心观点，就是收入的膨胀作为成本必然会抵消利润进而影响投资。所以，宁可用货币政策制造通胀，也不能轻易增加工资。而马克思的观点则是截然相反，低收入群体收入不足是内需不足的主要制约因素，因此必须要通过财政政策引导收入分配，形成中产阶级为主体的共享型收入分配结构。通过税收、转移支付、社会保障、教育和医疗卫生政策，不仅实现充分就业和高质量就业，还要提高低收入阶层收入，扩大中等收入阶层，发挥好社会主义国家的制度优势。

四是在国际依存中要更加强化国家自身利益，加强国家信用干预。通过积极的国家干预政策，赢得大国竞争中的主动权。马克思的国家信用干预理论，可以防范美元收割，通过积极的国家干预政策，赢得大国竞争中的主动权。在全球利益中首先要强调国家利益，保护国家利益。传统的美元收割路径，第一，发展中国家从商品交易中换回大量美元，大量购买美国国债（增值）而形成了美元的第一次回流闭环。第二，随着美元回流华尔街，配合着美联储扩张性的货币政策，美元作为国际资本向：新兴市场国家、金融监管相对宽松的新兴经济体通过债权、股权、FDI、间接投资等形式输出，赚取比美国国内更大的利润。这些新兴市场国家投资增加，股市房价暴涨，利润高企，一片繁荣。第三，一旦繁荣堆积成泡沫并难以支撑，国际资本迅速撤资。南美阿根廷金融危机、东南亚金融危机、疫情期间斯里兰卡、印度、越南、土耳其的汇率大幅波动都有美国金融霸权的身影，由此形成了美元的第二次回流闭环。因此，马克思的国家信用干预理论，就是要在全球依存中重点关注本国可持续发展，一方面提高人民币的国际化水平，另一方面重点聚焦国内就业、增长、通胀、技术创新、市场活力等，综合运用财政政策、货币政策、区域政策，加快创新型国家建设。

随着我国"一带一路"的推进，国内大量的过剩资本通过企业并购、国外直接投资等各种形式参与国际化配置，如何持续提高对外投资的收益率。从对外投资大国向投资收益率大国转变，通过这种转变，实现经常项目顺差的来源的结构性优化。提高国际资金流动监管的质量，特别是国际收支平衡表中的"净误差和遗漏"中的单向流动及规模。密切关注违法违规的跨境资金流动，检测好隐性还是显性的资本外流，通过高质量的监管与国际收支统计数据为国家信用干预政策提供支撑。

八、城乡共同富裕与集体土地资产
货币化进程中的关键点

农村集体经济是公有制经济的重要组成部分，是推进乡村振兴和共同富裕的重要物质基础。"十四五"规划和2035年远景目标规划提出，要"深化农村集体产权制度改革，发展新型农村集体经济"。明确巩固提升农村集体产权制度改革成果，探索新型农村集体经济发展路径。自2016年推进集体产权制度改革以来，农村集体经济发展与脱贫攻坚相互促进，不仅巩固了脱贫攻坚成果，而且实现了脱贫攻坚与乡村振兴的有机衔接，为扎实推进共同富裕打下了良好基础。

一是通过发展新型集体经济筑牢城乡共同富裕底线公平网。发展新型集体经济推进城乡共同富裕，是在底线公平原则下的差序富裕。马克思在《哥达纲领批判》中，明确阐释了社会总产品的提前扣除与底线公平。涵盖成员9亿人的集体经济，决定了它的核心职能是在再分配环节筑牢底线公平，承担扎实推进共同富裕第三支柱功能。农村大量的留守老人、留守儿童及财政资源约束下城乡公共服务巨大差距的现实，需要集体经济发挥财政再分配的补充效应。农村日益增长的公共服务需求也急需集体经济补齐农村社会福利短板。

完善集体经营建设用地入市与农村福利保障补充机制。国家推进集体经营建设用地入市，集体在土地增值收益中将获得更大的份额。完善以集体为主体的农村福利保障补充机制，加快乡村振兴进程中的民生保障水平。村集体可以从本集体的留存收益中提取一定数额，补充农村社会保障。村集体也可以利用集体经营性建设用地的留存收益为农民建立社会保障基金账户。另外，一些集体经济实力强的地区可以推广农村社区养老。利用集体经营性建设用地入市的契机，给村集体内部成员提供养老金或者兴办村集体敬老院，逐渐替代原有的家庭养老模式。集体经济组织也可以和企业合作，主持参与基层政府无力直接参与的公共福利项目如村级文化公益项目，弥补基层地方政府城乡公共产品供给缺口。

二是构建集体土地资产的股份制改革路径与长效福利分享模式。鼓励集体经济组织走"公司化"运营模式，"公司化"运营是市场经济的一种有效模式。届时，农民集体的成员权类似于"股东权"，农民依法享有集体内部股权分红权。不同地区可以因地制宜，结合本地区集体经营性建设用地入市发展阶段，循序渐进。集体经济相对薄弱的地方，可以率先清产核资，核算集体经济总量规模。集体经济基础较好的地方，可以加快资产折股量化，改制集体经济组织成为股份合作制或股份制企业，借助于法人资格融入市场竞争中。通过"固定收益＋长期分红"的内部福利补偿手段实现长效福利分享。固定收益是直接给予农民的部分，"长期分红"是以股权确立农民土地财产性收益持续增长的长效机制。在股权流转和股权退出机制的代际福利继承、赠与和转让方面，可以通过引入用户为单位的形式，在遵循"分股到人"的同时，将户作为单位开展股权管理工作。

在筑牢底线公平网的基础上进一步提升共同富裕，还须重视通过市场机制消除城乡初次分配环节的收入差距。其一，处理好农户个体经营与集体经济的统分关系，夯实家庭承包制制度基础。其二，处理好集体经济与外部多种经济成分的关系，促进个体经济、民营经济、股份制经济共同向农村积聚发力。其三，拓展农户住房财产权。新《土地管理法》鼓励农村集体经济组织及其成员盘活利用闲置宅基地和闲置住宅。因而，以农户为主体的宅基地使用权及房屋市场化流转试点与财产性收入增长仍需持续培育。农村劳动力城市化进程与宅基地建设用地指标动态增减挂钩人地联动制度也需持续探索。四是保障集体经营性建设用地入市与代际福利的平衡。村集体不仅要规划好集体留存收益的用途，还要通过各种形式实现留存收益保值增值。

三是集体资产性土地租值：债务风险与资本化治理风险防范。乡村债务问题需要持续警惕。在农村集体经济清产核资与农村土地制度改革同步推进的大背景下，作为集体经济核心资产的集体经营性建设用地的资产属性显著增强。土地入股、土地抵押中的股权、债权清偿风险显著增加，集体经济的资产保全、债务预警就显得至关重要。农村集体经济的债务问题比地方政府债务的风险更大。虽然国家已经建了集体资产平台，但集体经济债权债务核销全过程监管仍不可或缺。其次，我国城乡建设用地指标配置西多东少、集体经济东强西弱，因而客观上提高了城市群、都市圈等发达地区集体经济的土地租值，挤压了其他中西部地区的土地级差收益。因而，中西部农村集体经济的发展，应遵从客观规律，不能盲目求快，应找准集体经济与经济社会发展的切入点和结合点，规避债务陷阱以避免复制城市土地财政的老路。同时，城乡建设用地增减挂钩与级差收益的空间置换，客观上集体能短期获得巨大收益，但集体建设用地存量的减少可能会制约集体经济的长远发展，应统筹兼顾。

　　新型集体经济融入现代经济治理体系，新型集体经济深层改革与资本化治理，是一个重大的理论课题。现阶段股份合作制改革，为了防止外部资本的侵占，必须坚持底线：一是改革的范围严格限定在集体经济组织内部；二是股权的流转不得突破集体经济组织的范围。因为集体经济涉及集体土地所有权和成员权益。而后续随着乡村振兴的全面推进和城市化进程的加速，集体经济股份的继承、抵押、转让、退出、参股、控股也必将接踵而来而且必须要在理论层面回应。其核心就是新型集体经济如何实现资源变资产、资产变资本的集体产权混合所有制实现形式。收益的层面就是实现集体资产股本的保值增值、股份收益的保值增值。新型集体经济现代治理体系改革与城市国有资产改革具有共通性。而农村集体经济清产核资与《土地管理法》修订后集体经营性建设用地用益物权的确立和市场化配置，已经前置完成了基础性的制度建构。农村集体土地产权的分层细化将是破解新型集体经济深层改革的钥匙。

参考文献

［1］周弘：《促进共同富裕的国际比较》，中国社会科学出版社 2021 年版。

［2］厉以宁、刘世锦等：《共同富裕科学内涵与实现路径》，中国出版集团 2021 年版。

［3］［美］罗默：《分配正义论》，社会科学文献出版社 2015 年版。

［4］王建军：《农村集体建设用地流转制度研究》，载《华中农业大学学报》2007 年第 2 期。

［5］马克思：《资本论》（第一～三卷），人民出版社 1975 年版。

［6］［英］庇古：《福利经济学》，商务印书馆 2000 年版。

［7］［英］迪顿：《逃离不平等》，中信出版社 2019 年版。

［8］［英］斯密：《道德情操论》，中央编译出版社 2008 年版。

［9］［英］马歇尔：《经济学原理》，商务印书馆 2015 年版。

［10］［英］古德哈特、普拉丹：《人口大逆转：老龄化、不平等与通胀》，中信出版集团 2021 年版。

［11］程世勇：《城市化进程中的农村建设用地流转：城乡要素组合与财富分配结构的优化》，经济科学出版社 2012 年版。

［12］周诚：《土地经济学原理》，商务印书馆 2003 年版。

［13］高培勇、崔军：《公共部门经济学》，中国人民大学出版社 2011 年版。

［14］鲍建平：《农村宅基地入市交易的"义乌智慧"》，载《浙江国土资源》2018 年第 1 期。

［15］刘守英：《农村宅基地制度的特殊性与出路》，载《国家行政学院学报》2015 年第 3 期。

［16］周小平、高远瞩：《改革开放 40 年中国农村宅基地管理政策演进与前瞻——基于宅基地相关政策的文本分析》，载《河海大学学报（哲学社

会科学版）》2018 年第 5 期。

［17］陈彬：《农村宅基地制度改革的实践及问题分析——基于浙江省义乌市的实践》，载《中国土地》2017 年第 8 期。

［18］陈基伟、徐小峰、章晓曼：《农村宅基地的多元利用》，载《中国土地》2018 年第 8 期。

［19］冯应斌、杨庆媛：《农户宅基地演变过程及其调控研究进展》，载《资源科学》2015 年第 3 期。

［20］刘丽娟：《可持续发展视角下农村区域市场资源优化配置实证分析》，载《商业经济研究》2015 年第 33 期。

［21］胡建：《农村宅基地使用权有限抵押法律制度的构建与配套》，载《农业经济问题》2015 年第 4 期。

［22］朱宝丽：《农村宅基地抵押的法律约束、实践与路径选择》，载《生态经济》2011 年第 11 期。

［23］吕军书：《从政法传统看我国农村宅基地抵押流转的必然性——兼论农村宅基地抵押流转的途径》，载《求实》2014 年第 1 期。

［24］卢曦：《从承包地到宅基地"三权分置"解析》，载《中国土地》2018 年第 8 期。

［25］王晓桦：《农村宅基地"三权分置"是推动乡村振兴的一个制度性轮子》，载《经济与管理》2018 年第 5 期。

［26］伍山林：《"三权分置"让农村土地"活"起来》，载《人民论坛》2017 年第 8 期。

［27］叶红玲：《"宅改"造就新农村——大理、义乌宅基地制度改革试点探析》，载《中国土地》2018 年第 5 期。

［28］阮梅洪：《"宅基地安置"模式下的新城中村问题研究》，载《规划师》2013 年第 6 期。

［29］程世勇：《城乡建设用地流转：体制内与体制外模式比较》，载《社会科学》2010 年第 6 期。

［30］胡银根、王聪、廖成泉、吴欣：《不同治理结构下农村宅基地有偿退出模式探析——以金寨、蓟州、义乌 3 个典型试点为例》，载《资源开发与市场》2017 年第 12 期。

［31］周小平、王情、谷晓坤、钱辉：《基于 Logistic 回归模型的农户宅基地置换效果影响因素研究——以上海市嘉定区外冈镇宅基地置换为例》，载《资源科学》2015 年第 2 期。

［32］晓叶：《宅基地"三权分置"的政策效应》，载《中国土地》2018年第 3 期。

［33］刘红梅、段季伟、王克强：《经济发达地区农村宅基地使用权继承研究》，载《中国土地科学》2014 年第 2 期。

［34］刘亭、庞亚君、赖华东、陈林：《农村宅基地置换问题探讨——以义乌、松阳为例》，载《浙江社会科学》2009 年第 10 期。

［35］刘锐：《乡村振兴战略框架下的宅基地制度改革》，载《理论与改革》2018 年第 3 期。

［36］刘红梅、刘超、王克强、尚俊松、邢学艳：《大都市郊区农村宅基地利用动态变化及驱动力研究——兼论上海郊区宅基地多功能与制度创新》，载《城市发展研究》2018 年第 7 期。

［37］林依标：《农村宅基地"三权分置"的权能界定与实现路径》，载《中国土地》2018 年第 9 期。

［38］温彩璇、许月明、胡建、李晓鹏、张红勋、李晋：《乡村振兴背景下宅基地"三权分置"权能实现路径研究》，载《世界农业》2018 年第 10 期。

［39］关江华、黄朝禧、胡银根：《基于 Logistic 回归模型的农户宅基地流转意愿研究——以微观福利为视角》，载《经济地理》2013 年第 8 期。

［40］李伯华、刘艳、张安录、窦银娣：《城市边缘区不同类型农户对宅基地流转的认知与响应——以衡阳市鄜湖乡两个典型村为例》，载《资源科学》2015 年第 4 期。

［41］钱龙、钱文荣、陈方丽：《农户分化、产权预期与宅基地流转——温州试验区的调查与实证》，载《中国土地科学》2015 年第 9 期。

［42］胡方芳、蒲春玲、陈前利、马贤磊：《欠发达地区农民宅基地流转意愿影响因素》，载《中国人口·资源与环境》2014 年第 4 期。

［43］郭贯成、李金景：《经济欠发达地区农村宅基地流转的地域差异研究——以河北省张家口市为例》，载《资源科学》2014 年第 6 期。

［44］刘卫柏、贺海波：《农村宅基地流转的模式与路径研究》，载《经济地理》2012 年第 2 期。

［45］陈利根、成程：《基于农民福利的宅基地流转模式比较与路径选择》，载《中国土地学》2012 年第 10 期。

［46］郑尚元：《宅基地使用权性质及农民居住权利之保障》，载《中国法学》2014 年第 2 期。

［47］张梦琳：《农村宅基地流转模式比较分析》，载《现代经济探讨》2014 年第 4 期。

［48］张振勇、杨立忠：《农户宅基地流转意愿的影响因素分析——基于对山东省 481 份问卷调查》，载《宏观经济研究》2014 年第 6 期。

［49］方明：《农村宅基地使用权流转机制研究》，载《现代经济探讨》2014 年第 8 期。

［50］周婧、杨庆媛：《农户层面农村宅基地流转研究进展与述评》，载《地理科学进展》2012 年第 2 期。

［51］宁涛、杨庆媛、苏康传、文枫、李宏芸、王小蒙、藏波：《农村宅基地流转影响因素实证分析——基于重庆市 300 户农户调查》，载《西南师范大学学报（自然科学版）》2012 年第 2 期。

［52］毛维国：《农村住房及宅基地流转制度研究》，载《法学论坛》2012 年第 4 期。

［53］黄忠华、杜雪君、虞晓芬：《地权诉求、宅基地流转与农村劳动力转移》，载《公共管理学报》2012 年第 3 期。

［54］关江华、黄朝禧：《微观福利与风险视角的农户宅基地流转：武汉调查》，载《改革》2013 年第 8 期。

［55］王崇敏：《宅基地使用权保障机制研究》，载《河南财经政法大学学报》2013 年第 5 期。

［56］樊保军、彭震伟：《宅基地审批管理中的权利（力）冲突与权利失配——土地发展权配置视角的研究》，载《城市规划》2017 年第 6 期。

［57］上官彩霞、冯淑怡、吕沛璐、曲福田：《交易费用视角下宅基地置换模式的区域差异及其成因》，载《中国人口·资源与环境》2014 年第 4 期。

［58］彭诚信、陈吉栋：农村房屋抵押权实现的法律障碍之克服——"房地一致"原则的排除适用》，载《吉林大学社会科学学报》2014 年第 4 期。

［59］刘圣欢、杨砚池：《农村宅基地供需平衡与制度创新——基于大理市银桥镇的实践》，载《华中师范大学学报（人文社会科学版）》2014 年第 6 期。

［60］程世勇：《地票交易：体制内土地和产业的优化组合模式》，载《当代财经》2010 年第 5 期。

［61］刘棟子、陈悦：《转户农民宅基地的有偿退出机制：重庆个案》，载《改革》2015 年第 10 期。

[62] 刁其怀：《宅基地退出：模式、问题及建议——以四川省成都市为例》，载《农村经济》2015 年第 12 期。

[63] 陈藜藜、宋戈、邹朝晖：《经济新常态下农村宅基地退出机制研究》，载《农村经济》2016 年第 7 期。

[64] 苟正金：《我国宅基地制度变革的道路选择与反思》，载《江汉论坛》2017 年第 4 期。

[65] 李凤章：《农户宅基地资格权的规范分析》，载《行政管理改革》2018 年第 4 期。

[66] 雷曜：《对义乌宅基地制度改革的调查与思考》，载《金融纵横》2018 年第 3 期。

[67] 李因果、陈学法：《农村资源资本化与地方政府引导》，载《中国行政管理》2014 年第 12 期。

[68] 梁惠清、王征兵：《农民企业家与农村市场资源配置》，载《求索》2011 年第 11 期。

[69] 李钊：《构建中国农村土地流转的信托机制》，载《学术交流》2014 年第 5 期。

[70] 武臻、罗剑朝、张珩：《西部地区农村金融市场资源配置效率实证研究——基于 DEA – Malmquist 指数方法的分析》，载《商业时代》2014 年第 27 期。

[71] 王文举、任韬：《二元劳动力市场资源优化配置模型与仿真研究》，载《数量经济技术经济研究》2006 年第 2 期。

[72] 高静：《生产要素配置、信息均衡和人力资本投入——论我国农村人力资源市场的培育》，载《特区经济》2009 年第 5 期。

[73] 叶振鹏：《论小城镇公共财政建设》，载《财政研究》2000 年第 3 期。

[74] 方葛晨、钱奕陶、林瑾、范艺腾：《基于 Logistic 回归模型的农户宅基地流转意愿与认知分析——以浙江省义乌市 111 户农户为例》，载《金融经济》2019 年第 12 期。

[75] 程恩富、孙秋鹏：《论资源配置中的市场调节作用与国家调节作用——两种不同的"市场决定性作用论"》，载《学术研究》2014 年第 4 期。

[76] 姚如青、朱明芬：《行政配置与市场配置：基于城乡统筹背景之下的宅基地使用权制度研究》，载《中国土地科学》2014 年第 6 期。

[77] 秦鹏、孟甜：《土地资源市场配置机制的完善：以《土地管理法》

修改的视角》，载《重庆大学学报（社会科学版）》2012 年第 1 期。

［78］程世勇：《北京地区集体建设用地流转模式分析》，载《北京社会科学》2010 年第 2 期。

［79］尹奇、罗育新、宴志谦：《城市土地资源配置效率的经济学分析——以住宅用地和非住宅用地为例》，载《四川农业大学学报》2007 年第 2 期。

［80］李新仓、阎其华：《建设用地指标市场配置法律制度正当性研究》，载《西南民族大学学报（人文社科版）》2018 年第 2 期。

［81］何维佳、陈美球、王亚平：《当前农村宅基地管理的困境及对策研究》，载《中国农学通报》2010 年第 19 期。

［82］胡洋：《三权分置背景下宅基地使用权流转合同效力实证探究——基于 55 份判决文书分析》，载《山西经济管理干部学院学报》2019 年第 2 期。

［83］林超：《统一市场视角下城乡建设用地制度变迁分析——基于不完全产权生命周期模型》，载《中国农村观察》2018 年第 2 期。

［84］米运生、罗必良、徐俊丽：《坚持、落实、完善：中国农地集体所有权的变革逻辑——演变、现状与展望》，载《经济学家》2020 年第 1 期。

［85］李明贤、周蓉：《集体经营性建设用地与国有土地同等入市的推进机制研究——以湖南省浏阳市为例》，载《湖湘论坛》2018 年第 2 期。

［86］张婷、张安录、邓松林：《农村集体建设用地市场效率测度及其影响因素研究——基于广东省南海区 372 份数据的供给侧实证分析》，载《中国人口·资源与环境》2018 年第 12 期。

［87］毕宝德：《土地经济学（第 7 版）》，中国人民大学出版社 2016 年版。

［88］沈开举、邢昕：《加快建立城乡统一的建设用地市场》，载《人民论坛》2019 年第 27 期。

［89］方涧：《修法背景下集体经营性建设用地入市改革的困境与出路》，载《河北法学》2020 年第 3 期。

［90］陆剑、陈振涛：《集体经营性建设用地入市改革试点的困境与出路》，载《南京农业大学学报（社会科学版）》2019 年第 2 期。

［91］宋志红：《中国农村土地制度改革研究——思路、难点与制度建设》，中国人民大学出版社 2017 年版。

［92］黄贤金：《论构建城乡统一的建设用地市场体系——兼论"同地、

同权、同价、同责"的理论圈层特征》，载《中国土地科学》2019 年第 8 期。

［93］姚睿、吴克宁、罗明、张欣杰、冯喆、李晨曦：《城乡统筹视角下的集体建设用地市场发育测度及影响因素研究——以 30 个入市改革试点为例》，载《中国土地科学》2018 年第 10 期。

［94］张建军：《农村集体经营性建设用地入市范围研究》，载《中国房地产》2019 年第 12 期。

［95］李永乐、舒帮荣、石晓平：《城乡建设用地市场：分割效应、融合关键与统一路径》，载《南京农业大学学报（社会科学版）》2017 年第 3 期。

［96］林超、刘宝香：《"构建城乡统一的建设用地市场"内涵再认识》，载《世界农业》2019 年第 3 期。

［97］王成量、周丙娟、陈美球、郭熙：《集体经营性建设用地价格影响因素的实证分析——基于江西省余江县 179 份交易案例》，载《中国农业资源与区划》2018 年第 12 期。

［98］彭津琳：《我国农村集体建设用地改革及其流转价格形成研究》，载《价格理论与实践》2019 年第 4 期。

［99］牟晓庆、李秀霞：《集体经营性建设用地入市的价格机制研究》，载《上海国土资源》2017 年第 2 期。

［100］舒帮荣、陈利洪、李永乐、朱寿红：《集体经营性建设用地流转收益分配合理性影响因素研究——基于村级背景和农户认知的多层次分析》，载《国土与自然资源研究》2018 年第 2 期。

［101］杨果、陈乙萍：《农村集体建设用地流转价格影响因素的实证研究》，载《农村经济》2016 年第 6 期。

［102］蒋亚平：《建立城乡统一建设用地市场的若干问题研究》，载《中国土地》2019 年第 6 期。

［103］郭瑞雪、付梅臣：《关于集体建设用地"同地同权同价"问题辨析》，载《中国人口·资源与环境》2014 年第 12 期。

［104］靳相木：《集体与国有土地"同权同价"的科学内涵及其实现》，载《农业经济问题》2017 年第 9 期。

［105］林超、刘宝香：《"构建城乡统一的建设用地市场"内涵再认识》，载《世界农业》2019 年第 3 期。

［106］杨丽霞、李灿灿：《德清县集体经营性建设用地市场改革绩效评价研究》，载《山西农业大学学报（社会科学版）》2018 年第 6 期。

［107］宋具兰、罗海波：《欠发达地区农村集体建设用地流转绩效评

价——以贵州省湄潭县为例》，载《山东农业科学》2016 年第 8 期。

[108] 陈红霞：《集体经营性建设用地收益分配：争论、实践与突破》，载《学习与探索》2017 年第 2 期。

[109] 吴昭军：《集体经营性建设用地土地增值收益分配：试点总结与制度设计》，载《法学杂志》2019 年第 4 期。

[110] 项继权、储鑫：《农村集体建设用地平等入市的多重风险及其对策》，载《江西社会科学》2014 年第 2 期。

[111] 杨雅婷：《城乡建设用地统一流转市场竞争机制探析》，载《中国房地产》2015 年第 15 期。

[112] 伍振军、林倩茹：《农村集体经营性建设用地的政策演进与学术论争》，载《改革》2014 年第 2 期。

[113] 谢保鹏、朱道林、陈英、裴婷婷、晏学丽：《土地增值收益分配对比研究：征收与集体经营性建设用地入市》，载《北京师范大学学报（自然科学版）》2018 年第 3 期。

[114] 郭世强、罗崇亮、游斌：《农村集体建设用地流转收益分配研究——基于公平与效率视角》，载《中国房地产》2014 年第 6 期。

[115] 樊帆：《影响集体经营性建设用地流转收益分配方式的主要因素——基于微观主体农户的调查》，载《理论与改革》2015 年第 5 期。

[116] 付首文、郭虔：《城乡统筹视角下农村集体经营性建设用地入市机制研究》，载《现代农业研究》2019 年第 12 期。

[117] 刘守英：《中国城乡二元土地制度的特征、问题与改革》，载《国际经济评论》2014 年第 3 期。

[118] 黄锐：《农村集体建设用地流转制度变迁的制度经济学分析》，载《江汉大学学报（社会科学版）》2015 年第 1 期。

[119] 吴毅、陈颀：《农地制度变革的路径、空间与界限——"赋权—限权"下行动互构的视角》，载《社会学研究》2015 年第 5 期。

[120] 李忠夏：《农村土地流转的合宪性分析》，载《中国法学》2015 年第 4 期。

[121] 陈小君：《我国农村土地法律制度变革的思路与框架——十八届三中全会《决定》相关内容解读》，载《法学研究》2014 年第 4 期。

[122] 高飞：《集体土地征收程序的法理反思与制度重构》，载《云南社会科学》2018 年第 1 期。

[123] 陈自芳：《提高农民财产性收入的省域特征及战略路径》，载《区

域经济评论》2019 年第 1 期。

　　[124] 唐健、谭荣：《农村集体建设用地入市路径——基于几个试点地区的观察》，载《中国人民大学学报》2019 年第 1 期。

　　[125] 李斌、尤笠、李拓：《交通基础设施、FDI 与农村剩余劳动力转移》，载《首都经济贸易大学学报》2019 年第 1 期。

　　[126] 刘守英：《中国土地制度改革：上半程及下半程》，载《国际经济评论》2017 年第 5 期。

　　[127] 付宗平：《集体经营性建设用地入市存在的问题及对策——基于成都市的实证分析》，载《农村经济》2016 年第 9 期。

　　[128] 程世勇、刘旸：《农村集体经济转型中的利益结构调整与制度正义——以苏南模式中的张家港永联村为例》，载《湖北社会科学》2012 年第 3 期。

　　[129] 程世勇、刘旸：《我国土地契约关系变迁的制度风险》，载《社会科学辑刊》2012 年第 2 期。

　　[130] 程世勇、刘旸：《农民自主城市化的制度空间与面临困境》，载《商业时代》2012 年第 12 期。

　　[131] 程世勇：《中国农村土地制度变迁：多元利益博弈与制度均衡》，载《社会科学辑刊》2016 年第 2 期。

　　[132] 蔡继明、程世勇：《地价双向垄断与土地资源配置扭曲》，载《经济学动态》2010 年第 11 期。

后　记

　　消除贫困、实现共同富裕是全球共同关注的重大课题。从 2018 年下半年起，笔者承担了北京市社科基金项目"我国经济发达地区农村宅基地'三权分置'产权改革研究"课题（18LJB002）。我就将课题研究的目标导向设定为地权市场拓展与农民财产性收入增长及城乡共同富裕。地权市场在全世界都是制度建设的难点，不仅涉及市场体制，而且涉及科层治理，不仅涉及资源配置，而且涉及利益分配。本书以《城乡共同富裕视角下农地制度改革的路径模式研究》为题，从设定研究框架到写作成稿，前后历时几年。

　　"十三五"期间，我国脱贫攻坚胜利收官。脱贫攻坚结束后，我国已全面开启城乡共同富裕与乡村振兴的发展新阶段。在前期脱贫攻坚进程中，"一超过""两不愁""三保障"重点关注的是就业与收入贫困问题。收入贫困无疑是影响城乡共同富裕的核心问题。在当前持续推进城乡共同富裕进程中，农村的共同富裕不仅要关注（农民工）工资性收入和转移性收入，还要对农民资产性收入给予足够的重视。农村经营性建设用地、宅基地、农用承包地是农民资产性收入的主要来源。谢尔登在其著作《资产与穷人》中，通过对西方贫富差距的分析，认为资产贫困是触发贫困的一个重要因素。在市场经济财务会计等式中，存量的资产能产生持续的流量收入，当然反过来，持续的流量收入也能转化为具有未来预期收益的存量的资产。

　　我国第一阶段的农地入市主要以承包地流转为主导，近年已经有大量的研究著述。同时，新修改的《土地承包法》规定，"国家保护进城农户的土地承包经营权。不得以退出土地承包经营权作为农户进城落户的条件"。目前，农地入市已经进入第二阶段。第二阶段的农地入市主要以农村经营性建设用地和宅基地使用权流转为主导。新修订的《土地管理法》逐步确立了集体经济组织对宅基地使用权配置的双层模式。第一个层面是集体经济在农村建设用地一级市场上的主导模式，即国家允许进城落户的农村村民依法自愿有偿退出宅基地。第二个层面是集体经济在农村建设用地二级市场上，同时鼓励集体组织可以盘活利用闲置宅基地和闲置住宅，这在修订前的《土地管理法》里是没有提及的。改革开放初期，统分结合的双层经营体制主要集中在农地层面，而在当前城乡转型的新阶段，统分结合的双层经营体制已经拓展至集体建设用地层面。通过农村宅基地使用权一级市场和二级市场的联动，实现集体土地所有权主体统分结合的整体性治理。

在对农地入市及市场化估值的同时，我们也应避免陷入另一个"陷阱"。正如舒尔茨所警示的，多数发展中国家面临的主要问题是对土地的估值过高，而对教育、知识和技术的估值过低。实现城乡共同富裕及乡村振兴，彻底摆脱贫困，本质上是一个土地要素向熊彼特发展模式的转型问题。熊彼特认为，经济发展与财富增长本质上是一个创新过程。经济的持续创新与人的全面发展所产生的知识技术租值向土地租值的外溢在城乡共同富裕进程中始终不可或缺。

在本书付梓之际，向为本书出版过程中付出辛苦劳动的程晓云编辑表示感谢，也向长期关注此问题的朋友们表示感谢！

程世勇
首都师范大学
2022 年 8 月